本书得到山西师范大学
国家一流专业历史学建设项目资助

畅海桦 著

丁夏与西河

山西出版传媒集团
山西教育出版社

图书在版编目（CIP）数据

子夏与西河 / 畅海桦著. — 太原：山西教育出版社，2023.10
ISBN 978-7-5703-2813-0

Ⅰ.①子… Ⅱ.①畅… Ⅲ.①子夏-人物研究 Ⅳ.①B222.35

中国版本图书馆 CIP 数据核字（2022）第 163602 号

子夏与西河
ZIXIA YU XIHE

责任编辑	王浩亮
复　　审	任小明
终　　审	彭琼梅
装帧设计	宋　蓓
印装监制	蔡　洁

出版发行	山西出版传媒集团·山西教育出版社
	（太原市水西门街馒头巷7号　电话：0351-4729801　邮编：030002）
印　　装	山西新华印业有限公司
开　　本	720×1020　1/16
印　　张	12.75
字　　数	230 千字
版　　次	2023 年 10 月第 1 版　2023 年 10 月山西第 1 次印刷
书　　号	ISBN 978-7-5703-2813-0
定　　价	62.00 元

序

卜子夏，名商，生于公元前507年，系孔子四科十哲之一，生活于中国思想史上的"轴心时代"。子夏在史学史上贡献甚大，"没有子夏就没有汉儒经学"，其创办的"西河学派"也成为当时影响最大、范围最广的学术团体。子夏弟子众多，著名的有魏文侯、李悝、吴起、公羊高、谷梁赤，子夏身为君师却"衣若悬鹑"。子夏所提出的"仕而优则学，学而优则仕""四海之内皆兄弟""死生由命，富贵在天"历来被广泛传诵。

子夏又处于春秋战国之际"史文阙轶"之年代，关于子夏的记载寥若晨星，第一手资料除了《论语》以外，再不见踪迹，目前关于子夏的考古遗迹皆为唐代以后所建，基本上不能作为依据。

所幸千百年来，关于子夏的研究历代虽不多，但也未曾中断；虽不能作为史料，却聊胜于无。畅海桦在前贤研究的基础上，抽丝剥茧，反复探索，终于完成了这部《子夏与西河》。

我和畅海桦交往多年，也常常在一起探讨学问，尤其是近年来一同研究《弟子规》，在学术上有更多交流。海桦是一个勤于学习、善于思考的青年学者，给我留下了深刻印象。这次海桦嘱我为其新作《子夏与西河》作序，我欣然同意，也趁着这次作序的机会，仔细读完这部书稿，使我感触良深，收获颇多。

一是在研究方法上。不但结合《史记》《汉书》《水经注》等古典著作，而且利用考古学、社会学、民俗学、心理学、逻辑学方法进行综合考究。随着时代发展，学科分类越来越细，由此而造成的知识分化便越来越成为人们思想上的羁绊。事实上，不同学科之间相对独立又密切联系，多学科协作尤其是对历史学这种交叉性非常强的学科而言，更应该成为学术研究的常态。

二是推陈出新。在子夏生平、西河办学、子夏墓地等问题上，历来争讼不断，至今没有定论。但畅海桦联系当时的时代背景、地理特点、政治形势、交通等因素，用社会学的方法，得出"西河范围从河津至郑州，故温邑、河津龙门皆属于西河范畴"的观点，解决了历史上部分遗留公案，可谓独辟蹊径，又见桃花。

三是西河后学的提出。子夏对后世影响非常大，但对此方面的研究很少，而畅海桦对子夏思想的提炼——"辩证务实"，不但精辟独到，而且能用此联系到以后的荀子、董仲舒、朱熹、王阳明、晋商等，不能不说其用心良苦，又摘新李。

毋庸讳言，该书的一些新观点、新结论值得商榷。诸如西河学派活动范围的划界、子夏弟子的考证、子夏思想的提出，等等，还有待再进一步深入研究。总体上讲，作为一名青年学者，在物欲横流、学风浮躁的情势下，能潜心攻研，有此成绩，实属难能可贵。倘能为子夏研究提供一种可以借鉴的路径，亦不胜欣慰！

《韩非子·显学》中说："自孔子之死也，有子张之儒，有子思之儒，有颜氏之儒，有孟氏之儒，有漆雕氏之儒，有仲梁氏之儒，有孙氏之儒，有乐正氏之儒。"儒分为八，单单没有子夏，而子夏无论是从经学传承还是学术造诣上都要远远超过以上八大门派。尤其是子夏创办的西河学派，从影响空间范围之广、维持发展时间之久、成员之多，这都是其他派别所不能比的。但是为何子夏却没入韩非子法眼，在这本书中没有体现，希望以后在此方面给予关注。

最后，以宋代史学家徐钧为子夏作诗结尾："宣尼生不到西河，圣化难沾觖望多。商也天教生独晚，为分一脉阐文科。"

是为序。

卫建国

前　言

子夏系孔门四科十哲之一，生活于中国思想史上的"轴心时代"，"没有子夏就没有汉儒经学"。然而，如此重要之圣贤，留下来的史料却十分稀少。囿于史料缺乏，目前关于子夏的研究也是困难重重，成果亦是寥若晨星。

现存先秦时期的文献中可作为子夏研究的资料极其有限，且已被以往的学者几乎利用殆尽。关于子夏的生平、传教内容、活动区域也没有明确的文献记载。这些只是零星地隐藏于《左传》《论语》中，与子夏同时代的史料也非常少。原因是子夏生活于春秋战国之际，"《春秋》终于敬王三十九年庚申之岁，西狩获麟。又十四年，为贞定王元年癸酉之岁，鲁哀公出奔；二年，卒于有山氏。《左传》以是终焉。又六十五年，威烈王二十三年戊寅之岁，初命晋大夫魏斯、赵籍、韩虔为诸侯。又一十七年，安王十六年乙未之岁，初命齐大夫田和为诸侯。又五十二年，显王三十五年丁亥之岁，六国以次称王，苏秦为从长。自此之后，事乃可得而纪。自《左传》之终以至此，凡一百三十三年，史文阙轶，考古者为之茫昧"[①]。对于春秋战国之际史料编年的问题，文献记载不但少，而且矛盾太多，很难判断确切的时间。它直接影响研究的结论，因为依据不同的年代，就会复原出不同的子夏。目前对于东周时期编年史的研究，日本学者平势隆郎在前人研究的基础上，编纂了一部《新编史记东周年表——中国古代纪年の研究序章》，该书将纷繁矛盾的先秦史料作了梳理，可谓目前最为完善的一部先秦历史纪年表。这一年表不仅将战国时期的事件做了统一的排序，而且也相应地澄清了一些史实。我们可以作为参考。

子夏传教于西河目前没有争议，但西河是地名还是区域名称，具体方位在哪，

[①] （清）顾炎武撰；（清）黄汝成集释：《日知录集释》，长沙：岳麓书社，1994年版，第467页。

争讼频仍。因为有不同的西河断定，导致后世对子夏授教地、去世之地的定位竟然有十几处。

那么，子夏与西河到底是什么关系？子夏在西河的什么地方办学授教？河汾之间的子夏墓与祠堂、河济之间的子夏墓与祠堂究竟是怎么回事？是什么原因导致子夏去世后争讼不断？子夏在西河传教的内容又是什么？对于这些扑朔迷离的问题本书将一一给予解析。

但是在解决以上问题的同时，深感困难重重。

首先是资料问题。我们在研究子夏时，尽量用《论语》《左传》和考古资料等第一手资料，然后再考虑用《史记》《汉书》等第二手史料，最后再用后代考证的结论，如《水经注》等。因为第一手资料缺乏，第二手的总比第三手的资料要真实得多。汉代的一些史料，虽然属于第二手资料，但我们推断作者离春秋战国不远，他们极有可能见过子夏的第一手资料，所以对研究子夏还是有相当大的可靠性和研究价值。当然，如果没有特别可靠的理由，不能用第二手资料非议第一手资料。理由是战国人不知道的事，汉朝人怎么会知道，汉人不知道的事唐代人又怎么知道？层累叠加的历史一定要有甄别。

尽管如此，我们对《论语》中的事情，也需要用考古学、民俗学、社会学、心理学、逻辑学进行深层次剖析。因为《论语》《左传》也不一定就是第一手资料。如《论语》，从公元前5世纪中叶到公元前2世纪中后期，《论语》的原始结集本在文献中一直不见踪影，直到公元前2世纪，汉武帝时代，它才重新露面，当时就有三种流传版本："鲁论""齐论"和"古论"；到了公元1世纪东汉时期，又形成一种通学派，对《论语》的文本、句读、分章、结构、诠释等进行研究。我们现在读到的《论语》并不是孔子的弟子或再传弟子编订的，也不是稍后些的人根据不同版本编订集结的。经复旦大学历史学教授朱维铮考证，今天我们读到的《论语》经过了两次大的改造，第一次是西汉后期，汉成帝的老师张禹编定的《张侯论》，有21篇；又过了200年，到了公元2世纪中期，郑玄以《张侯论》为底本，根据不同版本进行点校，这才有了今天的《论语》。郑玄死后不到一百年，何晏把郑玄的本子及其反对派的意见编成了《论语集解》。所以，对于《论语》此类所谓的第一手资料，我们不能不信，但也不能全信，要进行甄别引用。

对于传说和口述史的处理。研究古代的人和事都会遇到此问题，子夏生活于春秋末战国初，他没有写过自传，他的学生也没有给他写过传记，他的生平和事迹倒是有一些流传下来。传说的可靠性相对于史料的可靠性逊色得多，往往有失真的地方,但我们也不能完全摒弃口述史,它总有一些合理合情的地方。

关于地方志。目前我们能看到的地方志,大都是明清时代撰写的,属于第三手史料。而且县志中关于子夏的记载是碎片化的,不是子夏专著。但地方志有一个最大的优点,它尽可能把地方上有关的历史文化全部整理在册,从另一角度出发,我们可借助地方史志进行系统的逻辑分析。

另外,要想梳理子夏与西河的关系,除了引用文献和考古资料外,还得借助社会学、环境考古学、民俗学等方法。因为,古今人性相同,尽管人总是在进化,现代人的智力和生存条件优于古人,但在人性方面,诸如求知欲、趋利避害、追求幸福等都是一致的。

综上,我们结合现有史料、考古材料、口述史、地方志,再运用社会学、民俗学、逻辑学等的方法,对子夏与西河进行梳理,得出如下结论:

子夏生于晋国暨魏国的温邑(今河南温县)。生年为公元前507年,去世于公元前420年,享年88岁。15岁从师孔子,21岁任卫国行人,34岁时在家乡温邑第一次办学,61岁时离开温邑去魏国安邑办学,并创立西河学派。前期在温邑办学,有小学、有大学,以教育为主;后期在安邑办学,以传教、辅政为主。子夏游教的地方甚多,包括今天的河津、芮城、洛阳等地。

子夏办学之西河在晋陕之间,这是子夏后半生主要活动的地区,而温县属于《礼记》中所记的南河,同时也是魏国的河内,不属于西河,温县是子夏早期办学的地方。

子夏在魏都办学期间,为魏国输送了大量人才,使得魏国在春秋战国之际率先发展。西河学派对当时和后世在文化、政治、经济、军事等方面都有着深远意义。

综观子夏一生,集"立德、立言、立功"于一身,尤其是在西河一带对子夏形成的民间信仰,对当地的教育、文化、习俗的建构,以及和谐社会的发展起到了促进作用。

子夏像

目 录

第一章 子夏简历

一、出生时间 ·· 1
二、求学时间 ·· 8
三、子夏去世 ·· 13
四、出生地考 ·· 18
五、求学与谋职 ·· 30
六、家乡办学 ·· 60

第二章 子夏办学授教考略

一、办学地点争讼 ·· 67
二、办学背景 ·· 70
三、办学条件 ·· 74
四、授教 ·· 88

第三章　西河辩

一、河 …………………………………………………………91
二、西河之称 …………………………………………………93
三、西河地望 …………………………………………………101

第四章　西河问题剖析

一、各地子夏设教简述 ………………………………………108
二、两个中心时间分界点 ……………………………………109
三、河济授教诸地考 …………………………………………111
四、河汾诸地考 ………………………………………………122

第五章　西河学派及影响

一、西河学派创始人 …………………………………………140
二、西河学派成员 ……………………………………………148
三、西河学派影响 ……………………………………………152
四、西河学派活动范围 ………………………………………156

第六章　西河后学

一、子夏与荀子 …………………………………………………… 161
二、子夏与董仲舒 ………………………………………………… 166
三、子夏与朱熹 …………………………………………………… 168
四、子夏与王阳明 ………………………………………………… 170
五、子夏与《弟子规》 …………………………………………… 173
六、子夏与晋商 …………………………………………………… 175

第七章　子夏与民间信仰

一、从人到神 ……………………………………………………… 179
二、子夏传说 ……………………………………………………… 180
三、祭祀与信仰 …………………………………………………… 183

参考文献 …………………………………………………………… 190
后记 ………………………………………………………………… 193

第一章　子夏简历

子夏，姓卜名商，字子夏，系孔子晚年得意弟子之一，名列"四科十哲"之一，在孔门弟子中尤以精通古代典籍而著称，卓然成家，很受孔子欣赏和器重。

子夏与其他孔门弟子活跃于中国思想史上"轴心时代"的高峰发展期，作为孔门中举足轻重的人物，在中国思想、文化、教育方面贡献巨大。子夏少时求学于孔子，后曾任鲁国莒父宰、卫国行人。孔子去世后子夏传教于西河，开创了著名的"西河学派"，成为继孔子之后首个学术重坛。子夏门徒广博，弟子三百，且为君师。后世称为"三不朽"大儒。

一、出生时间

子夏晚于孔子44岁出生，关于此结论目前没有异议。《孔子家语·七十二弟子解》中有确切记载："卜商，卫人，字子夏，少孔子四十四岁。"[1]《史记·仲尼弟子列传》中也记："卜商，字子夏，少孔子四十四岁。"[2]但是，关于孔子的出生时间却有两个，如果孔子出生时间不能确定，那么，子夏的出生时间就有问题了。

当今学术界一般认为孔子生于鲁襄公二十二年（公元前551年），依据为司马迁《史记·孔子世家》所记："孔子生鲁昌平乡陬邑。其先宋人也，曰孔防叔。防叔生伯夏，伯夏生叔梁纥。纥与颜氏女野合而生孔子，祷于尼丘得孔子。鲁襄公二十二年而孔子生。生而首上圩顶，故因名曰丘云。字仲尼，姓孔氏。"[3]从其说者，有杜预《左传注》、陆德明《左氏音义》、苏辙《古史》、马永卿《元城语录》、袁枢《通鉴纪事本末》、郑樵《通志》、朱熹《论语序说》、吕祖谦《大事记》、罗泌《路史·余论》、孔广牧《先圣生卒年月日考》等。

---

[1] 杨朝明、宋立林主编：《孔子家语通解》，济南：齐鲁书社，2013年版，第434页。
[2] （汉）司马迁撰：《史记·仲尼弟子列传》，北京：中华书局，1959年版，第2202页。
[3] （汉）司马迁撰：《史记·孔子世家》，北京：中华书局，1959年版，第1905页。

但是《公羊传》和《谷梁传》中所记孔子出生年却早了一年。《公羊传·襄公二十一年》记："鲁襄公二十一年（公元前552年）……九月庚戌朔，日有食之。冬十月庚辰朔……十有一月庚子，孔子生。"[1]《谷梁传·襄公二十一年》记："鲁襄公二十一年（公元前552年）……九月庚戌朔，日有食之。冬十月庚辰朔……庚子，孔子生。"[2] 从其说者，有贾逵《左氏解诂》、服虔《左氏传解诂》、边韶《老子铭》、何休《公羊解诂》、杨士勋《谷梁疏》、王钦若《册府元龟》、刘恕《通鉴外纪》、胡安国《春秋传》、洪兴祖《阙里系谱》等。

这样，孔子的出生年就有了公元前552年和公元前551年两种，直接导致子夏出生年也成了公元前508年和公元前507年两个结果。孔子并非常人，他的出生年涉及许多学术问题，子夏就是其中之一，所以有必要把孔子生年探究清楚。

目前针对《史记》和《公羊传》《谷梁传》中关于孔子生年误差一岁的原因大致有三种观点：第一种是传承过程中造成的失误；第二种是纪年混乱的原因；第三种是在计算年龄时周岁和虚岁的差别。

第一种认为《春秋》由子夏分别传给公羊高和谷梁赤，二人又分别口授给自己的后代，一直到西汉早期才分别得以成书，这样在传承的过程中会出现失误和不同的版本。对于《史记》来讲也会存在此类情况，司马迁在写完《史记》后有许多内容丢失，由后人补写。对于这一种说法我们可以这么去理解：先秦时期口耳相传的东西非常多，尤其是民间相传的东西，传得时间越久，内容就越失真，所以，《公羊传》《谷梁传》到西汉成书时已经与子夏传授时的内容有了很多不同，这应是事实，而《史记》由于司马迁与其父亲司马谈的任职关系，他有机会看到宫廷内珍藏的史料，这些史料比较真实。至于《史记》因丢失而补缺的那些内容分别为《景帝本纪》《武帝本纪》《礼书》《乐书》《兵书》《三王世家》《汉兴以来将相年表》等十篇，这与我们研究孔子生年没有关系，所以从这个角度讲，《史记》要比《公羊传》《谷梁传》的可靠性强。但是，这也只是一种主观的臆测，不能作为证据论证《史记》记载的孔子生年就对，而《公羊传》《谷梁传》记载的孔子生年就错，还得依靠其他办法。

第二种认为由于汉以前纪年不同而造成了年代上的误差。汉代以前的历法比较

---

[1] （汉）公羊寿撰；（汉）何休解诂；（唐）徐彦疏：《春秋公羊经传注疏·襄公》，载十三经注疏委员会整理：《十三经注疏》，北京：北京大学出版社，2000年版，第517页。

[2] （晋）范宁集解；（唐）杨士勋疏：《春秋谷梁传注疏·襄公》，载十三经注疏委员会整理：《十三经注疏》，北京：北京大学出版社，2000年版，第302页。

混乱，一般有夏历、殷历、周历、黄帝历、颛顼历、鲁历等，合称古六历。最早的历法是夏历，根据天干地支分为十二个月，从一月到十二月再分别冠于"寅、卯、辰、巳、午、未、申、酉、戌、亥、子、丑"的月名，其中寅月（一月）设为正月，也就是把一月作为正月。而月名中把寅作为一月，和十二时辰有关，古人认为子时正是老鼠们繁殖和偷粮的高峰期，于是就将鼠与子时相对应，便为"子鼠"；任劳任怨的牛一直到丑时才休息，所以称"丑牛"，而在快日出的寅时，便能听到虎啸声，便为"寅虎"，以此类推便有了十二地支与属相的对应关系，反映到月相上，则根据十二属相联系到季节，认为十一月属于一年中最寒冷的日子，冬藏人不宜动，即把十一月称为子月，以此类推，寅月为一月。

到了商代，建丑为正，即把夏历的十二月作为正月，十二月初一便是元旦，这样过年就整整提前了一个月。周代，建子为岁首，把夏历的十一月作为正月，十一月初一就是元旦，虽然周天子将历法改了，但其实在一些诸侯国中，他们各自在使用自己的历法，如楚历、秦国的颛顼历。所以周代的历法最混乱。

秦始皇统一六国后，因为当时的历法实在太乱，于是秦始皇下令全国统一实行建亥为正，即夏历的十月作为正月，至九月结束，有闰月的年份则增加一个"后九月"，这就导致秦朝在相当于现在的十月初一就过年了。《史记·秦始皇本纪》中记："以为周得火德，秦代周德，从所不胜。"[①]秦朝历法一直沿用到汉武帝时的元封元年，汉武帝下令颁布施行新的历法，即太初历，以夏正月为岁首。《史记·太史公自序》中又记："汉兴五世，隆在建元，外攘夷狄，内修法度，举封禅，改正朔，易服色。"[②]据《阆中县志》记载，当时长期沿用的秦朝历法误差很大，如秦历是以十月为首，每年要余下四分之一日，常常出现"朔晦月见，弦望满亏多非是"的现象，即三十、初一就出现明月当空，历书上的朔望与实际的天象不符。面对秦历混乱、影响农事等诸多问题，太史令司马迁建议汉武帝改革历法。随后，汉朝使用每年正月为一岁之始的太初历。

除了历法不同，君王称元也不同。君王继承君位称元年一般有两种方法，一种是立年称元，即是以"立"——前君主死后随之而来的新君主即位——称元年的方法，也就是即立即称。另一种是逾年称元，即君王即位的第二年才称元。所以我们能看到，司马迁在撰写的《史记》中纪年比较混乱，原因就是不但各诸侯国使用的历法不一样，即便是同一个诸侯国，继位的君王称元的办法也不相同。司马迁在

[①]（汉）司马迁撰：《史记·秦始皇本纪》，北京：中华书局，1959年版，第237页。
[②]（汉）司马迁撰：《史记·太史公自序》，北京：中华书局，1959年版，第3303页。

《十二诸侯年表》中说，他是依据《春秋历谱牒》撰写的，这种"谱牒独记世谥，其辞略，欲一观诸要难"。在《十二诸侯年表》中，司马迁排列出自西周共和元年（公元前841年）到周敬王四十三年（公元前477年）一共365年间周王朝的纪年，及与之相应的鲁、齐、晋、秦、楚、宋、卫、陈、蔡、曹、燕、吴等13个诸侯国的纪年。在《吴太伯世家》等十二世家、《周本纪》等家纪中，也述及这些纪年的状况。但这些史料中相关的纪年主要是依靠秦、赵两国的史料，而这两国中的年代几乎没有各国君主卒年的记载。因此，司马迁又参考了《世本》等系谱史料，因为《世本》中附带有君主卒年的记载，但是这些卒年原本有的是以立年称元法推算出来的，却被司马迁误认为是逾年称元。结果往往会在追溯君王纪年时产生偏差。例如，原本公元前221年就被灭亡的卫国，在《史记》中被认为是在秦二世时被灭的。

针对孔子生年来讲，《史记》使用的是逾年称元。如《史记》中记："鲁襄公午元年，围宋彭城。"[1]彭城之战发生于公元前572年，晋国救援宋国，出兵帮助宋国收复了郑楚联军占领的彭城。鲁成公十八年（公元前573年）鲁襄公姬午即君主之位，翌年即公元前572年，鲁襄公称元，一月／寅月建正。这样，《史记》中所说襄公二十二年即公元前551年，孔子生无问题。而《公羊传》使用的也是逾年称元，"辰月／三月建首。"[2]如《公羊传·襄公》记："元年，春，王正月，公即位。……楚为之伐宋取彭城以封鱼石。"[3]那么《公羊传》中记襄公二十一年即公元前551年，孔子生

---

[1] （汉）司马迁撰：《史记·十二诸侯年表》，北京：中华书局，1959年版，第629页。

[2] 《谷梁传》的成书比较模糊，时间晚于《公羊传》，《谷梁传》中有反驳《公羊传》的内容。如宣公十五年《谷梁传》对"螽生"的解释："螽非灾也。其曰螽，非税亩之灾也。"这是承上条经文"初税亩"而作的解释。说"螽非税亩之灾"就意味着有以螽为税亩之灾者。而以螽为税亩之灾者，正是《公羊传》的说法。《公羊传》云："未有言螽生者，此其言螽生何？螽生不书，此何以书？幸之也。幸之者何？犹曰受之云尔。受之云尔者何？上变古易常，应是而有天灾，其诸则宜于此焉变矣。"《公羊传》之意是说，螽生本可不书，之所以书，是因为"初税亩"变古易常，本应有灾，但虽有螽生而无灾，不过是上天示警，督其改过而正，故而幸其无灾。由此可见，《公羊传》以螽生为"初税亩"之警，而《谷梁传》则认为与"税亩"无关，且在"非灾也"之后特地强调"非税亩之灾"，显然是针对《公羊传》义而发的。因而《谷梁传》的成书比《公羊传》晚是可以肯定的。《谷梁传》也晚于《史记》，因为《史记》中不见《谷梁传》或《谷梁春秋》之名，而其名始见于《汉书·儒林列传》："瑕丘江公受《谷梁春秋》及《诗》于鲁申公，传子至孙为博士。"但不会晚于汉宣帝时期，因为《谷梁传》在宣帝时立于学官。为了更准确地探究孔子生年，我们在讨论中仅把《史记》与《公羊传》作对比研究，这给我们推理问题减少很多麻烦，但不会影响结论。

[3] （汉）公羊寿撰；（汉）何休解诂；（唐）徐彦疏：《春秋公羊传注疏·襄公》，载十三经注疏委员会整理：《十三经注疏》，北京：北京大学出版社，2000年版，第475页。

也无问题。都没问题，矛盾出在哪里？司马贞在《史记·孔子世家》中"鲁襄公二十二年而孔子生。"《索隐》中解释："盖以周正十一月属明年，故误也。后序孔子卒，云七十二岁，每少一岁也。"①在司马贞看来，问题的根本原因在于纪年中的建正不同导致了计算差异。下面我们按这个思路推演一下，为了方便推理，结合孔子生年的相关纪年、称元、年龄计算列表如下：

名称	历法	正月/月名	称元	内容	年龄
《史记》	太初历	一月/寅月	逾年称元	孔子生于襄公二十二年	虚岁计算
《公羊传》	鲁历为主	一月/寅月 三月/辰月	逾年称元	孔子生于襄公二十一年	
汉武帝前	颛顼历	十月/酉月	逾年称元	《公羊传》成书	周岁
汉武帝时	太初历	一月/寅月		《史记》成书	
秦代	颛顼历	十月/酉月	立年称元		
周代	周历为主	十一月/子月	混用	子夏传《春秋》	周岁、虚岁混用
商代	殷历	十二月/丑月			
夏代	夏历	一月/寅月			

依司马贞的说法进行推理：司马迁于太初元年（公元前104年）开始动手编写《史记》，此时，汉武帝已经废除了秦历法，改用太初历，更因为司马迁建议汉武帝进行历制改革，所以他也一定会使用太初历编辑史料，太初历以一月为岁首，与夏历相同。而公羊寿系汉景帝时人，他在撰写《春秋公羊传》时，还没有使用太初历，用的是周历，周历比夏历早两个月，所以《史记》中把时间推后了一年。但是，依常理，周历比夏历早两个月，周历的十一月相当于夏历的一月，周历应该比夏历早一年，而不是晚一年！也有学者说，秦使用的是颛顼历，十月建正，《公羊传》成书时正好处于汉继秦制使用颛顼历的时候，所以《公羊传》与其他书籍一样，会以"十月为岁首"的编年方式追叙历史事件。这个推理也不正确，因为即使秦历十月建正，比夏历早三个月，也是属于上一年，而不是后一年。所以问题还需从《公羊传》本身找起，从《公羊传》的传承脉络看，"子夏→公羊高→公羊平→公羊地→公羊敢

---

① （汉）司马迁撰：《史记·孔子世家》，北京：中华书局，1959年版，第1906页。

→公羊寿→胡毋子都、董仲舒→嬴公→睦孟→庄彭祖、颜安乐→阴丰、刘向、王彦→……何休→……徐彦"。《公羊传》全称为《春秋公羊传》，系子夏所传，而子夏所传《春秋》来自孔子，当然子夏也参与了撰写，问题是，子夏与孔子及其他同学一起撰写《春秋》时是在鲁国，他们用的是鲁历，而不是周历，鲁历的建正是三月，要比夏历晚三个月。换句话讲，在司马贞与司马迁来看，《春秋公羊传》所记载的历史比夏历晚一年。其实，这种错误就如我们今天的公历和农历之称呼的差别。如某人生于农历2018年的十二月初十，但这时的公历已经到了2019年1月15日。对于孔子生年而言，其完整的对应称呼应该是：孔子生于鲁历鲁襄公二十一年（公元前552年）十一月，或太初历鲁襄公二十二年（公元前551年）九月，因为鲁历的十一月，就是太初历暨夏历的九月。当然，这仅仅是为了迎合司马贞对司马迁的判断，或者说为了寻找司马迁与公羊高对孔子年龄记录误差有一年而进行的一种合理解读，我们仍需用年龄计算方法来佐证。

第三种，周岁与虚岁计算的差别。在计算年龄上，自古至今有两种——周岁和虚岁。周岁计算时是按照月对月、日对日计算，即从出生那年的生日起算到现年的生日。如果不到生日或超过生日，则要用虚岁计算，计算方法有两种：第一种是在本人生日到来之前，虚岁=现年份－出生年份＋2；第二种是在本人生日到来及以后，虚岁=现年份－出生年份＋1。但在古代由于纪年、纪月、纪日的混乱，许多人不记得自己的出生月和生日，这种情况下就用现年减去出生年得到周岁，而用现年减去出生年加1得到虚1岁。六朝以前没有虚2岁之说，因为六朝以前的史料中，几乎没有看到庆祝生日的记载，明末清初顾炎武在《日知录》中断言："生日之礼，古人皆无。"他认为，人们开始重视生日，大约要从南朝齐梁时代开始。当然，这不是绝对的。在我国古代，生男孩要在门左边悬上一张弓，所以男子的生日又称"悬弧日""悬弧之辰"。不过生日并不代表没有周岁纪念仪式，如《诗经·蓼莪》中载："哀哀父母，生我劬劳。"[1]生日那天，要思念父母生养的艰辛，作哀戚状，是不能宴乐庆贺的，但是生日却要记住的。不过，先秦两汉盛行随时随地向人献酒、献金上寿的礼俗。《诗经》中有许多上寿的记载。如在《诗经·江汉》："虎拜稽首：天子万年。"[2]又《诗经·天保》："如南山之寿，不骞不崩。"[3]《诗经·七月》："跻彼公堂，

---

[1]（清）王先谦撰：《诗三家义集疏·蓼莪》北京：中华书局，1987年版，第724页。
[2]（清）王先谦撰：《诗三家义集疏·江汉》北京：中华书局，1987年版，第724页。
[3]（清）王先谦撰：《诗三家义集疏·天保》北京：中华书局，1987年版，第579页。

称彼兕觥，万寿无疆。"①这里是分别向天子、贵族、主人上寿。战国时期燕国太子丹为了刺杀秦始皇，请荆轲喝酒，"酒酣，太子起寿"。鸿门宴上，范增为刺杀刘邦，召项庄"人前为寿"。祝寿时，往往会伴随着送寿礼。战国严仲子请聂政刺杀侠累，"奉黄金百镒，前为聂政母寿"。战国时期齐国人鲁仲连帮助赵国解邯郸之围，赵国平原君"以千金为鲁连寿"。这里的祝寿、献酒和献金上寿，虽有祝愿健康长寿之意，但不是在生日这天进行，只是随时、单纯地上寿，而不是庆祝寿诞。也不是绝对没有庆祝生日，如，《汉书·卢绾传》记载了卢绾的父亲与刘邦的父亲同住一里，交情极深。两人的妻子在同一天分别生下了卢绾和刘邦，里中父老备羊酒为他们祝贺，文曰："及高祖（刘邦）、绾壮，学书，又相爱也。里中嘉两家亲相爱，生子同日，壮又相爱，复贺羊酒。"②这"复贺"的时间也就是指两个孩子的出生纪念日。

对于司马迁而言，他一般使用虚1岁计算年龄。如，在《史记·孔子世家》中记："定公九年，阳虎不胜，奔于齐。是时孔子年五十。"③定公九年即公元前501年，现以虚1岁即50岁计算，孔子出生则为公元前551年，这与司马迁说孔子生于公元前551年一致。再如，《史记·孔子世家》中记："孔子年四十二，鲁昭公卒于乾侯，定公立。"④鲁昭公去世在公元前510年，用虚1岁即42岁计算，则孔子出生于公元前551年。司马迁对孔子的寿年也是用了虚1岁计算。《史记》中记："孔子年七十三，以鲁哀公十六年四月己丑卒。"⑤鲁哀公十六年四月即公元前479年，则公元前479年+73-1=公元前551年。

我们再用此方法来测试《公羊传》中所记的孔子年龄。同样我们以《史记·孔子世家》中记"孔子年四十二，鲁昭公卒于乾侯，定公立"这件事为参考，在《公羊传》中记："夏六月癸亥，（鲁昭）公之丧至自乾侯。"⑥这与《史记》中的记载相同，都是昭公死于晋国乾侯，不同的是《公羊传》中有确切月日即"夏六月癸亥"，而《史记》中没有。

下面我们计算《公羊传》中相关的孔子年龄：鲁昭公去世在公元前510年6月，按《公羊传》说孔子生于公元前552年，则公元前510－公元前552=42岁，可见《公

---

① （清）王先谦撰：《诗三家义集疏·七月》北京：中华书局，1987年版，第524页。
② （汉）班固撰：《汉书·韩彭英卢吴传》，北京：中华书局，1962年版，第1890—1891页。
③ （汉）司马迁撰：《史记·孔子世家》，北京：中华书局，1959年版，第1914页。
④ （汉）司马迁撰：《史记·孔子世家》，北京：中华书局，1959年版，第1912页。
⑤ （汉）司马迁撰：《史记·孔子世家》，北京：中华书局，1959年版，第1945页。
⑥ （汉）公羊寿撰；（汉）何休解诂；（唐）徐彦疏：《春秋公羊传注疏·定公》，载十三经注疏委员会整理：《十三经注疏》，北京：北京大学出版社，2000年版，第631页。

羊传》中使用了笼统的周岁计算方法。用周岁计算孔子寿年也是，公元前479－公元前552=73岁。但是这里就有一个问题，《公羊传》中有确切的孔子出生年月日，公羊高就不应该用笼统的周年计算，而应该用月对月、日对日的实年计算孔子周岁。孔子死于四月，生于十一月，不足整年，这样，公羊高在计算孔子年龄上至少需加虚1岁，成74岁，或按实周岁72岁。但《公羊传》中并不是这样的计算方法，这样《公羊传》的记载就有了问题。为此，我们再用忠辅日来测试孔子的生年，进一步来证明《史记》与《公羊传》谁对谁错。

忠辅日是我国宋代天文学家杨忠辅所创立的一种纪日方法。忠辅日采用倒纪日连续递增体系，由于我国先秦的历日干支是对太阳日一天接一天的实际记载，60天一循环，不曾中断过，于是以"忠辅倒纪日连续递增体系"作基本历算工具，使得丢失的先秦史纪年可以重现，使具有五千年悠久历史的中华文明有个系统明确的年表。我们用忠辅日来测试孔子的生年，孔子去世的时间为鲁哀公十六年四月己丑日即公元前479年3月4日，目前是没有争议的，我们把孔子一生的时间以日为计算单位作具体的量化，结合忠辅日来计算出孔子生年，鲁哀公十六年四月己丑日系天文大月初十，忠辅日919985，以孔子72周岁计，其计算方法为：365.2425日×72=26298日，那么，孔子去世时的忠辅日919985＋72周岁期间的忠辅日26298=忠辅日946283。对应的公历时间为公元前551年3月3日，《黄帝调历谱》为襄公二十二年三月以前出生。若把孔子出生日定在襄公二十一年十月，那孔子就是72岁多，不到73周岁。

综上，通过忠辅日的计算我们可以得知，《史记》中关于孔子的生卒年是对的，《公羊传》中所记孔子生年可靠性较小，所以，今从《史记》，以孔子生于鲁襄公二十二年即公元前551年为准。①

这样，依照孔子生年推子夏年龄为：公元前551－44=公元前507年。所以，子夏生于公元前507年。同例，我们在后面的研究中，对子夏也采用虚1岁计算，不再重申。

二、求学时间

根据《史记·孔子世家》的记载，鲁定公十四年（公元前496年），"孔子年五十

---

① 钟肇鹏著：《孔子、儒学与经学》，北京：中国社会科学出版社，2009年版，第142页。

六，由大司寇行摄相事……齐人闻而惧"①，设美人计迫使孔子离开鲁国来到卫国，子夏听说后，投师于孔门。清代金鹗在其《求古录礼说》中推论孔子去鲁时年五十六，如子夏少孔子四十四岁，则此时只十二岁，而陈蔡相从子夏与焉，则去鲁时其年必不止十二也，古之四字皆积书，易认四当为三之认也。②金鹗推断子夏在孔子离开鲁国时才十二岁，那么在子夏投入孔门学习时可能还要小于十二岁，所以，子夏应该小于孔子三十三岁，因为古书记载时可能三与四有误。对此诊断，清代陈玉澍在《卜子年谱》中给予反驳："陈蔡之劫在（鲁）哀公六年，子夏已十有九岁，无可疑者，改四为三殊为谬妄。"③

对于以上二位之争，我们可以从《史记·孔子世家》中推断，这样也可以反证子夏的求学时间。

首先，《论语·先进》记述："子曰：'从我于陈蔡者，皆不及门也。'德行：颜渊、闵子骞、冉伯牛、仲弓；言语：宰我，子贡；政事：冉有、季路；文学：子游、子夏。"④显然子夏属于"从我于陈蔡者"，说明在孔子"厄于陈蔡"之前子夏就已拜师。

孔子所遇"陈蔡之劫"发生在孔子居住在蔡国第三年。《史记·孔子世家》记载：

> 孔子迁于蔡三岁，吴伐陈。楚救陈，军于城父。闻孔子在陈蔡之间，楚使人聘孔子。孔子将往拜礼，陈蔡大夫谋曰："孔子贤者，所刺讥皆中诸侯之疾。今者久留陈蔡之间，诸大夫所设行皆非仲尼之意。今楚，大国也，来聘孔子。孔子用于楚，则陈蔡用事大夫危矣。"于是乃相与发徒役，围孔子于野。不得行，绝粮。从者病，莫能兴。⑤

孔子要离开蔡国，但被蔡国大夫加害，被迫留在蔡国。孔子去蔡国的那一年，在《史记·孔子世家》碰巧也有记载：

---

① （汉）司马迁撰：《史记·孔子世家》，北京：中华书局，1959年版，第1917—1918页。
② （清）陈玉澍撰：《卜子年谱》，载北京图书馆：《北京图书馆藏珍本年谱丛刊（第3册）》，北京：北京图书馆出版社，1999年版，第702页。
③ （清）陈玉澍撰：《卜子年谱》，载北京图书馆：《北京图书馆藏珍本年谱丛刊（第3册）》，北京：北京图书馆出版社，1999年版，第703页。
④ （魏）何晏注；（宋）邢昺疏：《论语注疏·先进》，载十三经注疏委员会整理：《十三经注疏》，北京：北京大学出版社，2000年版，第160页。
⑤ （汉）司马迁撰：《史记·孔子世家》，北京：中华书局，1959年版，第1930页。

> 冉求既去，明年，孔子自陈迁于蔡。蔡昭公将如吴，吴召之也。前昭公欺其臣迁州来，后将往，大夫惧复迁，公孙翩射杀昭公。楚侵蔡。秋，齐景公卒。①

孔子到达蔡国时即鲁哀公五年（公元前490年），刚好那年秋天齐景公去世，时间也为公元前490年，如是，孔子在蔡的第三年即公元前488年。这样孔子所遇"陈蔡之劫"年龄就是64岁，子夏此时是20岁。清代金鹗与陈玉澍之争，显然是金鹗站不住脚。

其次，据《史记·孔子世家》记载，在孔子离开鲁国后，虽然第一站是去了卫国，但很快离开卫国又去陈国，在路过匡城时，因貌似阳虎而遭匡人围困，脱困之后又过蒲返卫，之后又去了曹国和宋国，由于"宋桓魋欲杀孔子，伐夫子所过之树，削夫子所过之迹"②，孔子只好离开宋国来到郑国，然后又在陈国居留了三年，于公元前493年又回到卫国，期间经历极其坎坷复杂。

孔子在追求施展自己政治抱负的同时注意广收弟子，子夏投入孔门的时间段，正是在此期间，而这也是孔子个人经历比较辛酸的一段时期，少年的子夏在伴随孔子度过这段颠沛流离的周游生涯过程中逐渐成长起来，成为孔子门下以"文学"著称的得意弟子。

目前，没有官方书籍记载子夏究竟是哪一年进入孔门的，但我们可以从谱志资料和先秦时期求学年龄上以及社会学角度进行推断。

首先，先秦时期外出求学立志者大都为15岁，子夏不应该早于15岁外出求学。

孔子在《论语·为政》中说："吾十有五而志于学，三十而立，四十而不惑，五十而知天命，六十而耳顺，七十而从心所欲不逾矩。"③说明孔子是在15岁时外出求学。荀子也是在15岁时外出到齐国稷下求学。④那么，子夏在15岁外出求学就符合常理。

先秦时期对人的分龄阶段和教育有比较详细的礼制。《礼记·学记》云：

---

① （汉）司马迁撰：《史记·孔子世家》，北京：中华书局，1959年版，第1928页。
② （清）陈玉澍撰：《卜子年谱》，载北京图书馆：《北京图书馆藏珍本年谱丛刊（第3册）》，北京：北京图书馆出版社，1999年版，第705页。
③ （清）刘宝楠撰；高流水点校：《论语正义·为政》，北京：中华书局，1990年版，第43页。
④ 虽然关于荀子外出求学年龄有50岁和15岁之说，但目前学术界统一看法还是15岁。此观点可以参考佐藤将之：《荀子生平事迹新考》，《临沂大学学报》2015年第3期。

  古之教者，家有塾，党有庠，术有序，国有学。比年入学，中年考校。一年视离经辨志，三年视敬业乐群，五年视博习亲师，七年视论学取友，谓之小成；九年知类通达，强立而不反，谓之大成。夫然后足以化民易俗，近者说（悦）服，而远者怀之，此大学之道也。①

  这里不仅介绍了办学的不同层次，而且强调了小学教育与大学教育的不同教学要求。所谓"古之教者"，大体以西周官学为依据。《礼记·内则》还有详细规定：

  子能食食，教以右手。能言，男"唯"女"俞"。男鞶革，女鞶丝。六年，教之数与方名。七年，男女不同席，不共食。八年，出入门户及即席饮食，必后长者，始教之让。九年，教之数日。十年，出就外傅，居宿于外，学书计；衣不帛襦袴；礼帅初，朝夕学幼仪，请肄简谅。十有三年，学乐诵诗，舞《勺》，成童，舞《象》，学射御。二十而冠，始学礼，可以衣裘帛，舞《大夏》，惇行孝弟，博学不教，内而不出。三十而有室，始理男事，博学无方，孙（逊）友视志。②

  这里叙述的是一个人学习的全过程，但没有明确区分出小学教育和大学教育。《大戴礼记·保傅》中说："古者年八岁而出就外舍，学小艺焉，履小节焉。束发而就大学，学大艺焉，履大节焉。"③《白虎通义·辟雍》中也说："古者所以年十五入大学何？以为八岁毁齿，始有识知，入学学书记；七八十五，阴阳备，故十五成童志明，入大学，学经籍。"④可见，男子八岁入小学，十五岁入大学，这是先秦时期通例。

  当然，这里需要说明的是，在孔子之前私学还没有出现，以上小学和大学之分是官学。那么，孔子办的私学是小学还是大学，这对于考证子夏入学年龄也有很大意义。

---

① （清）孙希旦撰；沈啸寰、王星贤点校：《礼记集解·学记》，北京：中华书局，1989年版，第957—959页。

② （清）孙希旦撰；沈啸寰、王星贤点校：《礼记集解·内则》，北京：中华书局，1989年版，第768页。

③ （清）王聘珍撰；王文锦点校：《大戴礼记解诂·叙录》，北京：中华书局，1983年版，第60页。

④ （清）陈立撰：《白虎通疏证·辟雍》，北京：中华书局，1994年版，第253页。

根据周代小学、大学层次之分，对照孔子办学的实际情况，可以判断孔子所办之学为大学而不是小学，也不是打通小学与大学教育的特殊学校。

一是冠礼是人生最为重要的礼仪，学者都很重视，但未闻孔子弟子在入学以后有人行冠礼，这可反证他们入学之前都已行过冠礼，即已经成年。当然对于冠礼时的年龄也有几种说法。总体上讲，国君世子十五而冠，故十五入大学。士以上及公卿大夫之子二十而冠，故二十入大学。[1]因为礼不下庶民，所以在民间冠礼年龄也就比较随意，有十二岁的、有十五岁的、有二十岁的。但是入大学年龄应是以行冠礼为基准的。

二是"子以四教：文、行、忠、信"[2]，其核心是"礼"与"仁"，这些都属于周代大学教育内容而非小学教育内容。

三是孔子以"《诗》《书》《礼》《乐》教弟子"，弟子也多与孔子讨论《诗》《礼》《乐》，这与《礼记·王制》所云"乐正崇四术，立四教，顺先王诗、书、礼、乐以造士"的官学大学教育是一致的，未闻孔子与弟子讨论学书计和学幼仪等小学教育科目。

四是孔子以"成人""君子"要求弟子，弟子也关心成人之事，说明其教育为成人教育，如《论语·宪问》载："子路问成人，子曰：'若臧武仲之知，公绰之不欲，卞庄子之勇，冉求之艺，文之以礼乐，亦可以为成人矣。'"[3]

五是孔门弟子在学习期间能够参与社会政治活动，并可随时出仕，出仕者或由孔子推荐，或由官方直接聘请，这自然是大学教育而不是小学教育的结果。

六是《礼记·大学》云："大学之道，在明明德，在亲民，在止于至善。"孔颖达解题："郑（玄）《目录》云：'名曰《大学》者，以其记博学可以为政也。'此于《别录》属通论。此大学之篇，论学成之事，能治其国，章明其德于天下。"[4]就此通论而言，也说明孔子对其弟子的教育的确是大学教育，而不是小学教育。

其次，在各地子夏后裔所藏卜氏家谱、族志上，大都有少年卜商到卫国投入孔

---

[1] 参考王齐洲：《关于孔子办学的几个基本问题》，《暨南学报》（哲学社会科学版）2018年第3期。

[2] （清）刘宝楠撰；高流水点校：《论语正义·述而》，北京：中华书局，1990年版，第253页。

[3] （清）刘宝楠撰；高流水点校：《论语正义·宪问》，北京：中华书局，1990年版，第566页。

[4] （汉）郑玄注；（唐）孔颖达疏：《礼记注疏·大学》，载十三经注疏委员整理：《十三经注疏》，北京：北京大学出版社，2000年版，第1859页。

门学习的记载，如温县卜子族志中记：

> 卜商从小热爱学习，七八岁时讨遍了村中识文嚼字的人……十五六岁那年，他听说孔子在卫国帝丘开门办学，再也忍耐不住，决定步行前往求学。全村老少几十人，将他送到澳河边。①

一般来讲，谱志资料和传说可靠性比较弱，但也不能完全否定，这里的记载还是符合社会学逻辑的，和《论语》《礼记》《史记》中的记载比较吻合，所以可作为论据。

如是，子夏15岁入学，则根据虚岁计算法得出子夏的入学时间为公元前493年，这一年也刚好是孔子从陈国回到卫国的那一年。

三、子夏去世

关于子夏去世的时间目前主要有三种观点。一是山西《河津卜子夏族志》称子夏卒于公元前420年，享年87岁；二是江苏《丰县卜氏族谱》称其卒于公元前406年，享年101岁；三是河南《温县卜氏家谱》称其卒于公元前400年，享年107岁。

从以上记载来看都出自子夏后裔所存卜氏家谱、族谱、族志上，没有官方史籍正式记载。但无疑子夏是一长寿之人，卒年在公元前420年至公元前400年之间。

关于子夏去世之年能否按照子夏后裔所说，不能一定说行，更何况子夏去世两说之间这20年之差对于一个人来讲，影响非常大。因此我们还有必要考证一下子夏去世年限。

欲证子夏去世年限就必须先叙述一下魏文侯生平。此人与子夏有着千丝万缕的联系。

魏文侯年表：

---

① 张继峰、王建忠：《卜子夏故里考》，《中州今古》2001年第6期。

序号	出处	和魏文侯相关事迹
1	《史记·魏世家》	（魏）桓子之孙曰文侯都。魏文侯元年，秦灵公之元年（公元前424年）也。与韩武子、赵桓子、周威王同时。 （魏文侯）三十八年（公元前386年），伐秦，败我武下，得其将识。是岁文侯卒。子击立，是为武侯。
2	《史记·晋世家》	（晋）幽公之时，晋畏，反朝韩、赵、魏之君。独有绛、曲沃，余皆入三晋。十五年（公元前419年），魏文侯初立。《索隐》曰：按《纪年》，魏文侯初立在（晋）敬公十八年（公元前444年）。
3	《史记·楚世家》	（楚简王）八年（公元前424年），魏文侯、韩武子、赵桓子始列为诸侯。
4	《史记·赵世家》	（赵）烈侯元年，魏文侯伐中山，使太子击守之。六年（公元前403年），魏、韩、赵皆相立为诸侯，追尊献子为献侯。 九年，烈侯卒，弟武公立。武公十三年卒，赵复立烈侯太子章，是为敬侯。是岁（公元前386年），魏文侯卒。
5	《史记·韩世家》	十三年（公元前386年），（韩）列侯卒，子文侯立。是岁魏文侯卒。
6	《资治通鉴·周纪》	（周）安王十五年（公元前386年），秦伐蜀，取南郑。魏文侯薨，太子击立，是为武侯。
7	《史记·六国年表》	魏文侯斯元年。即威烈王二年（公元前424年）、秦灵公元年、韩武子元年、赵桓子元年。
8	《史记·六国年表》	魏，十八（公元前407年），文侯受经子夏。过段干木之闾常式。
9	《史记·六国年表》	魏，二十二（公元前403年），初为侯。

以上所列史料，有一个关键点，即"魏文侯十八年受经子夏"，魏文侯十八年到底是哪一年就成了关键环节。因为魏文侯十八年如果时间能确认了，那么子夏是100多岁还是80多岁基本上就清楚了。其中缘由推理如下：

根据以上表中所列资料，魏文侯死于公元前386年，此时，无论子夏是87岁还是101岁都已经不在世，说明子夏授经于魏文侯一事存在的可能性是有的，不应该存在异议。

根据以上表中所列资料，魏文侯称侯的时间有两个：即公元前424年、公元前403年。表中2《史记·晋世家》说，晋幽公十五年（公元前419年），魏文侯初立。

既然说初立，那么立侯的时间也应该是在公元前424年。

如果是按照公元前403年之说，魏文侯十八年就是公元前385年，此时，魏文侯已经去世，子夏如果不死也已经123岁。显然这个时间子夏不可能对魏文侯传经。

如果按照公元前424年算，魏文侯十八年就是公元前407年，此时，魏文侯66岁，子夏101岁。为此，陈玉澍也在《卜子年谱》中推断："（子夏）由洙泗而至西河，时年已老矣，教授西河之后，又归于鲁，丧子丧明，曾子吊之，乃吊于鲁，非吊之于西河，归鲁之后，复至安邑为魏文侯师，其实子夏已居百岁外矣。"[1]

且不说百岁老人不顾年迈体弱，眼瞎病残，向一名花甲老人传经有何用，但说此时魏国在魏文侯的带领下，于公元前413年大举进攻秦国，上地郡守李悝在郑县（今陕西省华县）大败秦军。次年，魏文侯派太子击包围并占领了秦国的繁庞（今陕西省韩城市东南），迁出当地的居民。从公元前409年起，魏文侯任命吴起为主将，攻克秦国河西地区的临晋（即王城，今陕西省大荔县东南）、元里（今陕西省澄城县东南）并筑城。次年，吴起再次率军攻打秦国，一直打到郑县，攻克洛阴（今陕西省大荔县西南）、郃阳（今陕西省合阳县东南）并筑城。在公元前407年魏文侯又忙于用李悝变法，同年，让乐羊攻打中山国，三年而拔，中山由此被魏国所灭。与此同时，齐国举兵侵略卫国，郑败韩于负黍，都在公元前407年。从时间和精力上分析，魏文侯无暇与子夏谈经论道。

更加让人不理解的是，从表中7和9两者分析，既然魏文侯于公元前424年已经封侯称元年，为何在魏文侯二十二年即公元前403年的时候又说"初为侯"，产生这种自相矛盾的原因在哪？

我们来审视一下司马迁在撰写《六国年表》中的自序：

秦既得意，烧天下《诗》《书》，诸侯史记尤甚，为其有所刺讥也。《诗》《书》所以复见者，多藏人家，而史记独藏周室，以故灭。惜哉，惜哉！独有《秦记》，又不载日月，其文略不具。然战国之权变亦有可颇采者，何必上古。秦取天下多暴，然世异变，成功大。传曰"法后王"，何也？以其近己而俗变相类，议卑而易行也。学者牵于所闻，见秦在帝位日浅，不察其终始，因举而笑之，不敢道，此与以耳食无异。悲夫！

余于是因《秦记》，踵《春秋》之后，起周元王，表六国时事，讫二

---

[1]（清）陈玉澍撰：《卜子年谱》，载北京图书馆：《北京图书馆藏珍本年谱丛刊（第3册）》，北京：北京图书馆出版社，1999年版，第727页。

世，凡二百七十年，著诸所闻兴坏之端。后有君子，以览观焉。①

司马迁撰写六国年表系参考秦记，但秦记"不载日月"，其史书纪年不详，但又因为秦国烧书，无其他可参考的，只能自己根据秦记来推断其他六国的大事时间。按照司马迁自己的说法，魏文侯纪年和子夏受经，也是司马迁自己根据秦记判断的。

司马迁在三晋范围内的纪年所弄出的错误最大，也最多，幸好有司马贞的《索隐》替我们保存了一些散佚了的资料，我们再根据出土的《竹书纪年》得以校正。今就与本书有关者汇列如下：

《史记》与《竹书纪年》对比：

《史记》	事件	《索隐》	《竹书纪年》
《晋世家》	十五年，魏文侯初立。		魏文侯初立，在敬公十八年。
《魏世家》	三十八年，伐秦，败我武下，得其将识。是岁文侯卒。		魏文侯五十年卒。
《魏世家》	魏文侯元年，秦灵公之元年也。与韩武子、赵桓子、周威王同时。	武子名启章，康子之子。桓子名嘉，襄子之子。	
《韩世家》	十三年，列侯卒，子文侯立。是岁魏文侯卒。	《世本》无列侯。	《纪年》无文侯。

据此可知《史记》与《竹书纪年》《世本》及其他古籍颇多龃龉，在这里，主要是把魏文侯任侯时间少算了14年，递次上移，则魏文侯元年应当是晋敬公十八年，即公元前444年。魏文侯十八年，即公元前427年，子夏此时81岁，文侯要从他受经，在情理上也就说得过去。

司马迁为何把魏文侯元年定在公元前424年？这也有他的理由。晋国末期，从公元前497年起，智、赵、韩、魏四家混战，到公元前453年内战结束后，智氏被灭，晋国正卿先由赵氏赵襄子（赵孟）担任，时间从公元前453年至公元前425年，晋幽公九年（公元前425年），赵襄子赵无恤去世，魏斯继任为晋国正卿。

直到晋国灭亡前，魏文侯成为晋国最后一位执政卿。换句话讲，晋国最后亡在了魏家手里。司马迁就从魏文侯（当时称魏斯）执掌晋国正卿即中军将时，算成是

---

① （汉）司马迁撰：《史记·六国年表》，北京：中华书局，1959年版，第686页。

魏文侯称侯的时间，但人君于即位之翌年称元，所以公元前424年即为魏文侯元年，这是司马迁的大致推理。

然而，从当时的礼法上讲，三家分晋只是土地和实力上超过了晋国，三家称侯还需周天子同意才是真正意义上的侯国，所以，在公元前403年周威烈王封三家为侯起，魏文侯才可以称侯。这从年表上也能看出来，司马迁只是称魏文侯，而韩、赵还是称韩武子、赵桓子。所以魏斯称侯一事还得重新说起。

西周春秋时有五等爵制，即公、侯、伯、子、男。按理来说，你是什么爵位，谥号称什么就好了。但事实并不是这样，绝大多数诸侯死后的谥号并不是按照爵位来，而是都称"某公"，比如齐国侯爵，而称齐桓公；鲁国侯爵，称鲁隐公；晋国侯爵，称晋文公；郑国伯爵，称郑庄公；许国男爵，称许穆公。当时礼法认同这种做法，诸侯国的臣子，在他们国内可以称呼他们的国君为"公"，因为这是臣子的一番爱君之心。

但是，三晋建侯是石破天惊的一件大事，以前从来没有卿大夫威逼天子，以列于诸侯这种事情发生过。所以作为当事者的赵、魏、韩三家在建侯之初，面对王室反而表现出了一种谦卑，换言之，他们也是要面子，如果显得太强势，很可能被人当作犯上侵礼的悖逆之臣（虽然事实上就是），表现在谥号上，就是并没有按照春秋二百余年的传统僭越称公，而是老老实实称侯。

对于魏文侯而言，文侯是其子魏武侯继任后送给父亲国君的谥号，魏斯活着的时候不是这样称呼的。我们在《史记》中见到的魏文侯只是后人记述时这样称呼。魏国史官在撰写《竹书纪年》时，考虑到魏文侯处于魏国脱离晋国而被周天子封为侯，即把魏文侯元年算成是继任魏桓子任魏氏家族领袖的初年，即公元前444年。

由于错综复杂的原因，造成了魏文侯元年计算之乱。所以，我们应该按照魏国史书《竹书纪年》计算魏文侯元年。这样，魏文侯十八年实际上应该是公元前427年。这一年子夏81岁，魏文侯45岁。

综上所述，魏文侯受经于子夏当在公元前427年，子夏此时81岁。这样，山西《河津卜子夏族志》称子夏卒于公元前420年，享年87岁之说最为可靠，也符合常理。但是，河津说是把子夏的寿年算成了周岁，这也不恰当，因为子夏的生月和死月为同月的可能性非常小，就是有，也没有记载和传承，所以，应该以虚岁算，子夏享年88岁。

四、出生地考

由于子夏出生于春秋中后期，很多诸侯国的权力被少数强大的卿大夫家族所控制，战争频仍，卿族之间相互斗争，一部分卿族被亡宗灭族，地易数主，正所谓"绵古茫昧，华戎代袭，郭邑空倾，川流戎改，殊名异目，世乃不同"[1]，因而关于子夏籍贯就有温国、卫国、魏国、晋国等争论。如，董仲舒《春秋繁露》有"卫子夏"[2]；《孔子家语》中曰："卜商，卫人。"[3]郑玄曰"温国人"[4]；《礼记》中有"子夏姓卜名商，魏人也"[5]的记述。清人陈玉澍在《卜子年谱》中说："温为晋地，子夏在春秋时为晋人，三家分晋，温属魏，故子夏又为魏人。"[6]今高专诚在《子夏故里温邑的历史变迁》中也称："在孔子的众多弟子中，子夏是唯一的晋人。"[7]

关于子夏究竟是何地之人，我们先来了解子夏祖籍的相关事情。《通志·氏族志略》曰："卜氏，《周礼》卜人氏也。鲁有卜楚邱，晋有卜偃，楚有卜徒父，皆以卜命之。其后遂以为氏，如仲尼弟子卜商之徒是也。"[8]《姓苑》亦载："卜氏，周礼卜人之后，以官为氏。"[9]又"氏于事者，巫卜陶匠是也"[10]。可见，卜氏起源于周代天官太卜。

子夏祖先是以官守为氏的卜官后裔，这在各地卜氏家谱、族谱中也多有记载。河南《温县卜氏家谱》、山西《河津卜子夏族志》、江苏《丰县卜氏族谱》、湖南《浏阳卜氏族谱》等史料上面都有"卜氏，系出周之太卜，以官为氏"一类记载。尤其是湖南卜氏家谱上，对于子夏祖先追述颇远：

---

[1] （清）李兆洛撰；楚生点校：《骈体文钞》，长沙：岳麓书社，1992年版，第437页。
[2] （清）苏舆撰；钟哲点校：《春秋繁露义证·俞序》，北京：中华书局，1992年版，第160页。
[3] 王国轩、王秀梅译注：《孔子家语》，北京：中华书局，2011年版，第428页。
[4] （清）梁玉绳撰：《史记志疑·仲尼弟子列传》，北京：中华书局，1985年版，第1215页。
[5] （汉）郑玄注；（唐）孔颖达疏：《礼记正义·檀弓》，北京：北京大学出版社，2000年版，第236页。
[6] （清）陈玉澍撰：《卜子年谱》，载北京图书馆：《北京图书馆藏珍本年谱丛刊（第3册）》，北京：北京图书馆出版社，1999年版，第699页。
[7] 高专诚：《子夏故里温邑的历史变迁》，《沧桑》2003年第3期。
[8] （宋）郑樵撰：《通志·氏族志略》，北京：中华书局，1987年版，第470页。
[9] （元）佚名辑：《氏族大全》，元刻本。
[10] （宋）邓名世撰；王力平点校：《古今姓氏书辩证》，南昌：江西人民出版社，2006年版，第539页。

始祖康公：世家于曹，武王时期掌太卜官，成王六年卒，谥鼎。公娶胡氏，传十三世生普重公，厥后子孙以官为氏。

普重公：周宣王时，袭祖旧职，谥文华。公娶曾氏生一子，名偃。

偃公：字文瑞，事晋献公，为掌卜大夫。智识"魏大毕满"。至怀公时，因剿杀狐突，力谏不听，解组归卫。生子一名寀。

寀公：周襄王时袭祖旧职，娶刘氏生二子：必显、必耀。

必显公无嗣，三十六岁殁。

必耀公生子一名庄。

庄公生子一名敬。

敬公生子一名商。

商公字子夏，生二子：文公、章公。文公早殁，无子嗣。

章公字夷皋，生子一名仁。

从以上族志史料中可以看出，子夏系晋国卜偃后人。虽然是孤证，但由于目前再没有其他史料与考古资料相佐证，我们只能从中寻找蛛丝马迹予以求实。

据《礼记·曲礼下》记载："天子建天官，先六大，曰大宰、大宗、大史、大祝、大士、大卜。"[①]《礼记·礼运》中也记："王前巫而后史，卜筮瞽侑，皆在左右。"[②]可见大卜是天官中的重要一员，这在《左传》中也有例证，鲁国初封时，其中就包括了各种天职人员："分之土田陪敦，祝、宗、卜、史。"[③]

周朝有专门占卜的机构，长官称太卜，下有"下大夫二人"。太卜地位相当于大夫，其从属官员称为卜人。湖南《浏阳卜氏族谱》中所记"武王时期掌太卜官"即此类大夫。"厥后子孙以官为氏"即指卜氏先祖康公的后代以卜为姓，称为卜氏。这是对"卜"姓氏的探源性论说。

由此也可以推定，子夏乃出自世代为卜的占卜之家。《通志》的推源是有根据的。

如果断论不假，那么，卜偃就是晋国春秋时期的太卜。从《左传》中我们可以

[①] （汉）郑玄注；（唐）孔颖达疏：《礼记正义·曲礼下》，载十三经注疏委员会整理：《十三经注疏》，北京：北京大学出版社，2000年版，第151页。

[②] （清）孙希旦撰；沈啸寰、王星贤点校：《礼记集解·礼运》，北京：中华书局，1989年版，第615页。

[③] （周）左丘明撰；（晋）杜预注；（唐）孔颖达疏：《春秋左传正义》，载十三经注疏委员会整理：《十三经注疏》，北京：北京大学出版社，1999年版，第1546页。

看到，卜偃在晋献公、惠公、文公、襄公时期始终以晋国"首席卜者"的身份出现。粗略统计，他在"闵公六年""僖公六年""僖公十五年""僖公二十五年""僖公三十三年"均有活动记载，涉及战争、灾异等各方面，是晋国不可或缺的关键人物。从湖南《浏阳卜氏族谱》中我们还可以看到，卜氏先祖是周武王时的太卜，卜偃系第十四世子孙。一般推世系按30年一世，十四世为420年左右。卜氏先祖康公生活于周武王时代，按周武王去世是公元前1043年计，卜偃活动于晋献公、惠公、文公、襄公时期，我们按晋襄公去世之时公元前621年计，此间相差422年。这和前面所推时间基本一致，说明此卜氏族谱可靠性比较大，比较真实。

但是，《浏阳卜氏族谱》中说卜偃因不理怀公"剿杀狐突，力谏不听，解组归卫"，这显然不对。族志系后世编修，不免有杜撰成分，不能全信。卜偃在晋怀公杀害狐突时，只是"称疾不出"，并没有离开晋国。《左传·僖公二十三年》记载：

怀公命无从亡人。期，期而不至，无赦。狐突之子毛及偃从重耳在秦，弗召。冬，怀公执狐突曰："子来则免。"对曰："子之能仕，父教之忠，古之制也。策名、委质，贰乃辟也。今臣之子，名在重耳，有年数矣。若又召之，教之贰也。父教子贰，何以事君？刑之不滥，君之明也，臣之愿也。淫刑以逞，谁则无罪？臣闻命矣。"乃杀之。①

另外，从《浏阳卜氏族谱》中分析，卜偃归卫回到了温邑。从史料上分析也站不住脚。《史记》记载："温，故国，已姓，苏忿生所封也。"②可知，温邑初为苏忿生的采邑。《尚书·立政》："周公若曰：太史，司寇苏公，式敬尔由狱，以长我王国。"③《左传》中记："苏忿生以温为司寇。"④可知苏忿生为周武王时的司寇。又《左传》云："秋，五大夫奉子颓以伐王，不克，出奔温。苏子奉子颓以奔卫。"⑤《公羊传》中亦云："狄灭温，温子奔卫。"⑥以邑言之则曰温子，以氏言之则曰苏子，其所指相同。公元前650年，温被狄人所灭。说明在狄灭温的公元前650年以前，温

---

① 杨伯峻编著：《春秋左传注》，北京：中华书局，2008年版，第402—403页。
② （汉）司马迁撰：《史记·周本纪》，北京：中华书局，1959年版，第155页。
③ （汉）孔安国撰；（唐）孔颖达疏：《尚书正义·立政》，载十三经注疏委员会整理：《十三经注疏》，北京：北京大学出版社，2000年版，第565页。
④ 杨伯峻编著：《春秋左传注》，北京：中华书局，2008年版，第854页。
⑤ 杨伯峻编著：《春秋左传注》，北京：中华书局，2008年版，第213页。
⑥ 杨伯峻编著：《春秋左传注》，北京：中华书局，2008年版，第332页。

仍为苏氏邑，而不是卫国的邑城。

温被狄人灭后，温名义上应归周王朝所有，但实际上有一段时间曾为大叔所占据。《左传·僖公二十四年》记："秋，颓叔、桃子奉大叔以狄师伐周，大败周师，获周公忌父、原伯、毛伯、富辰。王出适郑，处于汜。大叔以隗氏居于温。"①一直到公元前635年，晋文公用狐偃"勤王"策，平定了周王朝的内乱。周王才把温、原等田赏赐给晋国。《左传》记：

> 夏四月丁巳，王入于王城。取大叔于温，杀之于隰城。戊午，晋侯朝王。王飨醴，命之宥。请隧，弗许，曰："王章也。未有代德而有二王，亦叔父之所恶也。"与之阳樊、温、原、攒茅之田。②

至此温地长期属于晋国，和卫国没有任何关系。

自温收入晋国囊中后晋国一直在此地有活动记载，且扮演着重要的角色，现列表如下：

出处	事件	属国	掌控	时间
《左传·僖公二十五年》	赵衰为原大夫，狐溱为温大夫。	晋国	狐溱	公元前635年
《左传·僖公二十八年》	冬，会于温，讨不服也。	晋国		公元前632年
《左传·文公元年》	晋文公之季年，诸侯朝晋，卫成公不朝。晋侯朝王于温。先且居、胥臣伐卫。	晋国		公元前626年
《左传·文公六年》	六年春，晋蒐于夷，舍二军。使狐射姑将中军，赵盾佐之，阳处父至自温。	晋国	阳处父	公元前621年
《左传·成公十一年》	晋郤至与周争鄇田，王命刘康公、单襄公讼诸晋。郤至曰："温，吾故也，故不敢失。"	晋国	郤氏	公元前580年

---

① 杨伯峻编著：《春秋左传注》，北京：中华书局，2008年版，第426页。
② 杨伯峻编著：《春秋左传注》，北京：中华书局，2008年版，第432页。

（续表）

出处	事件	属国	掌控	时间
《左传·襄公十六年》	晋侯与诸侯宴于温。	晋国		公元前557年
《左传·昭公元年》	十二月，晋既烝，赵孟适南阳，将会孟子余。甲辰朔，烝于温。	晋国	赵氏	公元前541年
《左传·昭公三年》	（赵）文子曰："温，吾县也。"	晋国	赵氏	公元前539年
《左传·昭公二十二年》	冬十月丁巳，晋籍谈、荀跞帅九州之戎及焦、瑕、温、原之师，以纳王于王城。	晋国		公元前520年
《左传·哀公二年》	郑人击简子，中肩，毙于车中，获其蜂旗。大子救之以戈。郑师北，获温大夫赵罗。	晋国	赵氏	公元前493年

从上表可知，至少在子夏15岁的时候，温还属于晋国赵氏。据《左传》，卫国原来都于沫（今淇县东北），版图跨北流黄河两岸，拥有河西殷商故都朝歌及其周围大片土地，实力相当可观。公元前675年"卫师、燕师伐周"[①]，卫国尚有力量去干预王室内政。但十五年后，狄人侵卫，卫之余众东渡黄河，仅存"遗民男女七百有三十人，益之以共、滕之民为五千人，立戴公以庐于曹（今滑县西南）"[②]。此为第一次东迁。尔后狄人仍不断侵伐，卫第二次迁都楚丘（今滑县东部）。公元前629年冬，"狄围卫，卫迁于帝丘（今濮阳县境内）"[③]。经过三次东迁，卫国版图完全收缩于北流黄河以东，河西地盘丧失殆尽。晋国则继打败狄人攻占温邑等"南阳"之地以后，与狄人征战多次夺得沫、朝歌等"东阳"之地，形成了春秋中叶以后卫晋以黄河为界、隔河相望的格局。

既然温邑从没归过卫国，子夏称卫人总不能是子虚乌有的事。答案还得从《浏阳卜氏族谱》中找。该族谱开始就写"始祖康公世家于曹"。

西周武王封弟振铎于曹邑，是为曹伯，建都陶丘（今菏泽）。但曹国处于卫、郑、陈、宋、鲁五国包围之中，国力弱小，常常处于挨打地位。到了春秋时期，混

---

① （汉）司马迁撰：《史记·燕召公世家》，北京：中华书局，1959年版，第1552页。
② 杨伯峻编著：《春秋左传注》，北京：中华书局，2008年版，第266页。
③ 杨伯峻编著：《春秋左传注》，北京：中华书局，2008年版，第485页。

战开始，公元前487年宋国对曹国进行了一次灭国战争，曹国"遂绝其祀"①退出历史舞台。在宋灭曹之前，伯阳四年，卫国就攻打曹国，占领了曹国的郊邑。曹伯阳五年（公元前497年），公孟彄再次率领军队攻打曹国。

根据以上史料判断，子夏先祖在曹国居住的地方被卫国占领，卫国在和晋国以黄河为界后，虽然势力大不如前，却成为生存时间最长的诸侯国之一，在众多曾经声名赫赫的诸侯国纷纷被灭国的春秋战国时代，卫国却奇迹般地躲过了无数次劫难，生存到了秦国统一天下之后，到秦二世时才灭亡。所以后人在撰写子夏生平时，称其为卫人就不足为奇了。

关于子夏出生于温邑目前却是没有争议的。无论是卫国人说、魏国人说还是晋国人说；无论是河津卜子年谱还是温县卜氏族谱或是其他地方的卜氏记载，都承认子夏生于温邑。

这里就有一个关键的问题，子夏的祖先是如何迁徙到温县的。弄清这个问题，还得从卜偃说起。从《史记·晋世家》看，卜偃在晋献公时期就出现在晋国政治舞台，虽然没有明确说明卜偃是如何来到晋国的，但从晋国发展的历史来看，应该是卜偃的先祖在周成王封虞时，属于"职官五正"中的一类，空降到了晋国。《春秋》记："分唐叔以大路，密须之鼓，阙巩，沽洗，怀姓九宗，职官五正。""五正，五官之长。"②五官即司徒、司马、司空、司士、司寇。《黄帝书》中也有记载：

> 黄帝问阉冉曰："吾欲布施五正，焉止焉始？"
> 对曰："始在于身，中有正度，后及外人。外内交接，乃正于事之所成。"
> 黄帝曰："吾既正既静，吾国家愈不定，若何？"
> 对曰："后中实而外正，何（患）不定？左执规，右执矩，何患天下？男女毕同，何患于国？五正既布，以司五明；左右执规，以待逆兵。"③

从以上对话中，我们可以看到"五正"的两个特点：其一，布施五正"始在于

---

① （汉）司马迁撰：《史记·管蔡世家》，北京：中华书局，1959年版，第1573页。
② （清）孙诒让撰；王文锦、陈玉霞点校：《周礼正义》，北京：中华书局，2008年版，第2847页。
③ 陈鼓应注译：《黄帝四经今注今译：马王堆汉墓出土帛书》，北京：商务印书馆，2016年版，第233页。

身，中有正度"，强调的是取法度于身。其二，所谓"左执规，右执矩"，说明"五正"取于身的法度，与规、矩等有关。魏启鹏先生提出了一种很有启发性的见解，他认为"五正"的具体内容是指规、矩、绳、权、衡的五政或曰五法。由魏先生的研究可知，"五正"为古人政治思想的术语，属于古代帝王的治天下之道，即君道。"五正"之说的基本含义是君主取度于身，以身为法度，从而建立起法度，以有效治理天下。其法度的基本内容是规、矩、绳、权、衡，以规矩明方圆，以绳明曲直，以权衡明轻重。

卜偃是晋献公至晋文公时代晋国的掌卜大夫，虽然在国家生活中具有举足轻重的地位，和法有没有关系呢？据冯友兰先生考证：卜偃即《墨子·所染》谓"齐桓染于管仲、鲍叔，晋文染于舅犯、高偃"之高偃（俞樾说：高亦读为郭，高偃即郭偃），亦即《商君书·更法》《国语·晋语》《韩非子·南面》《战国策·赵策四》等书中制定"郭偃之法"之郭偃，是同管仲辅佐齐桓公一样辅佐晋文公，在晋国实行封建化的大臣。

按照王官之制，卜官都是子承父业。可见卜氏家族世袭为官，周宣王以后，卜偃来到晋国，成为晋国重臣。不但在晋国任太卜，还兼任司寇。但是，根据世袭原则，卜偃之后应该是由嫡子继任掌卜大夫，直到晋国灭亡前，或者卜偃无子由其他氏族担任。而从子夏"衣若悬鹑"①家境贫寒的情况来看，子夏不应是卜偃嫡传。

那么，作为卜偃后人的子夏和温邑到底有什么关系？《温县卜氏家谱》中所说"卜偃之后为避战乱，从晋都迁到温邑，卜周启为温邑卜氏第一代始祖，卜商子夏为第二代"有没有根据？

高培华在《卜子夏考论》中推断：

> 从《左传·僖公二十三年》中的记述可知，卜偃曾对晋怀公杀害狐突予以抨击，并为此"称疾不出"，对狐氏抱有深刻同情；后来与狐氏兄弟共同辅佐晋文公，从狐偃、卜偃力促晋文公出师勤王，可以看出其志同道合、关系融洽。晋国任命的首任温邑大夫狐溱，乃狐毛之子、狐偃之侄，其与卜偃子弟亦当素有交往；其担任首任温大夫以后，也需要卜吏预测祸福吉凶、问卦决疑，在卜偃庶子中选聘一位来温，也是顺理成章之事。这样，就有了作为王官支脉的温邑卜氏。但是，后来温大夫易主，后继者阳处父等与卜偃并无深交，对温邑卜氏看来也没有什么照顾；特别是在狐氏、赵

---

① （清）王先谦撰：《荀子集解·大略》，北京：中华书局，2012年版，第496页。

氏后代的权力斗争中，在晋国显赫一时的狐氏失势，到春秋后期与诸多公族后人一样"降在皂隶"。随狐溱来温的卜偃庶子的后人，在社会各阶层迅速分化的春秋后期，也像其他多数祝、宗、卜、史之类世守其业的贵族后裔一样，由养尊处优的上流社会成员，沦为民间依靠其祖传技艺糊口的术士，或曰职业之"儒"。此乃春秋时代官学失守、学术下移的一个普遍现象。子夏就是出生在这样一个世守占卜之业，曾是文化贵族但近世已经沦落的术士世家。至少其父、祖两代，应当是民间替人占卦决疑，乃至于治丧、相礼的职业儒士。[①]

高培华从常理入手分析，子夏很可能是卜偃的后代，且不是嫡系，在晋国内乱后狐氏聘请子夏的直系亲属到了温邑。我们赞同高培华的结论。

但这里还有两个关键点：一是作为晋国卿族的狐氏有没有权力和资格聘请家臣；二是春秋时期各国对人口管理的情况允许不允许这样做。

先论第一种情况。《左传》云："公臣不足，取于家臣。"[②]这里的家臣就是指春秋时期在周王室和诸侯国的卿大夫家中供职的臣属。家臣制是官僚制形成的重要途径之一。周王室封建诸侯，以姬姓为主，但在管理国家时，也在广泛接纳外姓人。《史记》记载："伯夷、叔齐在孤竹，闻西伯善养老，盍往归之。太颠、闳夭、散宜生、鬻子、辛甲大夫之徒皆往归之。"[③]"周文王之时，季连之苗裔曰鬻熊。鬻熊子事文王，蚤卒。"[④]可见周王朝在管理国家事务时会将外族纳入家族政治体系中。

西周时期的家臣累世供职于某一家贵族。《集成·卯簋》铭文："……荣季入右卯，立中廷，荣伯呼令卯曰：'载乃先祖考死司荣公室，昔乃祖亦既令，乃父死司荤人，不吊，取我家塞用丧……令余唯令女，死司荤宫荤人，汝毋敢不善……'"[⑤]这段话是说卯家世代供职于荣氏家族，不但身份世袭，其职位也是世袭的。贵族家主封赐给家臣的采邑、土田、民人与奴仆是家臣供养其家族的经济来源。《卯簋》铭文记载荣季说其家臣卯的父亲死的时候，安葬的葬具都是用荣氏赐予的。《集成·献簋》铭文："唯九月既望庚寅，楷伯于遘王，休亡尤，联辟天子，楷伯命厥臣献金

[①] 高培华著：《卜子夏考论》，北京：社会科学文献出版社，2012年版，第63—64页。
[②] 杨伯峻编著：《春秋左传注》，北京：中华书局，2008年版，第1159页。
[③] （汉）司马迁撰：《史记·周本纪》，北京：中华书局，1959年版，第116页。
[④] （清）林春溥：《古史纪年》，清道光十七年竹柏山房刻本。
[⑤] 中国社会科学院考古研究所：《殷周金文集成·金文编》，北京：中华书局，2007年版，第1360页。

车。"①记载了楷伯勤见天子，臣献也跟随觐见，回来后楷伯便赐予他一辆"金车"。

需要说明的是，卿大夫家族内的家臣在职官设置及策命礼仪上都仿照王朝制度制定，这可以说是家臣制度的效公性。就是卿大夫在封邑和家室内的家臣设置是完全效仿周王朝及各诸侯国公室官制的，即"诸侯立家"。而且，这种情况在晋国灭公族后更是一种常态。随着权力下移，晋国卿大夫家族成为晋国发动战争、进行开疆扩土行动的重要依靠力量。如《汲冢纪年存真》云："晋武公灭荀，以赐大夫原氏黯，是为荀叔。"《左传》载，晋献公灭耿、霍、魏后"赐赵夙耿，赐毕万魏"②，后来又将霍赐给先且居。晋又灭贾以赐狐射姑为邑。僖公二十五年，晋文公又让赵衰和狐溱分别做了新得到的原和温的大夫。

随着卿大夫实力的强大，对所辖之地的管理事务越来越多，家政日益庞杂，于是卿大夫便模仿公室设置了专门处理私家家政的场所——家朝。春秋时期各卿大夫普遍在家中设置家朝，如《左传》："崔成、崔彊杀东郭偃，棠无咎于崔氏之朝。"③"郑伯有耆酒，为窟室，而夜饮酒击钟焉。朝至，未已。朝者曰：'公焉在？'其人曰：'吾公在壑谷。'"④以上虽说的是齐国、郑国贵族设有家朝，但对于晋国并不例外。

有朝就有臣工，卜官即为家朝重要一员。此类家臣多掌祭祀、占卜、祈祷、文书及宗族礼仪等事务。如《史记》："初，赵盾在时，梦见叔带持要而哭，甚悲；已而笑，拊手且歌。盾卜之，兆绝而后好。赵史援占之，曰：'此梦甚恶，非君之身，乃君之子，然亦君之咎。至孙，赵将世益衰。'"⑤这里的史也掌占卜。《左传》中赵武说范武子："夫子之家事治，言于晋国无隐情。其祝史陈信于鬼神无愧辞。"⑥这里史与祝同掌祭祀及有关祈祷的事务。

总体上讲，春秋时期的家臣相对于西周来说其设置更加完备，分工更加细密，其职司扩大并且制度化。《左传》中所见的家臣，在家朝中有总摄家政的家宰，其下又有管理家族武装的司马，为私家车乘陪乘的骖乘，掌礼乐的乐工，为家主驾车的御，掌祭祀、占卜、祈祷、文书及宗族礼仪等事务的祝宗卜史等。

---

① 中国社会科学院考古研究所：《殷周金文集成·金文编》，北京：中华书局，2007年版，第941页。

② 杨伯峻编著：《春秋左传注》，北京：中华书局，2008年版，第258页。

③ 杨伯峻编著：《春秋左传注》，北京：中华书局，2008年版，第1137页。

④ 杨伯峻编著：《春秋左传注》，北京：中华书局，2008年版，第1175页。

⑤ （汉）司马迁撰：《史记·赵世家》，北京：中华书局，1959年版，第1783页。

⑥ 杨伯峻编著：《春秋左传注》，北京：中华书局，2008年版，第1133页。

基于以上论据，卜偃后人暨子夏先祖供职于狐氏家朝可靠性非常大，而且由于家臣对宗主的绝对效忠，迫使晋国卿族狐氏势力衰退后，卜氏也走向衰落，因而才有子夏"衣若悬鹑"的生活困境。

第二种情况，诸侯卿大夫对人口的管理。春秋战国时期实际上对人口和土地的管理是非常重视的。公元前497年，赵鞅要求将昔日卫国进贡给晋国的五百户庶民从邯郸迁到晋阳，竟由此事引发了著名的晋国八年内战，最后导致三家分晋。在春秋时期，户口管理制度的重要特点，不仅是设有一些官职进行管理，而且一些国家又先后创立了适宜当时的新型户口管理制度。如鲁、齐、卫、吴、越等国，先后建立了"书社制度"。即以二十五家为一社，把社内的户口书于版图，以社作为乡村的基层组织进行户口编制，逐级进行管理。

这个问题比较复杂，我们就事论事，就针对像子夏这种身份为"士"的人员进行讨论。"士"在春秋战国时期属于"国人"中的"自由人"。他们可以自由谋职，这样的案例非常多。如卫鞅本魏人，身怀大志入秦，经孝公支持，左庶长得以大刀阔斧改革，吴起本卫人，其妻为齐人，经国君赏识，先后拜官于鲁、魏；楚国张仪本魏人，游说于秦，经惠文王提携，官至相位；乐毅先祖乐羊本为魏文侯手下将领，受封于灵寿，后被赵占，转为赵国人，先后任职于赵国、魏国、燕国。由此可见，春秋战国时期的人才流动非常自由，在战争频仍的时期，贤才不远千里奔波，苦苦寻觅着能实现个人价值、给予他安定生活的地方。春秋战国时期处于社会大变革时期，政治格局变化无常。大国间争霸，大国兼并小国的频繁战争，使百姓饱受战乱之苦，不得不流离各地。人才的流动也就伴随着人口迁移、民族融合而空前频繁。此外，各国为了在激烈的竞争中占据上风，纷纷组织变法改革，发展经济，招揽人才，为国家生存和发展而服务，迫切需要补充新鲜血液。但这也是针对"自由人"，其他人就另当别论。比如，"百里奚之未遇时也，亡虢而虏晋，饭牛于秦，传鬻以五羊之皮。公孙枝得而说之，献诸缪公，三日，请属事焉"[①]。

但是，在春秋晚期，作为"士"，他们属于依附于宗主的一类人员，有时由于时势的变迁，同时又不得不投靠势力强大的其他大夫，因此这些"士"也具有了双重身份。此类特殊的拥有双重身份的大夫在春秋早期、中期尚未出现，到了春秋后期，这些地位不高的士大夫们必须顺应时势，委身于其中一家，既为国君之臣，又为某一强大卿大夫的家臣。文献中即有此种事例，《国语》记载：

---

① （秦）吕不韦撰；（汉）高诱注；（清）毕沅校：《吕氏春秋·孝行·慎人》，上海：上海古籍出版社，2014年版，第295页。

> 赵简子问于壮驰兹曰:"东方之士孰为愈?"壮驰兹拜曰:"敢贺!"简子曰:"未应吾问,何贺?"对曰:"臣闻之,国家之将兴也,君子自以为不足;其亡也,若有余。今主任晋国之政,而问及小人又求贤人,吾是以贺。"韦昭注:"壮驰兹,晋大夫。"①

壮驰兹是晋大夫,而他对赵简子既称"臣",又称"主",此时可能是依附于赵氏而具有双重身份。赵简子叹曰:

> "吾愿得范、中行之良臣。"史黡侍,曰:"将焉用之?"简子曰:"良臣,人之所愿也,又何问焉?"对曰:"臣以为不良故也。夫事君者,谏过而赏善,荐可而替否,献能而进贤,择材而荐之,朝夕诵善败而纳之。道之以文,行之以顺,勤之以力,致之以死。听则进,否则退。今范、中行氏之臣不能匡相其君,使至于难;君出在外,又不能定,而弃之,则何良之为?若弗弃,则主焉得之?夫二子之良,将勤营其君,使复立于外,死而后止,何日以来?若来,乃非良臣也。"韦昭注:"史黡,晋大夫史墨,时为简子史。"②

史黡和赵简子对话时先称"臣",后称"主",与壮驰兹之例相同,可能亦是依附于赵氏而具有双重身份。

文献中类似的明确例证不多,但依当时的情势来看,此种现象的确存在,而且从一定程度上来讲,卜偃当时在晋国失势后,让其后代为狐氏服务也是出于这种考虑,尤其是在晋国,这种忧患意识更应该常常牢记于心,无论是公族还是异姓贵族,各族势力,此强彼弱,此消彼长,作为可以预知未来的卜氏来讲,他们对君弱臣强的局势也相当了解,做出这样的选择实属无奈之举。

此外,从个人的生存和发展角度看,士虽然依附于宗主,但有绝对的人身自由。因为士本身属于以游说好辩为业、以学诗书为业、以技艺为业的人,是靠"出卖智力",不从事生产的游食之民,也是没有固定居所的流民。所以,哪里有发展的土壤,他们就去哪里。

关于子夏出生于魏国的分析。《左传》记:"晋既烝,赵孟适南阳,将会孟子余。

---

① 陈桐生译注:《国语》,北京:中华书局,2013年版,第556页。
② 陈桐生译注:《国语》,北京:中华书局,2013年版,第554页。

甲辰朔，烝于温。庚戌，卒。郑伯如晋吊，及雍乃复。"①"烝"是指冬祭。这段话是说，赵氏宗主赵孟在公元前541年还在温邑进行祭祀。那么，温邑归魏氏，应该在"铁之战"即公元前493年以后。这次战争使晋六卿之间的斗争扩大为郑、卫、齐等国与赵国之间的斗争。公元前490年，赵鞅战胜了范氏、中行氏，瓜分了两家的土地，至此晋国卿族只剩下智、赵、韩、魏四家。考虑到赵氏是依靠魏氏的鼎力支持才能够转危为安，那么很有可能是在彻底打垮范氏、中行氏以后，智、韩、魏、赵四家强卿瓜分其封邑，重新调整势力范围的时候，赵氏就已将其温邑等"南阳"封地让给了对其有恩并且在晋南实力雄厚的魏氏。如果子夏离乡投师求学是在15岁那年，即公元前493年，这样的话，子夏在出生前，魏国就没有拥有温地，子夏也就不会是魏国人。

在子夏故里归属研究中不难发现，学界基本上忽略了温邑长期属于晋国的事实，作为经学大师的郑玄，也许并不清楚子夏出生时的温国故地在当时究竟属卫还是属魏（晋），抑或属于其他国家，所以才使用"温国"这种比较模糊的历史地理概念进行表述，这给后人带来极大的误导，因此，钱穆所说"卜商，温国人，或说卫人，或说魏人"②，想必也是倾向于郑玄的说法。

此外，温县曾经有一段时间还属于韩国。1980年3月至1982年6月由河南省文物研究所在河南温县武德镇西张计村西北发掘出《温县盟书》③，从温县盟书的盟誓辞文来看，盟誓之时，在当时的晋国必定出现了内乱，即出现了"乱臣一伙"，而且也可能出现了企图"参与乱臣一伙"的人，《河南温县东周盟誓遗址一号坎发掘简报》中称：盟誓遗址位于温县城东北12.5公里的沁河南岸，西南是州城遗址。此次盟誓是在州城进行的，且盟誓是由韩简子主盟。州城及其附近地区，在春秋时期称之为"南阳"。春秋初期，南阳为东周王畿所在。晋文公勤王成功，周襄王赏赐晋文公南阳八邑，即阳温、樊、原、州等邑。自此，晋国的势力达到今豫北一带。晋占有南阳后，将州封给大夫郤氏，后归赵氏，不久又改封给栾豹。据《左传》记载：子产为丰施归州田于韩宣子，曰："日君以夫公孙段为能任其事，而赐之州田，今无禄早世，不获久享君德。其子弗敢有，不敢以闻于君，私致诸子。"宣子辞。子产曰："古人有言曰：'其父析薪，其子弗克负荷。'施将惧不能任其先人之禄，其况能任大国之赐？纵吾子为政而可，后之人若属有疆场之言，敝邑获戾，而丰氏受其大讨。

---

① 杨伯峻编著：《春秋左传注》，北京：中华书局，2008年版，第1225页。
② 钱穆著：《先秦诸子系年》，北京：中华书局，1985年版，第62页。
③ 郝本性、赵世纲：《河南温县东周盟誓遗址一号坎发掘简报》，《文物》1983年第3期。

吾子取州，是免敝邑之戾，而建置丰氏也。敢以为请。"宣子受之，以告晋侯。晋侯以与宣子。宣子为初言，病有之，以易原县于乐大心。栾氏灭亡后，范宣子、赵文子、韩宣子都想占有州城。鲁昭公七年，郑子产因为公孙段之子丰施而将州城归于晋。晋欲将州城赐予韩氏，韩宣子就占有了州县，于是便把韩氏的治邑由河东地区的韩原迁徙至州。①《史记》记载"宣子徙居州"②应当就在这个时候。这也说明，自韩宣子开始，韩氏卿族的行政辖区占有了温邑。此时已经到了春秋晚期，三家分晋前后，魏与韩交换土地，温才归属于魏国。

综上所述，子夏始祖康公出生在曹国，后曹国部分领土被卫国所占领，如果从祖籍子夏称卫人也不错。康公之后有一支到了晋国是为卜偃，卜偃之后有一支去了温邑。仅从温邑的历史变迁来看，当子夏出生之时，温邑严格来讲尚属于晋国，所以如果从父籍，子夏为晋国人。而当子夏成年时，"三家分晋"之后温邑归属于魏国，所以，子夏也被称为魏人。

五、求学与谋职

子夏出生于公元前507年，出生地为晋国温邑，15岁离家去投孔门学习。任过卫国行人、鲁国莒父宰，与曾子一起共事继承孔门教育事业。对于子夏何时何地拜师、什么时候任职、什么时候与曾子共事，什么时候离开孔门，传世文献无明确记载。只能旁征博引论证如下。

1. 求学

目前关于子夏首次进入孔门的信息，只有温县卜子夏故里的一个口述史："卜商十五六岁那年，听说孔子在卫国帝丘开门办学，决定前往求学。"③

首先需要证明的是，孔子有没有在帝丘办过学。据《史记·仲尼弟子列传》载："颜无繇，字路，路者，颜回父，父子尝各异时事孔子。"司马贞《索隐》："《家语》云：'颜由，字路，回之父也。孔子始教于阙里，而受学焉。少孔子六岁。'故此传云父子异时事孔子，故易称颜氏之子也。"④今传本《孔子家语·七十二弟子解》所载略同。以上文献告诉我们，孔子初始办学的地点在阙里，山东曲阜有阙里，是孔

---

① 参见杨伯峻编著：《春秋左传注》，北京：中华书局，2008年版，第1290—1291页。
② （汉）司马迁撰：《史记·韩世家》，北京：中华书局，1959年版，第1866页。
③ 参见张继峰、王建忠：《卜子夏故里考》，《中州今古》2001年第6期。
④ （汉）司马迁撰：《史记·仲尼弟子列传》，北京：中华书局，1959年版，第2210页。

子母亲颜徵在所属的颜氏族居地。这里既是孔子少年生活成长之地，也是孔子在鲁国早期办学之地。《史记·孔子世家》记，孔子去世之后，"弟子皆服三年，三年心丧毕，相诀而去，则哭，各复尽哀；或复留。唯子贡庐于冢上，凡六年，然后去。弟子及鲁人往从冢而家者百有余室，因命曰孔里。鲁世世相传，以岁时奉祠孔子冢，而诸儒亦讲礼乡饮、大射于孔子冢。孔子冢大一顷，故所居堂弟子内，后世因庙藏孔子衣冠琴车书，至于汉二百余年不绝"[1]。由此可见，孔子早期办学的地点在鲁国阙里，即今天的曲阜，不在帝丘（今睢县）。

是不是孔子离开鲁国周游列国时在帝丘设坛办分校呢？

为此我们先确定孔子是在哪一年办学设教的。《史记·孔子世家》云：

> 孔子年四十二，鲁昭公卒于乾侯，定公立，定公立五年，夏，季平子卒，桓子嗣立。季桓子穿井得土缶，中若羊，问仲尼云"得狗"。仲尼曰："以丘所闻，羊也。丘闻之，木石之怪夔、罔阆，水之怪龙、罔象，土之怪坟羊。"
>
> ……
>
> 桓子嬖臣曰仲梁怀，与阳虎有隙。阳虎欲逐怀，公山不狃止之。其秋，怀益骄，阳虎执怀。桓子怒。阳虎因囚桓子，与盟而醳之。阳虎由此益轻季氏。季氏亦僭于公室，陪臣执国政，是以鲁自大夫以下皆僭离于正道。故孔子不仕，退而修诗书礼乐，弟子弥众，至自远方，莫不受业焉。[2]

根据以上得知，公元前505年，鲁国执政卿季平子病逝，其家臣阳虎趁新家主季桓子年幼而将其囚禁，从而代替季氏执鲁政达三年之久。也就是在此期间，孔子因鲁国时政混乱不堪，无法从政，才开始创办私人学校招生授徒培养人才的。《左传·定公七年》记："（二月）齐人归郓、阳关，阳虎居之以为政。"[3]《左传·定公八年》记："阳虎欲去三桓，以季寤更季氏，以叔孙辄更叔孙氏，己更孟氏。"[4]因而，可以断定孔子办学的时间至少在鲁定公八年即公元前502年前就有了，此时孔子50岁，子夏还没有出生。

---

[1] （汉）司马迁撰：《史记·孔子世家》，北京：中华书局，1959年版，第1945页。
[2] （汉）司马迁撰：《史记·孔子世家》，北京：中华书局，1959年版，第1912—1914页。
[3] 杨伯峻编著：《春秋左传注》，北京：中华书局，2008年版，第1560页。
[4] 杨伯峻编著：《春秋左传注》，北京：中华书局，2008年版，第1568页。

其次，判断孔子在哪一年周游列国去卫的。根据常会营《孔子生平事迹考》得知：

> 鲁定公六年（公元前504年），孔子年四十八岁。在鲁。
>
> 鲁定公七年（公元前503年），孔子年四十九岁。在鲁。是年弟子颛孙师生。师字子张，陈人。
>
> 鲁定公八年（公元前502年），孔子年五十岁。子曰："五十而知天命。"鲁三家攻阳货，阳货逃奔阳关。是年，公山弗扰召孔子。
>
> 鲁定公九年（公元前501年），孔子年五十一岁。鲁阳货逃奔齐国。此后，孔子始出仕，定公任命他为鲁中都宰（今山东省汶上县西）。
>
> 鲁定公十年（公元前500年），孔子年五十二岁。由于孔子政绩卓著，四方效仿，由此由中都宰为司空，由大司空迁为大司寇。孔子摄相事，佐定公于夹谷之会。
>
> 鲁定公十一年（公元前499年），孔子年五十三岁。为鲁大司寇，鲁国大治。七日而诛乱政大夫少正卯。设法而不用，无奸民。
>
> 鲁定公十二年（公元前498年），孔子年五十四岁。鲁听孔子主张堕三都。堕郈，堕费，又堕成，没能攻克。孔子堕三都的主张于是陷于停顿。弟子公孙龙生。龙字子石，楚国人。
>
> 鲁定公十三年（公元前497年），孔子年五十五岁。季桓子接受齐所赠女乐良马，孔子离开鲁国到达卫国，入住于子路妻兄颜浊邹家。卫国人端木赐（子贡）从游。[①]

从以上史料可知，孔子50岁以前先是在鲁国办学，期间没有离开过鲁国，55岁时离开鲁国开始周游列国，弟子子贡从游，首先去了卫国。是年子夏10周岁。

鲁国的北面是离间孔子的齐国，南面是比较遥远的楚国，孔子出行第一站选中卫国，不仅因为卫国是鲁国的兄弟之邦，而且子路的妻兄颜浊邹也愿意为他们提供方便，孔子与弟子们便西行至卫国并见了卫灵公。卫国当时的都城在帝丘。《左传·僖公三十一年》记："冬，狄围卫，卫迁于帝丘，卜曰三百年。卫成公梦康叔曰：'相过予享。'公命祀相。宁武子不可，曰：'鬼神非其族类，不歆其祀，杞、鄫何

[①] 常会营、吴博文著：《孔子生平事迹考》，《孔庙国子监论丛》，2015年。

事？相之不享于此久矣，非卫之罪也。'"[①]该文献明确指出卫成公于公元前631年将都城迁至帝丘，孔子去卫国都城即为帝丘。

《史记·孔子世家》记载，孔子到了卫国后："卫灵公问孔子：'居鲁得禄几何？'对曰：'奉粟六万。'卫人亦致粟六万。居顷之，或谮孔子于卫灵公。灵公使公孙余假一出一入。孔子恐获罪焉，居十月，去卫。"[②]这是史书上记载孔子第一次正式去卫国的事，并且在卫国待了十个月，这十个月孔子在卫国传教，并没有官职，传教的费用由卫国出资。

但是孔子并没有走出卫国，因为他到了卫国的匡邑，有人认为他是鲁国坏人阳虎，把他扣押起来："过匡，颜刻为仆，以其策指曰：'昔吾入此，由彼缺也。'匡人闻之，以为鲁之阳虎。阳虎尝暴匡人，匡人于是遂止孔子。孔子状类阳虎，拘焉五日。"[③]孔子随后被迫又回到了卫国都城帝丘。这一次一直在卫国待到鲁定公去世，才又离开卫国。孔子从匡邑返回卫国帝丘后，见了卫灵公夫人南子，并一起招摇过市，然后孔子"于是丑之，去卫，过曹。是岁，鲁定公卒"[④]此年为公元前495年。离开卫国后孔子先后去了曹国、宋国、郑国、陈国，并在陈国住了三年，然后又返回卫国。《史记·孔子世家》记：

　　孔子居陈三岁，会晋楚争强，更伐陈。及吴侵陈，陈常被寇。孔子曰："归与归与！吾党之小子狂简，进取不忘其初。"于是孔子去陈。……孔子遂适卫。子贡曰："盟可负邪？"孔子曰："要盟也，神不听。"卫灵公闻孔子来，喜，郊迎。[⑤]

孔子在陈国待了三年，陈国战乱，于是又回到卫国。孔子从公元前495年离开卫国，三年后又回到卫国，此时为公元前493年，翌年孔子60岁，子夏15岁。根据前面所推，子夏就应该在这一次孔子返卫后见了孔子，投入孔门，开始了他孜孜不倦的求学之旅。

孔子有没有在卫国帝丘设立学校，这里需要说明一下。从《史记》《左传》等记载来看，从孔子第一次到卫国，到最后返回鲁国，前前后后在卫国停留达10年之久，

[①] 杨伯峻编著：《春秋左传注》，北京：中华书局，2008年版，第487页。
[②]（汉）司马迁撰：《史记·孔子世家》，北京：中华书局，1959年版，第1616页。
[③]（汉）司马迁撰：《史记·孔子世家》，北京：中华书局，1959年版，第1919页。
[④]（汉）司马迁撰：《史记·孔子世家》，北京：中华书局，1959年版，第1921页。
[⑤]（汉）司马迁撰：《史记·孔子世家》，北京：中华书局，1959年版，第1923页。

虽然期间去过其他国家，但总是以卫国为中心。

卫都帝丘因帝喾墓丘于此，故而得名帝丘。《汉书·地理志》云："濮阳，本颛顼之墟，故谓之帝丘，夏后之世，昆昆氏居之。"①帝丘在战国及此前称濮阳。《左传·昭公十七年》曰："卫，颛顼之虚也，故为帝丘。"杨伯峻注："卫此时早已徙居帝丘，即今河南濮阳。"②从公元前629年，卫成公迁都到帝丘，直到公元前239年，卫都才从帝丘迁至野王（今河南省沁阳）。卫都在帝丘历390年，孔子于公元前497年到公元前484年周游列国，以居卫为主。其时确实在帝丘，即濮阳境内。

孔子多次久居帝丘，不仅因为这里是帝喾颛顼墓丘之所在，更是因为鲁国和卫国是邻国，不但地域相近，也有历史渊源。西周建朝后，鲁国是武王四弟周公旦的封地，卫国是武王九弟康叔封的封地。两国一直保持着较为友好的关系。"孔子适卫"③，一个"适"字，表达了孔子对卫国的情感和期望。尤其是孔子在卫国的待遇非常高。孔子一到卫国，卫灵公就给孔子"奉粟六万"，和鲁国大司寇待遇一样。而后，孔子从陈返卫，卫灵公不计前嫌，"闻孔子来，喜，郊迎"。郊迎是当时很高的礼遇。孔子认为卫灵公是为明君。《孔子家语·贤君》记载："哀公问于孔子曰：'当今之君，孰为最贤？'孔子对曰：'丘未之见也，抑有卫灵公。'"④

另外，孔子与卫国贤大夫蘧伯玉是好友。孔子称蘧伯玉为"真君子"，政治清平的时候，他出来做官，政治黑暗的时候，他就把才能隐藏起来不去做官。蘧伯玉生于公元前585年，死于公元前484年，寿长百岁，历卫国五代君主。孔子在卫国受到蘧伯玉政治上、生活上多方面关照，并在其家中设帐授徒。孔子在公元前484年离开卫国，蘧伯玉同年仙逝。

依据以上情况，孔子完全有可能在卫国招收学生进行教授。孔子周游列国是宣传自己的政治主张，说是传教其实也是一种游学。不只孔子，先秦时期的诸子基本上都是"游学"出来的，墨子、庄子、孙子、孟子、荀子、韩非子等，都是著名"游士"。孔子是最早意识到游学对一个人性格养成和知识形成具有重大影响的人，他带领众弟子周游列国，开阔视野，增进学识，培养他们的毅力、品质及世界观。弟子们边走边学，边学边消化，边消化边实践。故孔子曰："君子怀德，小人怀土。"

---

① （汉）班固撰；（唐）颜师古注：《汉书·地理志》，北京：中华书局，1962年版，第1664页。

② 杨伯峻编著：《春秋左传注》，北京：中华书局，2008年版，第1159页。

③ 王国轩、王秀梅译注：《孔子家语》，北京：中华书局，2011年版，第284页。

④ 王国轩、王秀梅译注：《孔子家语》，北京：中华书局，2011年版，第155—156页。

"士而怀居，不足以为士矣。"除了鲁国带出的学生以外，还有半路招收的学生，子夏就是其中之一。

因此，孔子多次往返于卫国，在卫国收下子夏为弟子，属实。

2. 谋职

由于孔子在卫国传教时间比较长，因而在卫国招收的学生比较多，孔子的学生在卫国任职的也比较多。《史记·孔子世家》云："孔子弟子多仕于卫。"[①]如，仲由，字子路，鲁国人，孔子高徒。孔子周游列国期间，子路被卫国聘为蒲邑宰，治理有方，"晋人欲伐卫，畏子路，不敢过蒲"[②]。子路死于卫国。又如闵子骞，名损，鲁国人，孔门高足。德行与颜渊并称。死后葬于濮阳市范县境内。再如曾子，其父曾点是孔子早期弟子，他16岁师从孔子，时为公元前490年，正处孔子周游列国期间，游仕多处碰壁后以居卫为主，多在蘧伯玉家与弟子相聚，授业解疑。此时的少年曾子，记下了孔子及弟子们的大量言论，为《论语》的形成打下了良好的基础。

一是任卫国行人。

子夏也是经孔子推荐为官员的弟子之一。《韩诗外传》对子夏任卫国行人有详细记载：

> 卫灵公昼寝而起，志气益衰，使人驰召勇士公孙悁，道遭行人卜商。卜商曰："何趋之疾也？"对曰："公昼寝而起，使我召勇士公孙悁。"子夏曰："微悁，而勇若悁者可乎？"御者曰："可。"子夏曰："载我而反。"至，君曰："使子召勇士，何为召儒？"使者曰："行人曰：'微悁，而勇若悁者可乎？'臣曰：'可。'即载与来。"君曰："诺，延先生上。趣召公孙悁。"俄而悁至，入门杖剑疾呼，曰："商下！我存若头。"子夏顾叱之，曰："咄！内剑，吾将与若言勇。"于是君令悁内剑而上。子夏曰："来！吾尝与子从君而西见赵简子，简子披发杖矛而见吾君，我从十三行之后，趋而进曰：'诸侯相见，不宜不朝服。君不朝服，行人卜商将以颈血溅君之服矣！'使反朝服而见吾君者，子耶我耶？"悁曰："子也。"子夏曰："子之勇不若我一矣。又与子从君而东至阿，遭齐君重鞉而坐，吾君单鞉而坐。我从十三行之后，趋而进曰：'礼，诸侯相见，不宜相临以庶。'揄其一鞉而去之者，子耶我耶？"悁曰："子也。"子夏曰："子之勇不若我二矣。又与子从

---

① （汉）司马迁撰：《史记·孔子世家》，北京：中华书局，1959年版，第1933页。
② （清）王先谦撰：《荀子集解·大略》，北京：中华书局，2012年版，第488页。

君于囿中，于是两寇肩逐我君，拔矛下格而还之者，子耶我耶？"悁曰："子也。"子夏曰："子之勇不若我三矣。所贵为士者，上不摄万乘，下不敢敖乎匹夫，外立节矜而敌不侵扰，内禁残害而君不危殆，是士之所长而君子之所致贵也。夫以长掩短，以众暴寡，凌轹无罪之民，而成威于闾巷之间者，是士之甚毒而君子之所致恶也，众之所诛锄也。《诗》曰：'人而无仪，不死何为！'夫何以论勇于人主之前哉！"于是灵公避席抑手曰："寡人虽不敏，请从先生之勇。"《诗》曰："不侮鳏寡，不畏强御。"卜先生之谓也。①

《韩诗外传》中明确记载子夏为卫国行人，有一天他遇见了使者，并自告奋勇，前去为卫灵公解难。但这里有一处明显的错误，卫灵公去世于公元前493年，此时子夏才15岁，即使子夏在这一年进入孔门，也不可能小小年纪就任卫国行人。行人是外交官。据《周礼·秋官》记，行人有大、小之分："大行人掌大宾之礼及大客之仪，以亲诸侯。……小行人掌邦国宾客之礼籍，以待四方之使者。"②但无论是大行人还是小行人，15岁的子夏显然是不可能胜任的。更何况此时子夏刚刚进入孔门，并没有机会任职。然而《韩诗外传》也不可能凭空捏造一个关于子夏的故事。清代陈玉澍在《卜子年谱》中将卫灵公改为卫出公，卫出公于公元前492年—公元前481年、公元前476年—公元前456年在位，系卫灵公之孙。但陈玉澍并没有详细进行论证，所以高培华在《卜子夏考论》中进行了详细的推论，现将推论过程简述如下：

第一，卫灵公与卫出公混淆的地方比较多。如，《礼记·曾子问》："卫灵公适鲁，遭季桓子之丧。卫君请吊，哀公辞不得命。公为主，客入吊。康子立于门右……"郑玄据《左传》记载而注曰："灵公先桓子以鲁哀公二年夏卒，桓子以三年秋卒。是出公也。"③此处吊季桓子的卫灵公，显系卫出公之误。《孟子·万章下》："孔子……于卫灵公，际可之仕也；于卫孝公，公养之仕也。"④按：孔子所结交的卫君，只有灵公、出公两位。此卫孝公，亦卫出公之误。

第二，据《礼记》《大戴礼记》《孔子家语》等典籍记载，子夏不仅具备任行人的才能，而且他在跟随孔子自楚返卫以后，确曾在卫出公时代出任过卫国行人。

---

① （汉）韩婴撰；许维遹校释：《韩诗外传集释》，北京：中华书局，1980年版，第224页。
② 杨天宇译注：《周礼译注》，上海：上海古籍出版社，2004年版，第561—569页。
③ （汉）郑玄注；（唐）孔颖达疏：《礼记正义·大学》，载十三经注疏委员会整理：《十三经注疏》，北京：北京大学出版社，2000年版，第775页。
④ 金良年译注：《孟子译注》，上海：上海古籍出版社，2004年版，第220页。

《礼记·檀弓上》记孔子"将之荆，盖先之以子夏，又申之以冉有"①。后学于此注曰："先使二子继往者，盖欲观楚之可仕与否，而谋其可处之位欤！"可见当哀公六年（公元前488年，是年子夏20岁）孔子师徒摆脱陈蔡之劫以后，孔子曾委派子夏先期至楚联络，子夏的外交才能颇得孔子赏识。

《盐铁论·利议》大夫驳斥文学曰："文学襃衣博带，窃周公之服；鞠躬踧踖，窃仲尼之容；议论称诵，窃商、赐之辞。"②这显然把子夏与子贡一同列为孔门誉于辞令者，证明子夏确有外交才能。《大戴礼记·卫将军文子》记子贡曰："学以深，厉以断，送迎必敬，上友下交，银手如断，是卜商之行也。"③

根据《史记·孔子世家》"哀公六年（公元前488年），孔子自楚返卫。其明年，弟子多仕于卫"④的记载，将子夏任卫国行人系于哀公七年，是很有道理的。但是连同对公孙悁论勇一并系于此年，显然欠妥。从子夏论勇所述三事观之，没有一年以上时间是难以全部经历的。考虑到事情只有隔一段时间之后才需要重新提起，则子夏对公孙悁论勇，应当是在其任行人两年左右，系于鲁哀公九年（公元前485年）比较合适。哀公九年，子夏23岁，卫出公少年即位，比子夏年幼，称之为"卜先生"也没有什么说不通的。⑤

鉴于以上推论，子夏出任行人大致在鲁哀公七年，即公元前487年。也就是孔子在陈蔡之劫后从楚返卫时，孔子把子夏推荐到卫国做行人。此时，子夏21岁。

二是任鲁国莒父宰。

子夏随师父孔子于公元前484年回到鲁国后还曾任莒父宰。但关于子夏离卫到鲁任职时间有两种说法。

一是陈玉澍在《卜子年谱》中说："哀公十二年（公元前483年）春，子夏随'孔子自卫返鲁'，然后在'鲁哀公十一年冬，卜子二十四岁（周岁）'时任莒父宰，为莒父宰几个月，又马上于鲁哀公十二年春因'丧亲'而离职返乡。"⑥

另一说为高培华在《卜子夏考论》中认为："子夏在任卫国行人的第三年即哀公

---

① （汉）郑玄注；（唐）孔颖达疏：《礼记正义·檀弓》，上海：上海古籍出版社，2008年版，第160页。
② （汉）桓宽著：《盐铁论》，上海：上海人民出版社，1974年版，第60页。
③ （清）王聘珍撰：《大戴礼记解诂》，北京：中华书局，1983年版，第111页。
④ （汉）司马迁撰：《史记·孔子世家》，北京：中华书局，1959年版，第1933页。
⑤ 参考高培华著：《卜子夏考论》，北京：社会科学文献出版社，2012年版，第103—106页。
⑥ （清）陈玉澍撰：《卜子年谱》，载北京图书馆：《北京图书馆藏珍本年谱丛刊（第3册）》，北京：北京图书馆出版社，第714—715页。

九年春、夏之间,即因'丧亲'而离职还乡;在家服丧三年,约于哀公十一年秋再赴卫国见孔子,哀公十一年冬随孔子自卫返鲁。这样,子夏为莒父宰,当始于哀公十二年春。是年子夏二十五岁(周岁)。"①

二人之异原因主要关于子夏丧亲回家丁忧的时间不同。这样我们先得推子夏"丧亲"的时间。但是由于此间孔子与弟子们事情比较多,尤其是在孔子晚年,一方面要收徒授课,撰写史书,另一方面还得处理丧子、丧弟子众多哀事。孔子回国的第二年,他的独生子孔鲤就去世了,终年50岁。第四年,他的得意门生颜回去世了,终年40岁。第五年,忠心耿耿、经常挨骂但又喜欢的学生子路壮烈牺牲,终年63岁。爱子既丧,贤契又亡,孔子心情可想而知。

以下我们再对孔子晚年时期的时间表大致描述一下,以方便我们对子夏行踪进行检索。

公元前489年春天,吴伐陈,楚昭王"乃救陈,师于城父"②,"闻孔子在陈、蔡之间,楚使人聘孔子"③。孔子遭遇"陈蔡之劫"——孔子一行被蔡大夫"发徒役"围于野,绝粮七日,孔子"使子贡至楚,楚昭王兴师迎孔子"④,昭王欲"以书社地七百里封孔子"⑤,楚令尹子西劝阻。这年秋天,卫出公召孔子。"于是,孔子自楚返乎卫。是岁也,孔子年六十三,而鲁哀公六年也。"⑥

公元前484年冬天,冉求率军迎战齐师获胜,乘机让季康子"以币招孔子",孔子回到鲁国。68岁的孔子终于结束了颠沛流离的周游列国之行,从孔子离开鲁国开始游学到回到鲁国一共是14年。公元前481年,鲁哀公西狩获麟,孔子叹曰:"吾道穷矣!"⑦

公元前479年孔子病,子贡请见,孔子感叹:"天下无道久矣,莫能宗予。夏人殡于东阶,周人于西阶,殷人两柱间。昨暮予梦坐奠两柱之间,予始殷人也。"⑧后七日卒。享年73岁。

---

① 高培华著:《卜子夏考论》,北京:社会科学文献出版社,2012年版,第137页。
② 杨伯峻编著:《春秋左传注》,北京:中华书局,2008年版,第1159页。
③ (汉)司马迁撰:《史记·孔子世家》,北京:中华书局,1959年版,第1933页。
④ (汉)司马迁撰:《史记·孔子世家》,北京:中华书局,1959年版,第1932页。
⑤ (汉)司马迁撰:《史记·孔子世家》,北京:中华书局,1959年版,第1932页。
⑥ (汉)司马迁撰:《史记·孔子世家》,北京:中华书局,1959年版,第1933页。
⑦ (汉)公羊寿撰;(汉)何休解诂;(唐)徐彦疏:《春秋公羊传注疏·哀公》,载十三经注疏委员会整理:《十三经注疏》,北京:北京大学出版社,2000年版,第716页。
⑧ (汉)司马迁撰:《史记·孔子世家》,北京:中华书局,1959年版,第1944页。

以上时间，我们可以分成两个阶段：一个是从公元前489年至公元前484年，这6年间孔子基本上在卫国；另一个是从公元前484年至公元前479年，这6年间孔子回到鲁国基本上就开始讲习和撰书。在这两个时期中，孔子在卫国时子夏任卫国行人，任职时间是公元前487年；孔子在鲁国时子夏任鲁国莒父宰，这个时间史籍没有记载，需要进行推断。

《左传·哀公十一年（公元前484年）》记："鲁人以币召之，（孔子）乃归。"[①] 说明子夏在公元前484年是不可能任鲁国莒父宰的，因为子夏随孔子到鲁国才有可能被孔子推荐给鲁哀公。有没有可能在孔子回鲁国前子夏任莒父宰呢？从时间上推是不可能的。子夏于公元前487年任卫国行人，任行人后，做了四件大事，以上《韩诗外传》中记得非常详细。一是随卫出公西见赵简子；二是与公孙悁一起随卫出公东到齐国见齐君；三是与公孙悁伴随卫出公于囷中；四是卫出公有难自荐救君。这四件事显然不是一年内能完成的。此外，子夏的师母即孔子的夫人丌官氏于公元前485年去世[②]，第二年孔子从卫回到鲁国。从以上时间看，子夏是没有时间和精力去鲁国任官职的。

《论语·子路》云："子夏为莒父宰，问政。子曰：'无欲速，无见小利。欲速则不达，见小利则大事不成。'"[③] 可见子夏确实在鲁国任过莒父宰。考虑到子夏与鲁国无任何关系，那么，子夏在鲁国的任职是靠孔子的推荐而得到的。

春秋时期的官职有两个来源，一个是世袭，即世卿世禄制度，另一个就是新聘任的，并不是隋唐以后通过科举制录取官员。当然，不管是旧职还是新职，都有严格的考核制度，任职可以在国家，也可以在私家。在国为公臣，在家为家臣。公臣的赏罚贬黜是由国君及正卿决定的，家臣则由卿大夫自己掌握。国君及卿大夫不时要远视各地，考查各级官吏的政绩。国君有所赐命时"使三官书之"，司徒书名，定位号，司马与工正书服（车马服器）；司空则书记其勋绩，"书在官府"，即由专门的档案机构来管理。此外还有"外史"，专门负责记录"恶臣"的罪过。邑大夫要定期送计簿于司徒，汇报其政绩。这种行政管理是相当严格的。

据载孔子弟子宓不齐（字子贱）曾为鲁父宰，《吕氏春秋·具备》载其事云：

---

① 杨伯峻编著：《春秋左传注》，北京：中华书局，2008年版，第1667页。
② 参见（清）孔继汾：《阙里文献考1》，济南：山东友谊书社，1989年版，第77页。
③ （清）刘宝楠撰；高流水点校：《论语正义·为政》，北京：中华书局，1990年版，第525页。

> 宓子贱治亶父，恐鲁君之听谗人，而令己不得行其术也。将辞而行，请近吏二人于鲁君与之俱。至于亶父，邑吏皆朝，宓子贱令吏二人书。吏方将书，宓子贱从旁时掣摇其肘。吏书之不善，则宓子贱为之怒。吏甚患之，辞而请归。宓子贱曰："子之书甚不善，子勉归矣！"二吏归报于君，曰："宓子不可为书。"君曰："何故？"吏对曰："宓子使臣书，而时掣摇臣之肘，书恶而有甚怒，吏皆笑宓子。此臣所以辞而去也。"鲁君太息而叹曰："宓子以此谏寡人之不肖也。寡人之乱子，而令宓子不得行其术，必数有之矣。微二子，寡人几过。"遂发所爱，而令之亶父，告宓子曰："自今以来，亶父非寡人之有也，子之有也。有便于亶父者，子决为之矣。五岁而言其要。"宓子敬诺，乃得行其术于亶父。①

由此来看，亶父是由于宓子的争取才得以特许"五岁而言其要"，即五年向国君汇报一次。亶父可以说是鲁国的一个特别行政区，其他的行政区则没那么幸运，是要受中央及地方各级官吏的掣肘与监视的。《孔子集语》中记：孔子弟子有孔蔑者，与宓子贱皆仕。孔子往过孔蔑，问之曰："自子之仕者，何得何亡？"孔蔑曰："自吾仕者，未有所得而有所亡者三。曰：王事若袭，学焉得习？以是学不得明也。所亡者一也。俸禄少，饘不是及亲戚，亲戚益疏矣。所亡者二也。公事多急，不得吊死视病，是以朋友益疏矣。所亡者三也。"②

其事虽未必确有，但"王事若袭""公事多急"，应是鲁国中下级官吏的共同感受。

鲁国对各级官吏都有明确的、不同的要求。"诸侯朝修天子之业命，昼考其国职，夕省其典刑，夜儆百工，使无慆淫，而后即安。卿大夫朝考其职，昼讲其庶政，夕序其业，夜庀其家事，而后即安。士朝而受业，昼而讲贯，夕而习复，夜而计过无憾，而后即安。"③不然，"愆则有辟"；勤于职守则有赏。稍轻一些的罪过也有一定的警告或处罚。《左传·襄公二十二年》载，臧武仲使晋途中经过御邑，御邑大夫御叔不敬，说了些狂妄的话。叔孙穆子听说后便下令"倍其赋"④，以示惩罚。

以上史事说明，子夏在鲁国莒父任职，并不是随意就可以得到或有选择的，而

---

① （秦）吕不韦撰；（汉）高诱注；（清）毕沅校：《吕氏春秋·审应·具备》，上海：上海古籍出版社，2014年版，第438—439页。
② （清）孙星衍辑：《孔子集语·论政》，上海：上海古籍出版社，1989年版，第100页。
③ （清）孙星衍辑：《孔子集语·论人》，上海：上海古籍出版社，1989年版，第74页。
④ 杨伯峻编著：《春秋左传注》，北京：中华书局，2008年版，第1065页。

是孔子周游列国结束后回到鲁国，把子夏推荐给鲁哀公任莒父宰的。《史记·孔子世家》记："孔子去鲁凡十四岁而返乎鲁。鲁哀公问政，对曰：'政在选臣。'"随即，季康子也问政于孔子，孔子回答说："举直错诸枉，则枉者直。"[①]孔子回鲁国后，频繁出入于鲁国政坛，孔子虽然没有被鲁国聘任，但通过这些机会，推荐子夏任莒父宰却在情理之中。

另外，我们可以再从孔子回鲁国的背景进一步分析。

> 冉有为季氏将师，与齐战于郎，克之。季康子曰："子之于军旅，学之乎？性之乎？"冉有曰："学之于孔子。"季康子曰："孔子何如人哉？"对曰："用之有名；播之百姓，质诸鬼神而无憾。求之至于此道，虽累千社，夫子不利也。"康子曰："我欲召之，可乎？"对曰："欲召之，则毋以小人固之，则可矣。"而卫孔文子将攻太叔，问策于仲尼。仲尼辞不知，退而命载而行，曰："鸟能择木，木岂能择鸟乎！"文子固止。会季康子逐公华、公宾、公林，以币迎孔子，孔子归鲁。[②]

孔子回鲁国是因为季康子从孔子的学生冉有那里听到了孔子的才华才决定迎接孔子回国的。换句话讲，鲁国迎孔子是为了治国，而不是为孔子养老。这样孔子回鲁国后一方面会阐述自己的政治抱负、治国策略，另一方面还会向鲁国推荐治国人才。但孔子此时已是67岁高龄，心有余而力不足，已经无精力为国做贡献，季康子也会看到这一点，因而，弃孔子而用子夏也在情理之中。此时子夏才23岁，且有勇有谋，正是治理国家的最佳人选。

鲁国任用子夏当莒父宰可谓人尽其才。春秋末期晋国疆域已经与东部的鲁国、卫国呈犬牙交错状态——北起蔚县东北的代王城，向南而有顺平、晋县，再往南直到山东西端的冠县、山东与河南交界的范县；河南省黄河以北的绝大部分以及黄河以南的豫西北部；另外包括山东省西北端冠县至范县一线以西的一小部分。[③]鲁与晋是同姓国，在春秋前期两国没有直接交往。城濮之战后，鲁国投靠了晋国。晋国自平公以来，由于"六卿"专权，公室卑弱，国内矛盾不断激化，霸业已渐趋衰落，但对中小诸侯国的剥削压榨却愈加沉重。尤其是鲁国，对晋国已到"职贡不乏，玩

---

① （清）梁玉绳撰：《史记志疑·孔子世家》，北京：中华书局，1985年版，第1132页。
② （汉）司马迁撰：《史记·孔子世家》，北京：中华书局，1959年版，第1944页。
③ 参见李孟存、李尚师著：《晋国史》，太原：三晋出版社，2015年版，第493页。

好时至，公卿大夫相继于朝，史不绝书"①的程度，但仍不能满足晋国的欲望。晋国"大夫多贪，求欲无厌"②，致使鲁国到了"不堪晋求"的地步。

春秋末期，晋国霸业逐渐衰落，齐国力争鲁国站队，鲁定公十一年（公元前499年），鲁和齐国、郑国修好结盟，开始正式背叛晋国。此后竟参与了齐国发起的伐晋战争。但鲁毕竟为小国，夹在齐晋之间，随时都有被牺牲的可能，于是，鲁国为防止晋国侵犯，便在西临晋国的地方筑城做防。《春秋左传·定公十四年》记："秋，城莒父及霄。"杜注："公叛晋助范氏，故惧而城二邑也。"③此时，正遇晋国内乱，鲁国帮助晋国范氏与晋国为难，怕晋国反扑，这成为建筑莒父城的直接原因。从此事可断，子夏任莒父宰的时间不能早于定公十四年，即公元前496年。

子夏任莒父宰有如下优势：其一，子夏祖先卜氏家族与晋国有千丝万缕的联系，非常熟悉了解晋国；其二，子夏在卫国任行人时就与晋国多次交锋；其三，子夏智勇双全，年富力强。鲁国把子夏放在莒父对付晋国可谓恰如其分。"宰"的爵位为大夫。邑宰下还设有管理各种事务的官吏，如贾正等。《左传·昭公二十五年》载，臧会得罪于臧氏，奔郈。"郈鲂假使为贾正焉，计于季氏。"杜注："鲂氏，郈邑大夫。贾正，掌货物，使有常价，若市吏。"孔颖达疏云："贾正，如《周礼》之贾师也。此郈邑大夫使为郈市之贾正。"④可见，子夏在莒父任宰职时受到鲁国很高的待遇。

但是，子夏任莒父宰的时间并不长，便遇到一件大事不得不离职而去，即子夏丧亲。

关于子夏丧亲的时间有两种说法。一是子夏在卫国任职时；二是子夏在鲁国任职时。

执第一种说法的为高培华，他在《卜子夏考论》中推断：子夏丧亲守孝一定在卫国任行人之后，因为鲁哀公十四年春"西狩获麟"后孔子让子夏去各国搜集史书，如果是在子夏任鲁国莒父宰期间丧亲守孝，一是子夏"为莒父宰"的时间太短，把"为莒父宰"的意义淡化得几近于无；二是子夏"为莒父宰"不久就丧亲守孝的话，时间上就超过了"西狩获麟"。由此推断，子夏不可能在鲁国任职时丧亲。⑤

执第二种说法的为清人陈玉澍，他在《卜子年谱》中推断：子夏丧亲是在鲁哀

---

① 杨伯峻编著：《春秋左传注》，北京：中华书局，2008年版，第1160页。
② 杨伯峻编著：《春秋左传注》，北京：中华书局，2008年版，第1184页。
③ 杨伯峻编著：《春秋左传注》，北京：中华书局，2008年版，第1594页。
④ 杨伯峻编著：《春秋左传注》，北京：中华书局，2008年版，第1594页。
⑤ 参见高培华著：《卜子夏考论》，北京：社会科学文献出版社，2012年版，第130—134页。

公十四年春"西狩获麟"之前，原因也是鲁哀公十四年春"西狩获麟"后孔子让子夏去各国搜集史书。①

以上二人之说，高培华的比较离谱。一是人之死不能因为子夏任莒父宰时间长短而论；二是根据高培华在《卜子夏考论》中的推断，子夏在卫国任卫国行人三年，丧亲守孝三年，这就需要六年，从公元前487年子夏任行人算起，守孝结束也就到了公元前481年，然后子夏从晋国到了鲁国再经过"一个酝酿的过程"②，估计子夏任莒父宰就到公元前481年末或公元前480年初了。但是，公元前481年刚好是"西狩获麟"的那一年，接着子夏就听师命去搜集史书。子夏哪有时间去莒父任职？

清人陈玉澍和高培华的观点都把子夏听从孔子外出搜集史书的时间定在了"西狩获麟"那一年。这样，"西狩获麟"后子夏是否去各国搜集史书就成为子夏在鲁国任莒父宰时间的关键环节。

《春秋左传·哀公十四年》记：

十四年春，西狩于大野，叔孙氏之车子鉏商获麟，以为不祥，以赐虞人。仲尼观之，曰："麟也。"然后取之。③

《史记·孔子世家》记：

鲁哀公十四年春，狩大野。叔孙氏车子鉏商获兽，以为不祥。仲尼视之，曰："麟也。"取之，曰："河不出图，雒不出书，吾已矣夫！"

颜渊死，孔子曰："天丧予！"及西狩见麟，曰："吾道穷矣！"喟然叹曰："莫知我夫！"子贡曰："何为莫知子？"子曰："不怨天，不尤人，下学而上达，知我者其天乎！""不降其志，不辱其身，伯夷、叔齐与！"谓："柳下惠、少连，降志辱身矣。"谓："虞仲、夷逸，隐居放言，身中清，废中权。""我则异于是，无可无不可。"

子曰："弗乎弗乎，君子病没世而名不称焉。吾道不行矣，吾何以自见

---

① 参见(清)陈玉澍撰：《卜子年谱》，《北京图书馆藏珍本年谱丛刊（第3册）》，北京：北京图书馆出版社，第717页。
② 参见高培华著：《卜子夏考论》，北京：社会科学文献出版社，2012年版，第132页。
③ 杨伯峻编著：《春秋左传注》，北京：中华书局，2008年版，第1682页。

于后世哉?"乃因史记作《春秋》。①

从以上史籍中看不出子夏是在"西狩获麟"后被孔子安排出去搜集史书。《吕氏春秋·察传》记：

> 子夏之晋，过卫。有读史记者曰："晋师三豕涉河。"子夏曰："非也，是'己亥'也。夫'己'与'三'相近，'豕'与'亥'相似。"至于晋而问之，则曰"晋师己亥涉河"也。②

《孔子家语·七十二弟子解》记：

> 尝返卫，见读史志者云："晋师伐秦，三豕渡河。"子夏曰："非也，己亥耳。"读史志者问诸晋史，果曰"己亥"。于是卫以子夏为圣。孔子卒后，教于西河之上。魏文侯师事之，而谘国政焉。③

《春秋公羊传》记：

> 昔孔子受端门之命，制《春秋》之义，使子夏等十四人求周史记，得百二十国宝书，九月经立。④

从以上三条史料可知，子夏确实为孔子外出搜集史书，但也没有明确指出在什么时间。根据《春秋公羊传》中所推：

> 公羊以为哀公十四年获麟之后，得端门之命，乃作《春秋》，至九月而止笔，《春秋》说具有其文。问曰："若《公羊》之义，以获麟之后乃作《春秋》，何故?"（答曰:）"太史公遭李陵之祸，幽于缧绁，乃喟然而叹曰：

---

① 参见（汉）司马迁撰：《史记·孔子世家》，北京：中华书局，1959年版，第1942页。
② （秦）吕不韦撰；（汉）高诱注；（清）毕沅校：《吕氏春秋·慎行·察传》，上海：上海古籍出版社，2014年版，第546页。
③ 王国轩、王秀梅译注：《孔子家语》，北京：中华书局，2011年版，第428页。
④ （汉）公羊寿撰；（汉）何休解诂；（唐）徐彦疏：《春秋公羊传注疏·隐公》，载十三经注疏委员会整理：《十三经注疏》，北京：北京大学出版社，2000年版，第1页。

是余罪也！""夫昔西伯拘羑里演《易》；孔子厄陈、蔡作《春秋》；屈原放逐，著《离骚》；左丘明失明，厥有《国语》；孙子膑脚，而论《兵法》。""此人皆意有所郁结，不得通其道也"，故自黄帝始作其文也。

（问曰：）案《家语》，孔子厄于陈、蔡之时，当哀公六年，何言十四年乃作乎？答曰：孔子厄陈、蔡之时，始有作《春秋》之意，未正作，其正作犹在获麟之后也。故《家语》云："晋文之有霸心，起于曹、卫，越王勾践之有霸心，起于会稽。"夫陈、蔡之间，丘之幸也，庸知非激愤厉志，始于是乎者？是其有意矣。①

汉朝何休在《春秋公羊传注疏》中推断，孔子并不是在陈蔡之厄后撰写《春秋》，而是在获麟之后得端门之命乃作《春秋》。如果依此，则子夏搜集史书的时间就在鲁哀公十四年（公元前481年）春获麟之后至当年九月成书之前。

这样又有一个关键问题，子夏在鲁国任莒父宰，是什么原因导致他离开工作岗位替孔子搜集史书的呢？是因为孔子是老师，要撰写《春秋》这么简单的原因吗？当然不是，孔子根本不可能因为自己撰写《春秋》需要弟子帮助而迫使子夏辞职。在孔子的儒学当中，是积极主张出仕用世的。他曾带领众弟子游学诸侯国十四年，以期获得当权者重用来推行自己的政治主张，这就是最好的证明。

因而，子夏离开重要岗位，被迫辞去莒父宰就剩下一个重要原因——丧亲丁忧。儒家十分重视"丧礼"制度，孔子说："子生三年，然后免于父母之怀。夫三年之丧，天下之通丧也。"②婴儿自出生需三年才能学会走路，离开父母的怀抱，而三年的丧期，是天下通行的丧期。孔子的理由有二：其一，这是古之旧制；其二，这是对父母恩情的回报。荀子也主张三年守孝之礼："创巨者其日久，痛甚者其愈迟，三年之丧，称情而立文，所以为至痛极也。齐衰、苴杖、居庐、食粥、席薪、枕块，所以为至痛饰也。"③作为孔子的学生，子夏也曾问过老师：

"三年之丧卒哭，金革之事无辟也者，礼与？初有司与？"

---

① （汉）公羊寿撰；（汉）何休解诂；（唐）徐彦疏：《春秋公羊传注疏·隐公》，载十三经注疏委员会整理：《十三经注疏》，北京：北京大学出版社，2000年版，第1页。

② （汉）公羊寿撰；（汉）何休解诂；（唐）徐彦疏：《春秋公羊传注疏·闵公》，载十三经注疏委员会整理：《十三经注疏》，北京：北京大学出版社，2000年版，第226页。

③ （清）王先谦撰：《荀子集解·礼论》，北京：中华书局，2012年版，第361—362页。

孔子曰："夏后氏三年之丧既殡而致事，殷人既葬而致事。《记》曰：'君子不夺人之亲，亦不可夺亲也。'此之谓乎？"

子夏曰："金革之事无辟也者，非与？"

孔子曰："吾闻诸老聃曰：'昔者鲁公伯禽有为为之也。'今以三年之丧从其利者，吾弗知也！"[1]

从以上得知，如果子夏丧亲，必定离职回家守孝。但这里有三个关键问题：一是子夏是否有丧亲一事？二是子夏在鲁国任职期间丧亲还是其他时间？三是丧亲守孝到底用了多长时间？

《礼记·檀弓上》记："子夏既除丧而见，予之琴，和之而不和，弹之而不成声。作而曰：'哀未忘也，先王制礼，而弗敢过也。'"[2]《孔子家语》也记："子夏三年之丧毕，见于孔子。孔子与之琴，使之弦，侃侃而乐，作而曰：'先王制礼，不敢不及也。'子曰：'君子也。'"[3]从以上记载可知，子夏的确有丧亲一事，而且在孔子生前。那么有没有可能子夏丧亲是在卫国任职期间？答案是否定的。前面所述，子夏在卫国任行人三年，如果再守孝三年，时间就到了"西狩获麟"之时，这是其一。其二，子夏在卫国任行人时离开岗位并不是因为丧亲。虽然史籍中没有明确记载子夏卸任行人的原因，但这里有两个重要的问题需要我们考虑。

第一，卫出公对子夏不尊。虽然没有明确记载卫出公与子夏之间的矛盾，但卫出公在位期间，不能与自己的臣子保持和睦关系，仅因礼节之失就怨恨他，曾两度出任国君，又两度被国人驱逐出境（所以谥号为"出"），这也是不争的事实，这是其一。其二，《韩诗外传》中说，卫出公有难时，让公孙悁去寻找高人救驾，并没有把子夏放在眼里，反而是子夏自告奋勇前去。其三，子夏曾说："诸侯之骄我者，吾不为臣；大夫之骄我者，吾不复见。"[4]其四，卫出公的父亲蒯聩是名正言顺的卫太子，却淹恤在外不得立，诸侯各国多有非议，而卫出公虽为卫君，"名不正言不顺"，孔子也曾暗示弟子们"必也正名乎"！这里的"正名"，既可以理解为"正"蒯聩的太子之名，也可以理解为"正"卫出公的国君之名。说这话的时间正是孔子回鲁国

---

[1] （汉）郑玄注；（唐）孔颖达疏：《礼记正义·曾子问》，载十三经注疏委员会整理：《十三经注疏》，北京：北京大学出版社，2000年版，第819页。

[2] （汉）郑玄注；（唐）孔颖达疏：《礼记正义·檀弓》，载十三经注疏委员会整理：《十三经注疏》，北京：北京大学出版社，2000年版，第292页。

[3] 王国轩、王秀梅译注：《孔子家语》，北京：中华书局，2011年版，第186页。

[4] （清）王先谦撰：《荀子集解·大略》，北京：中华书局，2012年版，第496页。

的前一年。

第二，孔子夫人去世。鲁哀公十年（公元前485年）孔子夫人丌官氏去世。师母去世，并不会要求子夏辞官，但作为孔子七十二贤人之一的子夏一定会去处理善后事情。

第三，鲁国以币招孔子。这是一个重要原因，子夏随老师离开卫国回到鲁国在情理之中。

依上所推，子夏丧亲时一定是在鲁国，而不是卫国。

子夏丧亲守孝是不是整三年？根据陈玉澍在《卜子夏年谱》中说："（子夏）居亲丧则不及二十七月而禫。"是说子夏守孝的时长并不是满三年，实则是二十七个月。"禫者，澹澹然平安之意，丧至此，凡二十七月也。"①但根据后人推断，禫月实则为二十五月，而不是二十七月。《士虞礼》云："期而小祥，曰：'荐此常事。'又期而大祥，曰：'荐此祥事。'中月而禫。是月也，吉祭，犹未配。"②《礼记》中又记："中月而禫，禫而饮醴酒。……中月而禫，禫而床。……中月而禫，禫而纤，无所不佩。"③王肃以为"中月"即为"月中"，则祥、禫同在二十五月。后宋代朱熹、马晞孟皆以为祥、禫当同月，则三年之丧实止二十五月。《礼记》再记："鲁人有朝祥而莫歌者，子路笑之。夫子曰：'由，尔责于人，终无已夫？三年之丧，亦已久矣夫。'子路出，夫子曰：'又多乎哉！逾月则其善也。'"④据孔子对子路之批评，逾月则可歌；又《礼记》载孔子既祥弹琴，十日而成笙歌，⑤则"逾"月者，犹"徙月"也，其距大祥祭之时间，当不过一月。据此，祥、禫必同月也。又据《春秋》："鲁文公二年（公元前626年）冬，公子遂如齐纳币。《传》曰：'礼也。'"⑥杜注据

---

① （宋）朱熹辑；（清）高愈注；沈元起译：《言文对照·小学集注·嘉言》，北京：中国华侨出版社，2012年版，第144页。

② （汉）公羊寿撰；（汉）何休解诂；（唐）徐彦疏：《春秋公羊传注疏·闵公》，载十三经注疏委员会整理：《十三经注疏》，北京：北京大学出版社，2000年版，第226页。

③ （汉）郑玄注；（唐）孔颖达疏：《礼记正义·间传》，载十三经注疏委员会整理：《十三经注疏》，北京：北京大学出版社，2000年版，第2173页。

④ （汉）郑玄注；（唐）孔颖达疏：《礼记正义·檀弓》，载十三经注疏委员会整理：《十三经注疏》，北京：北京大学出版社，2000年版，第245页。

⑤ 参见（汉）郑玄注；（唐）孔颖达疏：《礼记正义·檀弓》，载十三经注疏委员会整理：《十三经注疏》，北京：北京大学出版社，2000年版，第257页。

⑥ （周）左丘明撰；（晋）杜预注；（唐）孔颖达疏：《春秋左传正义》，载十三经注疏委员会整理：《十三经注疏》，北京：北京大学出版社，1999年版，第491页。

《长历》推之，以为前年十一月僖公薨，至此已逾二十五月。[1]则《左传》以三年丧实为二十五月。《公羊传》说虽不同，然其讥文公三年不图婚，亦据二十五月为断。[2]可见，守孝三年实则为二十五月。

如是，子夏则在鲁国任莒父宰的时间当为公元前484年，离职时间为公元前483年。推论如下：

《史记·孔子世家》中说"西狩获麟"的时间是在公元前481年春天。《礼记·王制》对天子和诸侯的狩猎活动作了明确规定："天子诸侯无事，则岁三田，一为干豆，二为宾客，三为充君之庖。无事而不田，曰不敬；田不以礼，曰暴天物。"[3]所谓"无事"，指的是国家没有重大事件发生，所谓"国之大事，在祀与戎"，只要没有战争和祭祀这样的国之大事，天子诸侯就必须按礼制举行狩猎活动。"岁三田"指的是除去"夏苗"以外的其他三次大型狩猎活动。这样看来，天子诸侯只要没有祭祀征伐、婚丧嫁娶这类的大事，就必须每年打猎三次。那么，为何天子的大型狩猎活动单单要放弃夏季呢？这是因为，根据春秋时期的礼制，帝王的大规模狩猎活动的猎杀范围与普通人的狩猎不可等同，夏天恐怕会误杀幼小禽兽而破坏生态平衡，所以不进行大规模狩猎，这是古人重视可持续发展的表现。因此，古代帝王的大规模狩猎行动在每年的春、秋、冬三个季节。但春天属于万物苏醒之季，春天是万物生长的时候，也是动物忙着孕育后代的时期，即使在春天进行狩猎也属于春搜，因此这个时候的田猎，需要去搜一些没有怀孕的动物来猎，那些怀孕的动物都不能伤害，以保证自然万物生生不息。同时根据动物活动规律，春天狩猎也是在暮春，而不是早春。所以，"获麟"的时间最早也只能是在5月，而不是3月。按照这个时间往前推25个月，则为公元前483年4月。

换句话讲，子夏从公元前484年任职，因家丧亲，于公元前483年离职，任职时间仅有一年左右。后于公元前481年在家守孝结束后，立马见了孔子，被孔子委以搜集史书的重任。高培华在《卜子夏考论》中说，如果子夏在公元前484年任职，于公元前483年离职，这样导致上任时间早了点，离任也太快了，事实上也就把"为莒父

---

[1] 参见（周）左丘明撰；（晋）杜预注；（唐）孔颖达疏：《春秋左传正义》，载十三经注疏委员会整理：《十三经注疏》，北京：北京大学出版社，1999年版，第491页。

[2] 参见（汉）公羊寿撰；（汉）何休解诂；（唐）徐彦疏：《春秋公羊传注疏·文公》，载十三经注疏委员会整理：《十三经注疏》，北京：北京大学出版社，2000年版，第327页。

[3] （汉）郑玄注；（唐）孔颖达疏：《礼记正义·王制》，上海：上海古籍出版社，2008年版，第505页。

宰"的意义淡化得几近于无。[1]但是，人死不由人，即使是子夏第一天任莒父宰，第二天家中丧亲，他同样得离职回家守孝。这不由人的意志而转移。

这里有一个问题需要说明，对于儒家而言，守孝期间本为哀事，怎么会允许击鼓弹琴？《礼记·檀弓上》记："子夏既除丧而见。予之琴。和之而不和，弹之而不成声。作而曰：'哀未忘也，先王制礼而弗敢过也。'"[2]又郑玄云：

> 既禫徙月而乐作，礼之正也。孔子五日弹琴，自省乐，哀未忘耳。逾月可以歌，皆自身逾月所为也。此非当月所受乐名。既禫，始得备乐，而在心犹未忘能欢，徙月之乐极欢也。哀杀有渐，是以乐亦随之也。[3]

据此，守孝最后那个月是可以弹琴的。其一，省乐之乐，《檀弓》言孔子弹琴及子夏、子张弹琴都是如此，其原因在于此时哀未尽，故鼓琴以散哀；其二，徙月之乐，此为"极欢"之乐，此时哀已尽，因而可以以欢消哀。又据《士虞礼》"吉祭犹未配"一条，则禫后又有吉祭，则吉祭后始得极欢之乐。

三是为魏文侯师。

纵观子夏一生做官有三次，第一次是在卫国任行人，第二次是在鲁国任邑宰。这在前面已有论述。最后一次是"为魏文侯师"。《史记·魏世家》云："魏成子以食禄千钟，什九在外，什一在内，是以东得卜子夏、田子方、段干木。此三人者，君皆师之。"[4]《史记·儒林列传》中亦记："自孔子卒后，七十子之徒散游诸侯，大者为师傅卿相，小者友教士大夫，或隐而不见。故子路居卫，子张居陈，澹台子羽居楚，子夏居西河，子贡终于齐。如田子方、段干木、吴起、禽滑厘之属，皆受业于子夏之伦，为王者师。是时独魏文侯好学。"[5]《后汉书》中记："魏文侯师卜子夏，

---

[1] 参见高培华著：《卜子夏考论》，北京：社会科学文献出版社，2012年版，第137页。
[2]（汉）郑玄注；（唐）孔颖达疏：《礼记正义·檀弓》，载十三经注疏委员会整理：《十三经注疏》，北京：北京大学出版社，2000年版，第292页。
[3]（汉）郑玄注；（唐）孔颖达疏：《礼记正义》，载十三经注疏委员会整理：《十三经注疏》，北京：北京大学出版社，2000年版，第294页。
[4]（汉）司马迁撰：《史记·魏世家》，北京：中华书局，1959年版，第1840页。
[5]（汉）司马迁撰：《史记·儒林列传》，北京：中华书局，1959年版，第3116页。

友田子方，轼段干木，故群俊竞至，名过齐桓。"①可见子夏为魏文侯师的确不假，但这里的师和周代的师是否一样，是爵位还是虚职？是教什么的师？

子夏前两次是任实职，第三次是为虚职。

第一，此"师"非彼"师"。先秦称"师"的有三种，第一种是太师，第二种是小师，第三种是官学中的师。子夏为"王者师"中的"师"和太师、小师的"师"不是一回事。春秋战国之际的官职"师"指乐师。《国语·鲁语上》："师存侍。"韦注："师，乐师。"②《鲁语下》："师亥闻之。"韦注："师亥，鲁乐师之贤者也。"③这里的"师"为服务于公室之乐官。乐师精通乐器演奏，经常在饮宴等场合为宾主演唱或朗诵，有时也担任后宫嬖妾的音乐教师。

第二，师官有太师、小师之分。太师地位高于小师。太师为乐师之长。如，晋国有乐师名叫师旷，杜预云："师旷，晋乐大师子野。"④郑玄云："旷也，大师也，不以诏，是以饮之也。"⑤知师旷确为乐太师。《周礼·春官》太师职云："大师掌六律六同，以合阴阳之声。"⑥可知太师在官府中的地位非常高，而且，常在战争中起重要作用。小师的地位和太师相比，相差甚远，常常作为"礼品"赠送。《春秋左传》记：

> 郑人以子西、伯有、子产之故，纳赂于宋，以马四十乘，与师筏、师慧。……师慧过宋朝，将私焉。其相曰："朝也。"慧曰："无人焉。"相曰："朝也，何故无人？"慧曰："必无人焉，若犹有人，岂其以千乘之相，易淫乐之朦？必无人焉故也。"⑦

从以上记载看，郑乐师被用作贿赂、赠送的礼品，其地位必不高。但子夏既为魏文侯师，地位当不在小师。从子夏精通学业看，子夏主要在魏文侯时期兼职乐师

---

① （刘宋）范晔撰；（唐）李贤等注：《后汉书·李杜列传》，北京：中华书局，1973年版，第2081页。

② 陈桐生译注：《国语·鲁语上》，北京：中华书局，2013年版，第187页。

③ 陈桐生译注：《国语·鲁语上》，北京：中华书局，2013年版，第224—225页。

④ 杨伯峻编著：《春秋左传注》，北京：中华书局，2008年版，第1016页。

⑤ （汉）郑玄注；（唐）孔颖达疏：《礼记正义·檀弓》，载十三经注疏委员会整理：《十三经注疏》，北京：北京大学出版社，2000年版，第392页。

⑥ 杨天宇译注：《周礼译注》，上海：上海古籍出版社，2004年版，第337页。

⑦ （宋）王当撰：《春秋臣传·襄公》，清康熙十九年通志堂经解本。

和卜师。

子夏精通《乐》经。"子夏三年丧毕。见于孔子。与之琴，使之弦，侃侃而乐。作而曰：'先王制礼，不敢不及。'"①《史记》中有子夏与魏文侯谈论《乐》的详细对话："魏文侯问于子夏，曰：'吾端冕而听古乐，则唯恐卧，听郑卫之音，则不知倦。敢问古乐之如彼，何也？新乐之如此，何也？'"②足见子夏擅长《乐》经。

鉴于以上情况，子夏在魏国时，其职守有三。

第一是掌宫中之乐。《礼记·檀弓下》记载知悼子卒，师旷侍晋平公饮酒，鼓钟，杜蒉闻钟声而责之。昭公九年传亦记此事，屠蒯责之曰："女为君耳，将司聪也。"孔颖达疏："乐者所以聪耳，大师掌乐，务使君聪，故为君耳，将司聪也。"③

第二是为政治服务。乐师既精通音律，也通晓典章故实，故而经常充当顾问。孔子谓子夏曰："礼以修外，乐以制内，丘已矣夫！"又曰："礼乐不兴，则刑罚不中；刑罚不中，则民无所厝其手足。臣以为汉当制作礼乐，是以先帝圣德，数下诏书，愍伤崩缺，而众儒不达，议多驳异。臣累世台辅，而大典未定，私窃惟忧，不忘寝食。臣犬马齿尽，诚冀先死见礼乐之定。"④乐经为六经之一，六经之中，儒家十分重视乐经与礼经。"礼乐损益，律历改易，兵权山川鬼神，天人之际，承敝通变。"⑤可见，六经之中，乐经与礼经常常为政治服务。

第三是预测吉凶。乐师作为顾问，常随同主帅亲临战场，用掌握的音律知识预测吉凶，是军事数术的一种。如公元前555年晋侯伐齐，齐师夜遁，师旷告晋侯曰："鸟乌之声乐，齐师其遁。"又，晋人听说楚师伐郑，师旷又说："不害，吾骤歌北风，又歌南风，南风不竞，多死声。楚必无功。"⑥

子夏不但擅长《乐》经，而且，作为卜氏后人，还可以把《乐》与《易》结合起来使用，占卜预测更是在股掌之间。后世有《子夏易传》留传，虽有争议，但子夏在易学方面造诣颇深是事实。子夏作为魏文侯师，可用《易》经为其服务。卜筮

---

① （汉）刘向撰；赵善诒疏证：《说苑疏证》，上海：华东师范大学出版社，1985年版，第577页。

② （汉）司马迁撰：《史记·乐书》，北京：中华书局，1959年版，第1221页。

③ （周）左丘明撰；（晋）杜预注；（唐）孔颖达疏：《春秋左传正义》，载十三经注疏委员会整理：《十三经注疏》，北京：北京大学出版社，1999年版，第1273页。

④ （刘宋）范晔撰：《后汉书·张曹郑列传》，北京：中华书局，1973年版，第1199页。

⑤ （汉）班固撰；（唐）颜师古注：《汉书·司马迁列传》，北京：中华书局，1962年版，第2723页。

⑥ 杨伯峻编著：《春秋左传注》，北京：中华书局，2008年版，第1043页。

在先秦时期应用很广泛，凡重要的事情，如君位继承、战争、婚姻、生死、个人及国家前途命运等，有疑问的都要进行预测。占卜的目的就是要根据占卜结果决定事情能否进行。

占卜内容大致可分为五类：

第一类，关于诸侯的君位继承问题。《国语·晋语一》记："立太子之道三，身钧以年，年同以爱，爱疑决之以卜、筮。"[①]立储君是国家头等大事，而卜占就是选择或决定君位继承人的一个重要手段。

第二类，对战争结果进行预测。"国之大事，在祀与戎"[②]，战争的成败关乎国家命运。

第三类，对婚姻合和进行卜占。如《左传》记载："晋献公欲以骊姬为夫人，卜之。"[③]

第四类，预测小孩子的命运。如，陈侯使周史以《周易》卜占其子敬仲的命运。[④]

第五类，对病、灾、谋逆等后果的预测。如《左传·昭公十八年》记载，晋国的国君、大夫们对郑国的火灾"卜筮走望"，预测灾祸情况，担忧郑国的火灾。[⑤]

当然，子夏尤以文学著称，所以，子夏在魏国后期主要还是以教授为主，在魏国官办学校传授儒家经典，否则就不会有西河学派产生。《史记·仲尼弟子列传》中记孔子曰："受业身通者七十有七人。"皆异能之士也。德行：颜渊，闵子骞，冉伯牛，仲弓。政事：冉有，季路。言语：宰我，子贡。文学：子游，子夏。师也辟。[⑥]所以，子夏在为魏文侯服务期间，更多的是作为教师身份出现在西河地区的。如，《礼记·檀弓上》记，曾子见子夏，对子夏说："吾与女事夫子于洙泗之间，退而老于西河之上，使西河之民疑女于夫子。"[⑦]这里意为子夏在西河地区授教，这里的人们竟然把子夏当作了孔子。那么，子夏在西河时，也作为"传道授业解惑"的老师

---

① 陈桐生译注：《国语》，北京：中华书局，2013年版，第301页。
② 杨伯峻编著：《春秋左传注》，北京：中华书局，2008年版，第861页。
③ 杨伯峻编著：《春秋左传注》，北京：中华书局，2008年版，第295页。
④ （周）左丘明撰；（晋）杜预注；（唐）孔颖达疏：《春秋左传正义》，载十三经注疏委员会整理：《十三经注疏》，北京：北京大学出版社，1999年版，第269—270页。
⑤ 参见杨伯峻编著：《春秋左传注》，北京：中华书局，2008年版，第1399页。
⑥ （汉）司马迁撰：《史记·仲尼弟子列传》，北京：中华书局，1959年版，第2185页。
⑦ （汉）郑玄注；（唐）孔颖达疏：《礼记正义·檀弓》，载十三经注疏委员会整理：《十三经注疏》，北京：北京大学出版社，2000年版，第271页。

出现。关于此情况在后面有详细论述。

需要补充说明的是，子夏与孔子还不一样。子夏可称师，但孔子在当时没有称师。

周代官方学校述及"师"者，见之于《周礼·天官·太宰》述曰："以九两系邦国之名。一曰牧，以地得民。二曰长，以贵得民。三曰师，以贤得民。四曰儒，以道得民。五曰宗，以族得民。六曰主，以利得民。七曰吏，以治得民。八曰友，以任得民。九曰薮，以富得民。"郑玄注："师，诸侯师氏，有德行以教民者。"[①]从天官性质看，"师"是周代时的"学官"。《礼记》中云："凡学，春官释奠于其先师；秋冬亦如之。""凡始立学者，必释奠于先圣、先师。及行事，必以币。"[②]此处所说之意当为周代官学中，在春与秋冬三时皆须祭"先师"。"学"须祭"先师"以释奠之礼；"始立学"时则必须并祭"先圣、先师"以释奠之礼。"谨庠序之教，申之以孝悌之义。"[③]"庠序者，教化之宫也。殷曰序，周曰庠，谨修教化，申重孝悌之义。"[④]"学则三代共之，皆所以明人伦也。"[⑤]三代之时，官方建立学校，学校中教化之人便为师，是故"师"乃是"三代学制"中之"官名"。既然子夏受聘于魏国，还授经于魏文侯，足以说明子夏在魏国官方学校任职。

从子夏弟子眼中看，子夏为官方学校的教师，所以称子夏为"师"。但实际上，子夏也是去了魏国任君师后，才被称作"师"，在此之前不能称"师"。孔子与弟子们设立私学传道授业时，也无以"师"自称。纵观《论语》全篇，孔子和弟子们之间的对话，无一以师生相称。不称"师"乃相对于当时官方"授学体制"而言。孔子也好，子夏也好，在当时办私学，实为"非学官非学职"，而是效官方所办公学。先秦办私学也不需要官方办理营业执照，既无官方受理，自然也无官职和官方称呼，因为"师"在周代系职官名称。

那么，孔子时期和子夏在魏国以前办学时，是如何称呼教师的？《论语正义·学而》："子曰：学而时习之，不亦说乎。"下引汉儒马融之言："子者，男子之通称，谓孔子也。"[⑥]孔子曾为鲁国大夫，时人尊称卿大夫为"夫子"，简称"子"，故称孔子

[①] （清）孙诒让撰：《周礼正义·天官冢宰》，北京：北京大学出版社，1987年版，第109页。
[②] （汉）郑玄注；（唐）孔颖达疏：《礼记正义·檀弓》，载十三经注疏委员会整理：《十三经注疏》，北京：北京大学出版社，2000年版，第160页。
[③] 金良年译注：《孟子译注·梁惠王上》，上海：上海古籍出版社，2004年版，第5页。
[④] （清）焦循撰：《孟子正义》，北京：中华书局，1987年版，第58页。
[⑤] 金良年译注：《孟子译注·滕文公上》，上海：上海古籍出版社，2004年版，第106页。
[⑥] （清）刘宝楠撰；高流水点校：《论语正义·学而》，北京：中华书局，1990年版，第2页。

为"孔夫子",其弟子亦称"子"。私人聚弟子讲学,以孔子为最早,此后相沿遂称师为"夫子"。是不是汉代人在撰写史料时,把子夏称为"师"?答案是否定的。战国、秦、汉以来,在历史绵递下,发展出新的学官之名——博士。汉武帝时从董仲舒议、从公孙弘议,以博士为师,而从师受学者称博士弟子,皆为官方体制。

但子夏比较特殊,除了自己办学外,还在魏国官学中任职,所以,子夏不单称"子",还被称作"师"。因此,子夏第三次任职就是在魏国。只不过这次是虚职,而不是实职。

3. 生业

从目前史料看,子夏似乎是一个非常贫穷的破落之士。《韩诗外传·卷九》中记:"子夏过曾子。曾子曰:'入食。'子夏曰:'不为公费乎?'"[①]子夏去见曾子,曾子请他吃饭,他竟然怕花钱。虽有廉洁美德,但足见子夏并不富裕。《孔子家语》中记:"孔子将行,雨而无盖。门人曰:'商也有之。'孔子曰:'商之为人也,甚吝于财。吾闻与人交,推其长者,违其短者,故能久也。'"[②]在孔子眼中,子夏也是一个非常小气之人。为何导致曾子和孔子对子夏有这样的看法?一个主要原因是"子夏家贫,衣若悬鹑"[③]。子夏祖先虽然是晋国著名大夫——卜偃,但到了子夏父亲这一辈家族已经衰落。到了子夏这一代,竟然没有一件像样的衣服穿,破落之相异常明显。

子夏15岁以前在家乡学习和生活,虽然卜氏家族在子夏父子这一代没落,但毕竟卜氏世为天官,有三分薄田解决温饱。先秦时期,天神信仰和祖先崇拜仍然支配着人们的思想和言行,诸侯、卿、大夫甚至普通百姓,有所活动必先占卜。在社会上卜筮之类的宗教人员具有举足轻重的地位,对国家和家族仍然有着相当重要的作用。在学术职守、世代相袭的背景下,卜筮人员世守其业,形成一批特殊的术士群体,占有着当时社会上的多数生产资料。"公食贡,大夫食邑,士食田,庶人食力,工商食官,皂隶食职,官宰食加,政平民阜,财用不匮。"[④]政治上,士介于卿大夫与庶人之间,与卿大夫构成了主从关系,他们隶属于卿大夫,在宗法之下,没有独立自由的身份。经济上,"士食田",他们大多占有一些土地,可以不劳而食。所以,

---

① (汉)韩婴撰;许维遹校释:《韩诗外传集释》,北京:中华书局,1980年版,第329页。
② 王国轩、王秀梅译注:《孔子家语》,北京:中华书局,2011年版,第90—91页。
③ (清)王先谦撰;沈啸寰、王星贤整理:《荀子集解》,北京:中华书局,2012年版,第496页。
④ 陈桐生译注:《国语》,北京:中华书局,2013年版,第411—412页。

子夏虽然家贫，但在离开家乡以前，并没有衣食之忧。

春秋战国之际，社会进入转型时期，原来的宗法等级秩序被逐渐破坏，社稷无常奉，君臣无常位，自古已然。故《诗》曰："高岸为谷，深谷为陵。""三后之姓，于今为庶。"①在"天子—诸侯—卿大夫—士"的贵族等级阶层中，士是贵族阶级中最低的一个等级，处于贵族和庶民之间，这样一个可以上下流动的中间地位，使士极有可能要面对不是"上浮"就是"下沉"的特殊命运。在以宗法血缘关系维系起来的贵族集团面临崩溃的动荡时代，"上浮"到贵族的更高一级是不可能的，"下沉"到最底层，他们却又不甘心，如果想改变命运，只能靠自己努力。

这种因"官学衰落，选士之制废弛，士人出路受阻"的现象，在《论语》中也可窥见一斑。《论语·子路》记载：

> 樊迟请学稼，子曰"吾不如老农"。请学为圃，曰"吾不如老圃"。樊迟出，子曰："小人哉，樊须也！上好礼，则民莫敢不敬；上好义，则民莫敢不服；上好信，则民莫敢不用情。夫如是，则四方之民襁负其子而至矣，焉用稼？"②

春秋战国之际，士之为学者，多不得禄，故趋于异业，而习耕者众。观于樊迟以学稼学圃为请，虽隐于耕，而皆不免谋食之意，此为在官学衰落，选士之制废弛，士人出路受阻的情况下，部分士人感到学而无望而急于寻找出路的一种表现。

周代的官学基本分为两种类型："国学"和"乡学"。"国学"又分"大学""小学"两级。"小学"为童蒙之学，主要学习书、数一类基础文化知识，"大学"比"小学"高一个层次，主要学习礼、乐、射、御等安邦治国之术。"乡学"的教学内容，主要是明人伦、知纪纲等一些上下尊卑礼节方面的知识，即"序以明教，庠则行礼而视化焉"③。西周时，乡学的俊选之士还可入国学继续学习，通过特殊的考选，还有可能进入较高的官僚阶层。三年大比，以兴贤能，在西周是作为一种制度推行的。

---

① 参见(战国)荀况撰；(唐)杨倞注；(清)卢文弨校补：《荀子》，清乾隆嘉庆间嘉善谢氏刻抱经堂丛书。

② (清)刘宝楠撰；高流水点校：《论语正义·子路》，北京：中华书局，1990年版，第524页。

③ (汉)班固撰；(唐)颜师古注：《汉书·食货志》，北京：中华书局，1962年版，第1121页。

但是到了春秋中后期，这种制度被废弛。《国语·齐语》载，齐桓公责其乡大夫曰："于子之乡，有居处好学，慈孝于父母，聪慧质仁，发闻于乡里者，有则以告，有而不以告，谓之蔽明，其罪五。"①如果大比兴贤之制存，"考其德行道艺而兴贤者能者"，应是乡大夫的分内之事，无须国君亲自过问，可见大比兴贤之制在春秋中后期已经不复存在。"士"不再是"有职之人"或"有爵之称"，而是"在学之士"或"学成之士"。其身份就是与农、工、商并称为"四民"的"士民"，他们之中的多数，除了拥有知识之外一无所有。冯友兰说，"士这个阶级，只能做两件事情，即做官与讲学"，用"做官"与"讲学"诠释"仕"与"学"，大致不差。士人入仕途的方式也发生了重大变化。大比考选然后获得爵命的入仕方式已经成为遥远的过去，取而代之的是援引、推荐或自荐。《史记·魏世家》载李克与翟璜的一段对话，十分具体地说明了士人由推荐援引入仕的情形：翟璜、李克与魏成子，分别向魏王推荐了不少人才。翟璜推荐的五人之中，有四位是历史上的知名人物：西河守吴起、中山相李克、邺令西门豹以及著名战将乐羊子。因此，翟璜颇以能为国家推荐人才自矜。不仅列国将相大臣推荐援引士人入仕，当时有名望的大学者大教育家及其弟子，亦往往推荐其子弟与学友进入仕途。如孔子"使漆雕开仕"②；子路亦"使子羔为费宰"③；"子墨子游公尚过于越"④；"仕曹公子于宋"⑤。又《墨子·贵义》中记，墨子推荐某人去卫地做官，其人至而后返，理由是给他的俸禄太少。孔子、墨子均推荐弟子入仕，其他学派的大师当然不会例外。

　　子夏作为天官之后，15岁以前在乡学完成了学业，但是要想彻底改变命运，他还得另谋出路。张继峰在《卜子夏故里考》一文中说："卜商从小热爱学习，七八岁时讨遍了村中识文嚼字的人……在好心的先生指导下，他立志要去投奔孔子。"⑥这种资料看上去有杜撰之嫌，子夏15岁就立志要振兴卜氏家族，或者说子夏15岁就立鸿鹄之志未免有点夸张。比较合理的推理是，子夏在15岁完成乡学学习后，在其教师或父辈的指导下，去投孔子。因为此时孔子已经办了私学，并且没有门户高低之

---

① 陈桐生译注：《国语》，北京：中华书局，2013年版，第251页。
② （清）刘宝楠撰；高流水点校：《论语正义·公冶长》，北京：中华书局，1990年版，第169页。
③ （清）刘宝楠撰；高流水点校：《论语正义·先进》，北京：中华书局，1990年版，第464页。
④ 唐敬杲选注：《墨子》，北京：商务印书馆，2019年版，第175页。
⑤ （清）孙诒让撰：《墨子闲诂》，北京：中华书局，2001年版，第299页。
⑥ 张继峰、王建忠：《卜子夏故里考》，《中州今古》2001年第6期。

成见，投奔孔子成为子夏改变命运的最佳途径。孔子招收学生有教无类①：一不分贵贱，二不分贫穷，三不分愚智，四不分勤惰，五不分恩怨，六不分老少，七不分国籍，八不分美丑。孔子的学生，从地域看，有鲁国的颜渊、冉求、公冶长，陈国的颛孙师，卫国的子贡、子夏，宋国的司马耕，吴国的子游，楚国的公孙龙，秦国的容祖、秦祖。从出身看，有贵族孟懿子，有"一箪食，一瓢饮"的颜渊，有一贫如洗的原宪，有"无置锥之地"的冉雍，有"卞之野人"的子路，有絮衣破烂的曾参，有以芦花当棉絮的闵子骞，有"家累千斤"的大商人子贡，还有梁父大盗颜涿聚。从年龄看，有小孔子四岁的秦商，至少小孔子五十三岁的公孙龙，有兄弟同时受业的孟懿子和南宫适，有父子先后同学的颜路与颜渊、曾点与曾参。孔子的"有教无类"为广大寒士打开了求学大门，提供了努力的平台。

在卫国，子夏终于见到了孔子，并进行了面试，"孔子见他笃志不拔，聪敏宏毅，免了他的贽礼，收为弟子"。②

孔子既然免去了子夏的贽礼，同时也说明子夏的确比较贫穷，而孔子"有教无类"，看到子夏虽然贫穷但聪慧，竟然免去他的学费而破格收取，这在孔子弟子中也就仅此一例，文献中再无其他同例出现。因为比子夏贫穷的大有人在，而孔子对子夏却是区别相待。

子夏15岁进入孔门，21岁任卫国行人，这期间有六年的时间都是和孔子及同学们生活在一起，他的生活来源虽然无文献记载，但我们可以从孔子办学模式上进行推断。而且，子夏在为孔子守孝三年后，自己也在西河办学招生，其办学模式一定会照搬孔子办学模式，因此，探索孔子办学模式，也间接推理出子夏办学模式。

创办一所学校，如果想要它长期稳定发展而不倒闭，离不开有效的组织管理。举凡招生制度、日常运作、内部协调、毕业分配，等等，都是不可或缺的环节。

子夏办学与孔子办学一样，在招生时先由老弟子带新弟子入门。如"仲由字子路，卞人也，少孔子九岁。子路性鄙，好勇力，志伉直，冠雄鸡，佩豭豚，陵暴孔子。孔子设礼稍诱子路，子路后儒服委质，因门人请为弟子"③。子路在入孔门时由门人带入。

除旧门人带新门人入学外，还有门人推荐、老师考察的招生方法。如，子夏投

---

① 参见（清）刘宝楠撰；高流水点校：《论语正义·卫灵公》，北京：中华书局，1990年版，第641页。

② 高培华著：《卜子夏考论》，北京：社会科学文献出版社，2012年版，第70页。

③ （汉）司马迁撰：《史记·仲尼弟子列传》，北京：中华书局，1959年版，第2191页。

入孔门时，觐见孔子，并与孔子对话，孔子见子夏笃志不拔，聪敏宏毅，便收为弟子。既然孔子首次见子夏即确定其"笃志不拔，聪敏宏毅"，推测一定进行了长时间的对话，并不是因为共事才看到的。再如，"子游为武城宰。子曰：'女（汝）得人焉尔乎？'曰：'有澹台灭明者，行不由径，非公事，未尝至于偃之室也'"[①]。子游做武城宰，发现了澹台灭明是可造之才，于是向孔子推荐，孔子将其招至门下。

要正式进入学校成为弟子，还必须经过一定的程序。一是要改穿儒者的服饰，二是要举行拜师仪式。前引子路后来"儒服委质，因门人请为弟子"，便概括了这一程序。所谓"儒服"，实际上相当于我们现在的校服，孔子要求学生在校要穿校服——儒服，以表示自己是一个儒生。古代有人生四大喜事的说法，古人的一生也会经历四大礼仪。对读书人而言，首个隆重的礼仪就是入学拜师礼，相当于现在的开学典礼，其次才是成人礼、婚礼和葬礼。深圳望野博物馆的工作人员研究发现，古代学子拜师准备的贽敬非常丰富，不仅装有肉干，还像结婚撒帐一样要准备干果。这个拜师大礼包里，装着莲子、红豆、红枣、桂圆和肉干等，除肉干是延续从孔子开始的学费习俗外，每一样东西都有谐音的好彩头：莲子是希望先生苦心教育，红豆寓意鸿运高照，红枣象征早日高中，桂圆则是功德圆满。以上所推不一定是先秦时期的拜师礼，但可以肯定的是，进入子夏学校的拜师礼一定非常繁缛。

除了一些必要的程序外，进入子夏学校是要交纳学费的。我们还是以孔子学校为参考。《论语·述而》载："子曰：自行束脩以上，吾未尝无诲焉。"[②] "自行"表明自愿，"束脩"大概是最低的收费标准。除孔子在《论语》里提到束脩，《晋书·慕容廆载记》里也用到了这个词："平原刘赞儒学该通，引为东庠祭酒，其世子皝率国胄束脩受业焉。"[③] 这个叫皝的世子带领贵族子弟找刘赞求教，也要带肉干行拜师礼。脩的意思是肉脯、肉干（腊肉），束脩就是将10条肉脯捆在一起。朱熹说："束脩其至薄者。"在朱熹看来，10条腊肉算不上什么厚礼。但是在春秋时期，有地位的人或者70岁以上的老人才能吃上肉，有地位的人被称作肉食者。肉在普通民众那里还是奢侈品。

再如，子夏见孔子，孔子免去其贽礼，说明子夏在当时是拿不出10条腊肉的。

[①]（清）刘宝楠撰；高流水点校：《论语正义·雍也》，北京：中华书局，1990年版，第228页。

[②]（清）刘宝楠撰；高流水点校：《论语正义·述而》，北京：中华书局，1990年版，第257页。

[③]（唐）房玄龄等撰：《晋书·慕容廆载记》，长春：吉林人民出版社，1995年版，第1699页。

但当子夏进入孔门后，便有食宿可得。所以无论是孔子所办学校还是子夏所办学校，皆是有食宿条件的。《论语·子罕》载：

> 子疾病，子路使门人为臣。病间，曰："久矣哉，由之行诈也！无臣而为有臣。吾谁欺？欺天乎？且予与其死于臣之手也，无宁死于二三子之手乎！且予纵不得大葬，予死于道路乎？"①

从记载上可以断定，子路在负责孔子学校的管理，否则，他不会在孔子病重的时候自作主张，成立一个治丧委员会，要求孔子的门人们行家臣之礼，为孔子准备丧事；孔子也不会在病好后说"久矣哉，由之行诈也！无臣而为有臣"。因为孔子当时已经不是鲁国司寇，他与弟子只是师生关系，不应该用大夫家臣之礼要求他的弟子们。姑且不论子路的安排是否妥当，是否符合礼制，他实际上是孔门弟子们的领袖，参与了孔子学校的日常管理，这是肯定的。另外，《孔子家语》中也有同样的例子可佐证：

> 孔子之郯，遭程子于涂（途），倾盖而语终日，甚相亲。顾谓子路曰："取束帛以赠先生。"子路屑然对曰："由闻之，士不中间见，女嫁无媒，君子不以交礼也。"有间，又顾谓子路。子路又对如初。孔子曰："由，《诗》不云乎：'有美一人，清扬宛兮。邂逅相遇，适我愿兮。'今程子，天下贤士也。于斯不赠，则终身弗能见也。小子行之。"②

孔子在路上遇到程子，想赠以束帛，要子路实施，子路表示反对，孔子耐心做子路的思想工作，以便子路落实。由此可见，子路负有管理学校事务的职责，不然，孔子完全可以安排其他弟子去落实他的指示。在孔门中，冉求是学校的财务主管。《论语·雍也》载：

> 子华使于齐，冉子为其母请粟。子曰："与之釜。"请益。曰："与之庾。"冉子与之粟五秉。子曰："赤之适齐也，乘肥马，衣轻裘。吾闻之也：

---

① （清）刘宝楠撰；高流水点校：《论语正义·子罕》，北京：中华书局，1990年版，第341页。

② 王国轩、王秀梅译注：《孔子家语》，北京：中华书局，2011年版，第88页。

君子周急不继富。"①

从以上记载可见，公西赤（字子华）由孔子派遣出使齐国，冉求为他的母亲请求粮食补贴，说明冉求是孔学的经济主管，处理学校经济事务。遇有重要经济事务，他虽然需要请示孔子，但却有很大的自由裁量权。孔子指示冉求给公西赤家粟一釜，即六斗四升。冉求请求再增加一点，孔子答应给一庾，即十六斗。冉求最后却给了五秉，一秉十六斛，五秉合计八十斛。古代一斛十斗，八十斛为八百斗，超过孔子答应给一庾的50倍。冉求虽然受到孔子批评，但也证明他有很大的经济管理权限，许多事可以自由裁量。

综上，子夏进入孔门后，一般情况下是没有食宿烦扰的。但这并不说明孔门学校有奖学金可提供给学生。所以，子夏在求学期间还是常常处于贫苦境况，子夏的一件儒服竟然穿到了"衣若悬鹑"的地步。

但在孔门最大的收益是在孔子的推荐下，子夏可以出仕做官，做官以后生活境况就可以得到改善。而且，子夏和其他孔子的弟子一样，要经常回校向孔子汇报情况，以便形成孔子学校教育与当时社会政治的良性互动，这是孔子办学的一大特色。如："子夏为莒父宰，问政。子曰：'无欲速，无见小利。欲速则不达，见小利则大事不成。'"②类似记载，《论语》中非常多。

六、家乡办学

子夏因丧亲而守孝三年（实则二十五个月），守孝毕即刻见了老师孔子。"子夏既除丧而见，予之琴。和之而不和，弹之而不成声。"③子夏见了老师，因守孝影响竟然琴也弹不成了。

但这一次子夏见了孔子，并没有再被推荐从政，而是被孔子派出去搜集各国史书。因为此时孔子也步入暮年，孔子在公元前481年因鲁"叔孙氏车子鉏商"西狩获麟之事感叹"吾道穷矣"，于是作《春秋》。在撰写《春秋》过程中，子夏承担了搜

---

① （清）刘宝楠撰；高流水点校：《论语正义·雍也》，北京：中华书局，1990年版，第214页。

② （清）刘宝楠撰；高流水点校：《论语正义·子路》，北京：中华书局，1990年版，第525页。

③ （汉）郑玄注；（唐）孔颖达疏：《礼记正义·檀弓》，载十三经注疏委员会整理：《十三经注疏》，北京：北京大学出版社，2000年版，第292页。

集资料的工作。这在前面已经谈及，此处就不赘述了。

公元前479年，孔子病，歌曰："太山坏乎！梁柱摧乎！哲人萎乎！"后七日卒[①]。孔子死后葬于鲁城北泗上，弟子皆服三年，三年丧毕，相诀而去。[②]子夏作为孔门十哲之一，理当为孔子守孝。《礼记·檀弓上》中记载："孔子之丧，有自燕来观者，舍于子夏氏。子夏曰：'圣人之葬人与？人之葬圣人也。子何观焉？昔者夫子言之曰：'吾见封之若堂者矣，见若坊者矣，见若覆夏屋者矣，见若斧者矣。'"[③]子夏不但为孔子守孝而且还在守孝期间招待来宾。

可以推断，子夏在丧亲守孝三年后见了孔子一直到孔子去世后三年这段时间内都在鲁国，即公元前476年之前，都没有在西河办学授教。

《史记·仲尼弟子列传》中记："孔子既没，子夏居西河教授，为魏文侯师。"[④]《论语·子张》中也记："子夏之门人问交于子张。子张曰：'子夏何云？'对曰：'子夏曰可者与之，其不可者拒之。'"[⑤]从以上记载可知，子夏的确在西河设教，而且收了弟子。但办学的起止时间没有任何史料记载。

这里有一个环节往往被许多学者忽略。即孔子去世后，孔子办的学校还在，为了方便叙述，我们姑且称孔子办的学校为"孔子学校"，子夏办的学校为"子夏学校"。孔门弟子为老师守孝时期学校并不会关闭，非但没有关闭，而且还发生了许多事情。《史记·仲尼弟子列传》记：

> 孔子既没，弟子思慕，有若状似孔子，弟子相与共立为师，师之如夫子时也。他日，弟子进问曰："昔夫子当行，使弟子持雨具，已而果雨。弟子问曰：'夫子何以知之？'夫子曰：'《诗》不云乎？"月离于毕，俾滂沱矣。"昨暮月不宿毕乎？'他日，月宿毕，竟不雨。商瞿年长无子，其母为取室。孔子使之齐，瞿母请之。孔子曰：'无忧，瞿年四十后当有五丈夫子。'已而果然。问夫子何以知此？"有若默然无以应。弟子起曰："有子避

[①] 参见（汉）司马迁撰：《史记·孔子世家》，北京：中华书局，1959年版，第1944页。
[②] 参见（汉）司马迁撰：《史记·孔子世家》，北京：中华书局，1959年版，第1945页。
[③] （汉）郑玄注；（唐）孔颖达疏：《礼记正义·檀弓》，载十三经注疏委员会整理：《十三经注疏》，北京：北京大学出版社，2000年版，第327页。
[④] （汉）司马迁撰：《史记·仲尼弟子列传》，北京：中华书局，1959年版，第2203页。
[⑤] （清）刘宝楠撰；高流水点校：《论语正义·子张》，北京：中华书局，1990年版，第737—738页。

之，此非子之座也！"①

有若貌似孔子，但学术造诣与孔子相比却逊色多了，所以被赶下了讲坛。继位者是谁呢？

我们先看一段对话。《礼记·檀弓上》记：

> 子夏丧其子而丧其明。曾子吊之曰："吾闻之也：朋友丧明则哭之。"曾子哭，子夏亦哭，曰："天乎！予之无罪也。"曾子怒曰："商，女何无罪也？吾与女事夫子于洙泗之间，退而老于西河之上，使西河之民疑女于夫子，尔罪一也；丧尔亲，使民未有闻焉，尔罪二也；丧尔子，丧尔明，尔罪三也。而曰女何无罪与！"子夏投其杖而拜曰："吾过矣！吾过矣！吾离群而索居，亦已久矣。"②

以上对话发生在子夏为孔子守孝多年后，此时子夏在西河传教，其学术已达到了孔子的高度，竟然使得西河之民把子夏当成了孔子。《说苑·杂言》中也记："孔子曰：'丘死之后，商也日益，赐也日损。商也好与贤己者处，赐也好说不如己者。'"③可见，孔门众多弟子中，只有子夏才是孔子真正的衣钵传人。

其时，子贡的声誉在孔子逝世前后，已经有赶超孔子之说，如《论语·子张》中记："叔孙武叔语大夫于朝曰：'子贡贤于仲尼。'"④鲁大夫叔孙武叔竟然在朝堂上公开宣称，子贡要比孔子更贤德。但是子贡好为人师，是对"不如己者"，这和子夏"好于贤己者"相比，谁高谁低已判若分明。而且在颜渊、子贡、子路、子张等人的为人处世上孔子早已有结论，并说给子夏：

> 子夏问仲尼曰："颜渊之为人也，何若？"曰："回之信，贤于丘也。"曰："子贡之为人也，何若？"曰："赐之敏，贤于丘也。"曰："子路之为人

---

① （汉）司马迁撰：《史记·仲尼弟子列传》，北京：中华书局，1959年版，第2216页。
② （汉）郑玄注；（唐）孔颖达疏：《礼记正义·檀弓》，上海：上海古籍出版社，2008年版，第271页。
③ （汉）刘向撰；赵善诒疏证：《说苑疏证》，上海：华东师范大学出版社，1985年版，第507页。
④ （清）刘宝楠撰；高流水点校：《论语正义·子张》，北京：中华书局，1990年版，第750页。

也，何若?"曰："由之勇，贤于丘也。"曰："子张之为人也，何若?"曰："师之庄，贤于丘也。"于是子夏避席而问曰："然则四者何为事先生?"曰："坐，吾语汝。回能信而不能反，赐能敏而不能屈，由能勇而不能怯，师能庄而不能同。兼此四子者，丘不为也。夫所谓至圣之士，必见进退之利，屈伸之用者也。"①

从后来子夏在西河传教的情况看，子夏对儒家思想传承的历史成就和贡献显然亦是其他弟子无法比拟的。

这样，有若被赶下讲坛后，唯一能站在讲坛上继任孔门学校祭酒者非子夏莫属。清代陈玉澍也在《卜子年谱》中推断：

  案孟子云：昔者孔子没，三年之外，门人治任将归。②其时，子夏未归也，子贡反，筑室于场，独居三年，然后归……子夏未归，子游子张亦未归也。③

孔门这些学术巨子在三年守孝期满后基本上都久久不离鲁国的原因是什么？当然，除了守孝外，就是要解决孔子学校由谁来承接和管理的问题。

曾子是鲁人，有先天之利，但曾子在学术上不如子夏，曾子虽然反对有若做讲师，但并不反对子夏成为讲师。从后来曾子与子夏的亲密关系看，在管理孔子学校这个问题上，显然曾子与子夏站在了同一战线。所以陈玉澍也断定："子夏居鲁已教授生徒。"④

当然，子夏、曾子虽有学术才能，但在与人相处上却无法与孔子相比，因而，

---

① （汉）刘向撰；赵善诒疏证：《说苑疏证》，上海：华东师范大学出版社，1985年版，第498页。
② 《孟子·滕文公上》原文："昔者孔子没，三年之外，门人治任将归。入揖于子贡，相向而哭，皆失声，然后归。子贡反，筑室于场；独居三年，然后归。他日，子夏、子张、子游，以有若似圣人，欲以所事孔子事之，强曾子，曾子曰：'不可。江、汉以濯之，秋阳以暴之，皜皜乎不可尚已！'"——金良年译注：《孟子译注·滕文公上》，上海：上海古籍出版社，2004年版，第113页。
③ （清）陈玉澍撰：《卜子年谱》，载北京图书馆：《北京图书馆藏珍本年谱丛刊（第3册）》，北京：北京图书馆出版社，1999年版，第725页。
④ （清）陈玉澍撰：《卜子年谱》，载北京图书馆：《北京图书馆藏珍本年谱丛刊（第3册）》，北京：北京图书馆出版社，1999年版，第726页。

不久"儒分为八"[①]。吴龙辉对此有独到见解,虽然有所偏颇,但不能不说确有一定的道理:"孔子辞世后,随着孔门高第的纷纷广收门徒,儒家队伍日益壮大。孔门弟子之间的竞争与利害冲突进一步尖锐起来。"[②]子夏也在这场争斗中被迫离开鲁国,离开孔子学校,回到西河之地过着"离群索居"的生活,然后开始了长达半个多世纪的办学、传教生涯。

清人陈玉澍在《卜子年谱》中认为子夏先在鲁设教后设教于西河,其实可以说对也可以说不对。子夏确实在鲁授业,是在孔子学校中授教,但并没有在鲁设教,而是回到西河后才办学设教传道。这个时间应该在孔子死后三年至六年之间,如果按正常逻辑理解,从子夏在守孝三年后仍在鲁国孔子学校任教实情看,子夏返回西河的时间当在鲁哀公二十一年左右,即公元前474年为妥。而且也是在这一年,鲁国对儒家的重视开始走下坡路。《左传·哀公二十一年》记:"秋八月,公及齐侯、邾子盟于顾。齐人责稽首,因歌之曰:'鲁人之皋,数年不觉,使我高蹈。唯其儒书,以为二国忧。'"[③]齐国在孔子死后的第五年问罪鲁国,责怪鲁国因为拘泥于儒家之学,造成了两国苦恼又忧愁。六年后,即公元前468年鲁哀公也被迫离开鲁国,儒家学说在鲁国遭受第一次重创。如果按照《史记》中春秋战国之分界线——公元前476年计,则儒家在鲁国的衰败也标志着中国古代思想轴心时代的一次大崩析,因为从此以后,"史文阙轶,考古者为之茫昧。如春秋时,犹尊礼重信,而七国则绝不言礼与信矣;春秋时,犹宗周王,而七国则绝不言王矣;春秋时,犹严祭祀、重聘享,而七国则无其事矣;春秋时,犹论宗姓氏族,而七国则无一言及之矣;春秋时,犹宴会赋诗,而七国则不闻矣;春秋时,犹有赴告策书,而七国则无有矣"[④]。不但鲁国不重视儒家学说,整个社会已经呈现出"礼崩乐坏"的局面。

子夏在离开鲁国前见了曾子,并进行了表态:"'吾入见先王之义则荣之,出见富贵之乐又荣之,两者战于胸中,未知胜负,故臞。今先王之胜,故肥。'是以志

[①] 源自(战国)韩非撰:《韩非子》,上海:上海古籍出版社,1989年版,第158页。其文曰:"自孔子之死也,有子张之儒,有子思之儒,有颜氏之儒,有孟氏之儒,有漆雕氏之儒,有仲梁氏之儒,有孙氏之儒,有乐正氏之儒。"韩非子所列的儒家八个流派,其代表人物除子张、子思、孟子较为明确外,其余都有争议,且很难有定论,因而,无子夏之儒亦不足为奇。

[②] 吴龙辉著:《原始儒家考述》,北京:中国社会科学出版社,1996年版,第95页。

[③] 杨伯峻编著:《春秋左传注》,北京:中华书局,2008年版,第1717—1718页。

[④] (清)顾炎武撰;(清)黄汝成集释:《日知录集释》,长沙:岳麓书社,1994年版,第467页。

之难也，不在胜人，在自胜也。故曰：'自胜谓之强。'"①

子夏的话颇有寓意。子夏吃胖了，曾子问什么原因，子夏回答说，以前瘦是因为心中对先王之义和富贵之乐谁是谁非不能决断，思虑过重，寝食不安，而现在子夏终于明白了："古之贤人，贱为布衣，贫为匹夫，食则馆粥不足，衣则竖褐不完，然而非礼不进，非义不受。"②

子夏与曾子这段对话，根据高培华推断亦当发生在子夏离开鲁国之时。在子夏眼中，富贵之乐的发生当是鲁国在孔子去世后，儒家发展衰落之时，因而先王之义也只能在胸中常念，不能表现于世上。学而优不能仕，则返乡传道。子夏也正是在这种内忧外患的情况下，于公元前474年被迫离开鲁国。

在春秋、战国之际，孔子的政治主张比起春秋末期更加难为世用，出仕与信守"先王之义"已成为不可兼得的两难之局。抛却"先王之义"，顺应社会现实而求富贵荣华，既为子夏所不忍心为，诸侯卿大夫之骄横傲慢，又使其深恶痛绝。在遭遇了"诸侯之骄我者""大夫之骄我者"等挫折和"衣若悬鹑"的贫困考验，特别是内心矛盾之后，子夏才打消了从政的意图，放弃出仕的努力，决心甘守清贫而从事教育，走上了返乡设教授徒之路。

子夏办学也会像孔子办学一样，涉及一些问题。比如，"食宿问题""学费问题"等。

如果学生非常少，这些不需要考虑，但子夏弟子300多，四方来从学者日众，学校经济压力随着办学规模扩大而加大。那么，问题就出现了，子夏是如何处理办学期间所需经费问题的？有如下三种情况。

其一，办学前已有一定的经济基础，或者说积累了一定的办学资金。这些资金主要来源于以下几个方面：一是官俸。对于子夏来说，先任卫国行人，后任鲁国莒父宰，官虽不大，但子夏"甚吝于财"，积蓄总会有一些。

其二，赞助。如《史记》中有"魏成子以食禄千钟，什九在外，什一在内，是以东得卜子夏"③的说法，则魏成子一定是先送重金给子夏，子夏才离开家乡温邑到了安邑。这样，子夏在温邑办学期间是会有资金赞助的。另外，从一般情况下推理，子夏在家乡办学，在资金缺少的情况下得到当地富商的支持也是有可能的。

---

① （战国）韩非撰：《韩非子》，上海：上海古籍出版社，1989年版，第58页。
② （清）王先谦撰；沈啸寰、王星贤整理：《荀子集解》，北京：中华书局，2012年版，第496页。
③ （汉）司马迁撰：《史记·魏世家》，北京：中华书局，1959年版，第1840页。

其三，弟子入校是要收取学费的，这在前面已经论述过，在这里就不赘述了。可以补充说明的是，孔子也好，子夏也好，他们办的学校中都有一些有权有财的学生，那他们入学后，就不是拿10条腊肉了。"'束脩之问，不行竟（境）中'，是知古者持束脩以为礼。然此是礼之薄者，其厚则有玉帛之属。"[1]所以，子夏虽然家贫，但是离开家乡进入孔门后，并不是我们想象的像乞丐一样。虽然他自己也常常自嘲："穷居西河之上"，但只是不富裕而已。他的职业——教师决定了他不会是大富之人。

---

[1]（魏）何晏注；（宋）邢昺疏：《论语注疏·述而》，载十三经注疏委员会整理：《十三经注疏》，北京：北京大学出版社，2000年版，第96页。

第二章　子夏办学授教考略

此章内容应该是子夏生平中的，但由于此章内容十分重要，这个时期也是子夏在人生历程中发展最辉煌的时期，子夏思想的形成，子夏对儒家经典的传播，西河学派的创建，子夏对黄河流域社会生活、思想意识形态的影响，子夏对国家政治制度、军事方面的作用等，都是在这个时期完成的。可以这么说，没有子夏办学就没有西河学派，就没有汉儒经学。因而我们把这一章拉出来专门叙述。

一、办学地点争讼

子夏办学之地历来争议最大。"西河"一词最早出自《尚书·禹贡》，称为"龙门西河"[1]，现存文献中最早为"西河"地望作出说明的系汉末经学大师郑玄："西河，龙门至华阴之地。"[2]龙门，河津古代也称作绛州龙门。"华阴"作为县名，始于汉高祖八年（公元前199年），因治县在华山北麓而得名，位于关中平原东部，秦晋豫三省接合地带，东起潼关，西邻华州区，南依秦岭，北临渭水。郑玄所说西河这一段，也是黄河中游河道由窄变宽，河流由湍急变缓慢的一段。从方位上讲，这一段黄河的确是由北向南流，而西河即这一段以西的地方。再次对西河地望标注的系北魏地学名家郦道元。他在《水经注·河水四》中说：

> 河水又南，崌谷水注之。水出（夏阳）县西北梁山，东南流，横溪注之……山下水际，有二石室，盖隐者之故居矣。细水东流，注于崌谷侧溪。山南有石室，西面有两石室，北面有二石室，皆因阿结牖，连扃结阎，所

---

[1] （汉）孔安国撰；（唐）孔颖达疏：《尚书正义》，载十三经注疏委员会整理：《十三经注疏》，北京：北京大学出版社，2000年版，第156页。

[2] （汉）郑玄注；（唐）孔颖达疏：《礼记正义·檀弓》，上海：上海古籍出版社，2008年版，第271页。

谓石室相距也。东厢石上，犹传杵臼之迹，庭中亦有旧宇处，尚仿佛前基。北坎室上，有微涓石溜，丰周瓢饮，似是栖游隐学之所。昔子夏教西河，疑即此也，而无辨之。①

郦道元更为侧重于子夏西河教学即为此西河，郑玄和郦道元皆为大师，对后世影响非常大，二人之说亦成为"子夏居西河"与"河西即龙门"说的滥觞和依据。

到了唐代，司马贞与张守节分别对《史记》作注解，二人在西河问题上产生分歧，司马贞在《史记索隐·仲尼弟子列传》中"子夏居西河"之"西河"作解读："（西河）在河东郡之西界，盖近龙门。"②张守节精于六书地里之学，则认为子夏设教的"西河"在大河之东的汾州："西河郡，今汾州也。《尔雅》云：'两河间曰冀州。'《礼记》云：'自东河至于西河。'河东故号龙门河为西河，汉因为西河郡，汾州也，子夏所教处。"③张守节认为"西河"乃"今汾州"。清初顾祖禹认同此说，并在《读史方舆纪要》中撰述，认为"汾州府东至潞安府四百四十里……《禹贡》冀州地，春秋时属晋，战国属赵，秦属太原郡，二汉属太原及西河郡。魏因之。晋为西河国。后魏曰西河郡，后又侨置汾州"④。

北宋乐史在《太平寰宇记》中则认为"西河"为陕西合阳、韩城一带。从地理范围上比郑玄说狭窄了一些，但并没有超出郑玄说范围。

清人陈玉澍的《卜子年谱》是第一部全面述及子夏生平的著作，其中《西河考》一节对上述众多"西河说"进行了推论，一一反驳，提出了"西河"的几种观点及其渊源，但遗憾的是最后并没有给出正确的结论。

以上诸说，为《辞源》《辞海》《汉语大词典》《中国古今地名大辞典》等"西河"词条释义所兼收并蓄，被广泛征引。

今人对子夏西河设教仍莫衷一是，各抒己见。如袁传璋在《子夏教衍西河地域考论》中认为"子夏退教及归老的西河，在卫国故商墟王畿之内，而非如郑玄所说的在河西'龙门至华阴之地'"⑤；宁夏楠在《地方传说、景观叙事与文化建构——以子夏文水设教为中心的考察》中把子夏在文水设教与地方传说、口述史和考古资

---

① （后魏）郦道元注；杨守敬、熊会贞疏：《水经注疏》，南京：江苏古籍出版社，1989年版，第290—291页。
② （汉）司马迁撰：《史记·仲尼弟子列传》，北京：中华书局，1959年版，第2203页。
③ （汉）司马迁撰：《史记·仲尼弟子列传》，北京：中华书局，1959年版，第2203页。
④ （清）顾祖禹撰：《读史方舆纪要》，北京：中华书局，2005年版，第1939页。
⑤ 袁传璋：《子夏教衍西河地域考论》，《安徽师范大学学报》2006年第6期。

料相结合，得出子夏在文水设教的结论①；高培华在《卜子夏考论》专著中认为："子夏所居而教授之'西河'，应该在当时的魏国都城安邑之东，又不出魏之境外，这也是子夏家乡温邑的方位。"②河津说则认为，卜子夏在西河（河津一带）设教授徒55年，先后教授学生千余人，死后葬于河津东辛封村。③

以上观点，大都以文献论文献，此说否定彼说，仅仅是从"西河"的空间和时间上相互进行驳斥。如比较有代表性的清代著名学者暨《汾州府志》的主纂戴震，否定汾阳说的理由有五：一是汾州近汾远河，是汾上不是河上；二是汉兹氏在离石东，离石属赵所以汾阳属赵；三是汾州设立西河郡始于北魏；四是韩城也有石室遗址；五是芮城有段干木冢，所以孝义段干木墓是不知"谁氏之垄"当为附会。④民国时期史学家钱穆在其《先秦诸子系年》一文中，不仅否定汾阳，还否定了韩城说，他认为西河在安阳：

> 孔子弟子不出鲁、卫、齐、宋之间。孔子死，而子夏居齐、卫，子游、子张、曾子在鲁，何以子夏独辟居郃阳、韩城，黄河之西，教授其地，事殊可疑。则韩城、郃阳之石室，犹之谒泉之石室，谓子夏居之者，胥出后人附会，不足信也。《隋图经》：安阳有西河，即卜子夏、田子方、段干木所游之地。以赵、魏多儒，在齐、鲁、邹之西，故呼西河。⑤

钱穆此观点，其实是沿袭了明代嘉靖本《彰德府志·地理志》中所载："西河，《隋图经》云：'安阳有西河，即卜子夏、田子方、段干木所游地。今西河属汤阴，在菱水南。'"⑥同时，钱穆又据现存明万历二十三年《重修东岳天齐圣帝庙记》碑中记："古荡东三十里西河社，七国时子夏、子方、干木三贤所尝经游处也……"因而断定西河在安阳之西。而《彰德府志》中的西河说又沿袭《隋图经》中所述，可见皆为以讹传讹，无法自圆其说。

---

① 宁夏楠：《地方传说、景观叙事与文化建构——以子夏文水设教为中心的考察》，《中北大学学报》2019年第1期。
② 高培华著：《卜子夏考论》，北京：社会科学文献出版社，2012年版，第168页。
③ 王应立主编，河津市志编纂委员会：《河津市志》，太原：山西人民出版社，2002年版，第877页。
④ （清）戴震撰：《戴东原集》，上海：商务印书馆，1933年版，第95页。
⑤ 钱穆著：《先秦诸子系年》，北京：商务印书馆，2017年版，第145页。
⑥ （明）崔铣纂修：《（嘉靖）彰德府志》，明嘉靖元年刻本。

吕世宏与师瑞萍在《卜子夏"西河设教"辩》①中引用汾阳当地地名——"子夏山""东、西夏祠村和神堂村等遗址；汾阳有卜山书院、子夏庙、文侯村、丧子坡、想子垣等古迹；孝义依据本地有段干木墓"而进行反问——这些遗址唐代已有，应该不都是伪造，若是伪造何不造个子夏墓呢？此说结合考古资料，看似合情合理，但也是牵强附会，用自以为是的方法去推理，因为按照这个推理，河津也有子夏墓，就不需要证明子夏是哪里人了。

如果我们去分析先贤及近现代学者在论及子夏设教之地的时候，会发现皆从历史学的角度去分析问题，而把子夏设教办学的根本因素忽视了，那就是办学的客观因素——诸如校址的选择，办校成本的问题，附近同类学校的竞争，办校地区的经济、文化发展状况，该地区的人口密集度、交通等，这些才是决定子夏在哪里办学的主要因素。子夏办学的目的一方面是为了传承儒家学说，但更重要的是要考虑到学校的发展，考虑到通过办学而解决生计问题。生存都解决不了，何谈发展？所以我们应该从商业角度，从经济学和社会学角度去分析子夏办学，而不是仅从历史学和政治学角度考虑。

二、办学背景

为了能更全面地了解子夏办学的前置基因，我们先来分析一下西周时期的教育状况。

西周是我国教育发展的重要时期，已形成相对完备的教育体系，由国学、乡学两部分组成，亦属于典型的贵族教育。正所谓"学术官守""学在官府"，具有政教不分、官师合一的特点。设在王都的小学、大学总称为国学；设于王都郊外行政区的地方学校称为乡学。无论是国学还是乡学，其施教对象主要是各级贵族子弟。

贵族子弟到了一定年龄先要上小学接受教育。《大戴礼记·保傅》中云："及太子少长知妃色，则入于小学。"②《大盂鼎》上亦有铭文："女妹辰又大服，余佳即联小学，女勿剋余乃辟一人。"③小学学习结束后学生才可以"就大学，学大艺焉，履

---

① 吕世宏、师瑞萍：《卜子夏"西河设教"辩》，《吕梁高等专科学校学报》2007年第3期。
② （清）王聘珍撰：《大戴礼记解诂》，北京：中华书局，1983年版，第51页。
③ 中国社会科学院考古研究所：《殷周金文集成》，北京：中华书局，2007年版，第1517页。

大节焉"①。《礼记·王制》中记载:"天子命之教,然后为学。……大学在郊。"②在西周,无论是小学还是大学其施教对象主要是各级贵族子弟。《周礼·春官宗伯》记载:"大司乐掌成均之法,以治建国之学政,而合国之子弟焉。"③《周礼·地官司徒》:"师氏掌以媺诏王。以三德教国子,……掌国中失之事,以教国子弟。凡国之贵游子弟学焉。"郑玄注:"国子,公卿大夫之子弟。"④

乡学比较复杂一些。《礼记·学记》:"古之教者,家有塾,党有庠,术有序,国有学。"⑤《四明文献集》中也记:"乡有庠,州有序,党有校,闾有塾。"⑥从以上记载看,乡学层次比较多,其教育模式亦有规定,《礼记·王制》中记载:"命乡论秀士升之司徒,曰选士。司徒论选士之秀者而升之学,曰俊士。"⑦此中的理解在《春秋公羊传》中有解读:"十月事讫,父老教于校室。……其有秀者移于乡学,乡之秀者移于庠,庠之秀者移于国学,学于小学。"⑧由此可知,经由乡学选拔的优秀学生可升入国学中的小学进行学习。可见,乡学的教育水平要远低于国学。而且,乡学的生源也不一定非常好,要求中、小贵族子弟,有时也有平民子弟入学学习。

需要指出的是,西周时期的教育具有"政教合一"的特点。《诗经·大雅·灵台》中记载:"虡业维枞,贲鼓维镛。于论鼓钟,于乐辟雍。于论鼓钟,于乐辟雍。鼍鼓逢逢,矇瞍奏公。"⑨这里的"辟雍"指的是天子上学的地方。《礼记·乐记》中又说:"食三老五更于大学,天子袒而割牲,执酱而馈,执爵而酳,冕而总干,所以

---

① (清)王聘珍撰:《大戴礼记解诂》,北京:中华书局,1983年版,第80页。
② (汉)郑玄注;(唐)孔颖达疏:《礼记正义·王制》,上海:上海古籍出版社,2008年版,第502页。
③ (汉)郑玄注;(唐)贾公彦疏:《周礼注疏》,载十三经注疏委员会整理:《十三经注疏》,北京:北京大学出版社,2000年版,第674页。
④ (汉)郑玄注;(唐)贾公彦疏:《周礼注疏》,载十三经注疏委员会整理:《十三经注疏》,北京:北京大学出版社,2000年版,第42页。
⑤ (汉)郑玄注;(唐)孔颖达疏:《礼记正义·学记》,载十三经注疏委员会整理:《十三经注疏》,北京:北京大学出版社,2000年版,第1426页。
⑥ (宋)王应麟撰;张骁飞点校:《四明文献集(外二种)》,北京:中华书局,2010年版,第28页。
⑦ (汉)郑玄注;(唐)孔颖达疏:《礼记正义·王制》,上海:上海古籍出版社,2008年版,第546页。
⑧ (清)钟文烝撰:《春秋谷梁经传补注·宣公》,北京:中华书局,1996年版,第460页。
⑨ (汉)毛亨撰;(汉)郑玄笺;(唐)孔颖达疏:《毛诗正义》,载十三经注疏委员会整理:《十三经注疏》,北京:北京大学出版社,2000年版,第1225页。

教诸侯之也。"①可见,"西周大学不仅是贵族子弟学习之处,同时又是贵族成员集体行礼、集会、聚餐、练武、奏乐之处,兼有礼堂、会议室、俱乐部、运动场和学校的性质,实际上就是当时贵族公共活动的场所"②。正是由于政教不分、官师合一才形成了"教育亦非官莫属"的典型特点。

  进入春秋后,周王室的权力逐步衰微,直接导致周王室对教育权的控制越来越松懈,促使官学中的一类特殊人才——"士"的崛起。西周时,"士"只能依附于卿大夫而存在,而且不能过问国家政治。直到春秋中晚期,"士"的命运才出现了巨大的转机。诸侯争霸对于人才的需要,为他们施展才学提供了广阔的天地。《史记》载:"幽厉之后,周室微,陪臣执政,史不记时,君不告朔,故畴人子弟分散,或在诸侯,或在夷狄。"③畴人就是世袭掌守学业的王官。《史记·太史公自序》中司马迁在自述其家世时也说到,世世代代在周室掌管史记的司马氏,在春秋时代的"惠襄之间",也分散到了诸侯国,"或在卫,或在赵,或在秦"④。还有一些文化官吏和百工,带着原来秘藏于宫廷的典籍、礼器、乐器逃亡到四面八方,这就出现了学术、文化下移的趋势。《论语·微子》记载了周天子宫廷中掌管礼乐的官吏纷纷出走的情况:大乐师挚到了齐国;二乐师干到了楚国;三乐师缭到了蔡国;四乐师缺到了秦国;打鼓的方叔流落到黄河之滨;摇小鼓的武人居汉水之涯;少师阳和击磬的襄移居于海边。⑤这些文化官吏由于失去了世袭的职守,流落于社会之后,便成了历史上第一批专靠出卖文化知识糊口的士。

  春秋时期,各国执政者或贵族竞相养士,使士成为一种受人青睐的职业,人们竞相为士。"天下之士,莫肯处其门庭,臣其妻子,必游宦诸侯朝者,利引之也。游于诸侯之朝,皆志为卿大夫,而不拟于诸侯者,名限之也。"⑥他们中有人成为统治者的左膀右臂,地位十分显赫。所谓"天下有道,则礼乐征伐自天子出;天下无道,

---

① (汉)郑玄注;(唐)孔颖达疏:《礼记正义·乐记》,载十三经注疏委员会整理:《十三经注疏》,北京:北京大学出版社,2000年版,第1585页。
② 杨宽著:《西周史》,上海:上海人民出版社,1999年版,第670页。
③ (汉)司马迁撰:《史记·历书》,北京:中华书局,1959年版,第1258页。
④ (汉)司马迁撰:《史记·太史公自序》,北京:中华书局,1959年版,第3286页。
⑤ (清)刘宝楠撰;高流水点校:《论语正义·微子》,北京:中华书局,1990年版,第730页。
⑥ (明)徐元太撰:《喻林》,上海:上海辞书出版社,1991年版,第837页。

则礼乐征伐自诸侯出"[1]。"礼崩乐坏"使得春秋中晚期很多贵族对西周以来的礼乐文化都很生疏。比如，鲁国的贵族孟僖子，他所代表的孟孙氏家族其实是个非常好礼的家族，曾经代表了鲁国贵族阶层礼学最高水平。但到了孟僖子，却在外交上出过很大的礼仪方面的差错，以至于他自己都认为很丢人。当时贵族的礼乐修养很差，需要一批专业人士给他们做礼仪方面的指导。

春秋战国之际，宗法制度遭到了破坏，官僚制开始出现并得到了广泛推行。在官僚制下，官吏由君主直接任免。君主在任免官吏时，考虑更多的是他们的才能、学识以及曾经建立过的功绩。官僚制的出现打破了原来社会等级由上而下单向流动的格局，使社会上层开始向庶人开放，部分有才干、有能力，建有功绩的平民有机会进入权力层，这为出身寒微的才学智能之士提供了畅通的入仕之途。在社会等级的双向流动中，由于士人处于贵族与庶民之间，是社会等级上下流动的交汇之处，因而庶人要想提高地位改变身份，也以上升到士为第一个平台。而从师求学，获取文化知识则成了他们提高地位改变身份的必要条件。《吕氏春秋·尊师》曰：

> 子张，鲁之鄙家也，颜琢聚，梁父之大盗也，学于孔子；段干木，晋国之大驵也，学于子夏；高何、县子石，齐国之暴者也，指于乡曲，学于子墨子；索卢参，东方之巨狡也，学于禽滑黎。此六人者，刑戮死辱之人也。今非徒免于刑戮死辱也，由此为天下名士显人以终其寿，王公大人从而礼之。此得之于学也。[2]

这里所举的六人，在未获得文化知识以前，身份地位不及庶人平民，由于他们投身名师，获得文化知识，从而改变了自己的身份，成为"名士显人"。潜心向学埋头苦读以改变生存环境，朝为田舍郎、暮成侯王相的仕途理想成为士人的普遍追求。

另一方面，春秋时期由于生产力的发展，铁器和牛耕的推广使用，促进了社会经济的全面发展。生产日趋专业化，社会分工越来越细，间接产生了一些得以游离于生产劳动之外的人，成为专门的读书阶层，使文化学术专门化，这样就诞生了新的士人。

---

[1]（清）刘宝楠撰；高流水点校：《论语正义·季氏》，北京：中华书局，1990年版，第651页。

[2]（秦）吕不韦撰；（汉）高诱注；（清）毕沅校：《吕氏春秋·孟夏·尊师》，上海：上海古籍出版社，2014年版，第76页。

《国语·鲁语下》曾载春秋时公父文伯的母亲说:"士朝而受业,昼而讲贯,夕而习复,夜而计过无憾,而后即安。"①士的才能和智慧不仅使那些依靠世袭而占据高位的达官显贵相形见绌,就连那些"千乘之君""万乘之主"在他们面前也显得黯然失色。而且,这些新旧士阶层队伍,并不固定依附于某贵族,谁优待、重用他们,他们就依附于谁,因而春秋战国之时士的流动空前频繁。梁启超在《论中国学术思想变迁之大势》中有翔实的论述:"周既不纲,权利四散,游士学者,各称道其所自得以横行于天下,不容于一国,则去而之他而已。故仲尼见七十二君,墨翟来往大江南北。荀卿所谓无置锥之地,而王公不能与之争名。在一大夫之位,则一君不能独畜,一国不能独容。……岂所谓海阔纵鱼跃,天高任鸟飞耶。"②

士需要经过一定的训练与学习才能造就,因此,人们需要拜师求学,尤其是那些地位卑微的寒门之子,要想改变身份,就得通过学习提高自身能力,这些"士"或"庶人"需要一条上升的通道,也需要有就业的能力。接受教育以获得相应的能力,取得相应的社会地位,成了迫切任务。在此情况下,礼乐文化的教育就变得非常迫切,有巨大的潜在市场。但现存的官学已趋于崩溃,这就促进了私学大发展。

可以说,春秋末期私学的兴起及战国时期的百家争鸣就是在这种土壤上生长起来的。在这样的条件下,私学自当很快向各地发展。如郑国的邓析办私学,讲的是自著的《竹刑》,专门教人打官司"学讼"。郑国的伯丰子也和邓析同时开办私学。鲁国的少正卯和孔子同时在鲁国办私学,传说少正卯的私学名声也很大,曾一度把孔子私学的学生吸引过去,出现过私学竞争的局面。到了春秋末期,私学日益兴盛,儒墨两家的私学,成为当时的"显学",即著名的私学。

三、办学条件

私学不同于官学。这种教育组织一般具备以下特征:办学主体非官方,具有相对的自主性;办学经费的自筹性;办学的公益性,即办学的服务对象不是面向少数人,而是面向社会大众办学;办学的组织性,即学校内部有专门的负责人,有经常性的教学、学术活动。

尽管私学有很大的发展空间,也有非常大的自主性,但私学有一个很大的风险,就是投资失败后将会让你一无所有,甚至债台高筑。

---

① 陈桐生译注:《国语》,北京:中华书局,2013年版,第556页。
② 梁启超著:《梁启超论中国文化史》,北京:商务印书馆,2012年版,第212页。

所以子夏在创办私学时，第一个要考虑的问题是如何盈利发展，而不是如何传承文化、招收学员。更何况，在子夏办学的年代，私学已经如雨后春笋，发展成了气候，如何还能在私学发展繁荣的当下再谋得一杯羹，这是子夏创办私学的关键。

1. 选址的问题

创办一个学校，地理位置是非常重要的。地理位置不但有自然地理方面的，还有人文方面的。自然地理条件包括学校周围的地形、地势、交通、水文等。优雅良好的环境，能为教学和学术提供健康发展的环境基础。另外，其所处的位置也很重要，离国都或大都会太远或太近都不好。"任何一个朝代，首要的文化中心都在京师，然而，首要的学术温床却都在与京师不很贴近、又不疏远的地方。假如离京师太贴近，就容易卷入政治旋涡中去，以致学术为功名所误；反之，假如与京师太疏远，就难免孤陋寡闻，这对学术的发展也是不利的。"[1]这种说法有一定的道理，即与京师若即若离的地方较容易形成学术中心。

子夏在为孔子守孝期结束后，被迫离开鲁国。孔子的学校无论是谁继承，但一定不是子夏，从这个角度出发，子夏不可能在鲁国创办学校。何去何从？其时，子夏在离开鲁国前进行了一番心理斗争。《韩非子·喻老》中有一段曾子与子夏的对话：

子夏见曾子。曾子曰："何肥也？"对曰："战胜，故肥也。"曾子曰："何谓也？"子夏曰："吾入见先王之义则荣之，出见富贵之乐又荣之，两者战于胸中，未知胜负，故臞。今先王之义胜，故肥。"是以志之难也，不在胜人，在自胜也。故曰："自胜之谓强。"[2]

此对话同样见于《淮南子·精神训》：

子夏见曾子，一臞一肥。曾子问其故，曰："出见富贵之乐而欲之，入见先王之道又说之。两者心战，故臞；先王之道胜，故肥。"推其志，非能贪富贵之位，不便侈靡之乐，直宜迫性闭欲，以义自防也。虽情心郁殪，形性屈竭，犹不得已自强也，故莫能终其天年。若夫至人，量腹而食，度形而衣；容身而游，适情而行；余天下而不贪，委万物而不利；处大廓之

---

[1] 张正明著：《荆楚文化志》，上海：上海人民出版社，1998年版，第132页。
[2] （战国）韩非撰：《韩非子》，上海：上海古籍出版社，1989年版，第58页。

宇，游无极之野；登太皇，冯太一，玩天地于掌握之中，夫岂为贫富肥臞哉！[①]

子夏在离开鲁国前心情颇复杂。继续留在鲁国，在孔子学校任教，衣食无忧，但却碌碌无为，踌躇满志而不能由己。如果离开孔子学校，便可传承先王之道和儒家学说，但免不了要受尽人生苦难。所以终日忧心忡忡，寝食难安，竟然身体消瘦。后来经过一番心理自我调整，终于下决心离开鲁国，去寻求先王之道。无忧无虑了，就吃胖了。关于子夏和曾子对话的时间，高培华在《卜子夏考论》中有精辟推论：

> 子夏见曾参的时间，当为子夏为孔子服丧期满，经过一段时间矛盾徘徊而返乡从教决心已定之后；见曾参的地点，应当是在鲁国。据史籍记载：曾参生于鲁而卒于鲁，孔子逝世后主要在鲁设教授徒，是孔子之孙子思的老师。子夏往见曾参，是在去鲁还乡从教决心已定之后，去和同窗好友话别。几十年后，子夏丧子哭之失明，千里迢迢赶往西河劝解的，正是这位"曾子"。可见此二人之投缘、感情之深厚。
>
> 孔子逝世，弟子守丧期满以后，曾经任卫国"行人"、任鲁国"莒父宰"的子夏，颇有继续出仕从政的念头。这既是孔门的培养目标，又是子夏已有经历的接续，从各方面看都是很自然的事，与"乐知好学"并不矛盾。要从政，就不能不在诸侯、卿、大夫间周游干谒，寻觅机遇，像孔子周游列国所做的那样。但是，在战国初期的政治环境中，儒家的政治主张——"先王之义"，已经比春秋末年更加难为世用！孔门弟子的从政，与信守"先王之义"，已成不可兼得的两难之局。抛却"先王之义"顺应社会现实而求富贵荣华，既为子夏所不忍心为；而放弃当官从政的目标，也与自己多年求学和孔子的培养目标相违背。加之诸侯卿大夫之骄横，也使其难以忍受并深恶痛绝。子夏的心理矛盾痛苦由此而生，愈演愈烈，以致整个人都消瘦了。在经历了种种挫折，特别是内心矛盾痛苦之后，子夏终于下定决心，打消了从政的意图，放弃了出仕的努力，决心终生坚守孔子所教道义而返乡设教授徒。
>
> 韩非引述子夏事迹后评论曰："是以志之难也，不在胜人，在自胜也。

[①]（汉）刘安撰；（汉）高诱注：《淮南子》，上海：上海古籍出版社，1989年版，第76页。

故曰：'自胜之谓强。'"特别是引述《老子》的警句，来点评子夏的行为，可以启发我们认识到：子夏走上西河教授之路，是经历"心战"之后的慎重抉择，是"自胜之谓强"的开端！此后，他矢志不移地在西河执教长达半个多世纪，甚至是六七十年的教育生涯；做出那样辉煌的历史性成就，和曾经有这样一个"自胜之谓强"的开端是分不开的。[①]

可见，子夏与曾子相见后，毅然决定离开鲁国，因为鲁国已经不适合他的发展。那么，子夏离开鲁国后是不是就非要回到家乡办学，可不可能去了其他地方办学？

从春秋战国之际的形势来看，子夏不可能去其他地方办学。东方是齐鲁之地，是子夏即将离开的地方，更何况这里有曾子、子贡等孔子高徒。从后来齐国稷下学宫学术中心的形成来看，子夏在这个老师奋斗了一生的地区，再想分得一杯羹是不容易的。

南方有吴、越、楚三个大国正在鏖战，且吴越文化、楚文化与中原儒家文化格格不入。越人人好勇尚武、淫祀和断发文身，先秦典籍多有记载。且"吴侬软语"与中原语言相差甚远，先秦以前虽然也有官方语言，但在吴越之地并没有被接受。《左传·昭公十二年》楚令尹子革对楚灵王说："昔我先王熊绎，辟在荆山，筚路蓝缕，以处草莽；跋涉山林，以事天子。"[②]由于先秦时期，南方经济的发展滞后于北方，其风俗、习惯、意识仍摆脱不掉崇尚鬼神的原始宗教气息。《吕氏春秋·异宝》曰："荆人畏鬼，而越人信禨。"[③]这正是南方早期文化的特征，再加之楚国长期以来受到中原各国的歧视和压迫，在中原各国眼中，楚国一直被看成是未得教化的蛮人，是"披发左衽"的未开化之族，因而屡屡兴兵征伐。楚国也自认与中原各国有异，虽然在政治、文化上早已与中原地区有所交往，但它仍然保持着自己的文化传统，在宗教、民俗、艺术等方面更多地保留着巫文化的特点。如《汉书·地理志》记："（楚人）信巫鬼，重淫祀。"[④]《太平御览》引桓谭《新论》曰："昔楚灵王矫逸轻下，信巫祝之道，躬舞坛前。吴人来攻，其国人告急，而灵王鼓舞自若。"[⑤]《楚辞

[①] 高培华著：《卜子夏考论》，北京：社会科学文献出版社，2012年版，第164—165页。

[②] 杨伯峻编著：《春秋左传注》，北京：中华书局，2008年版，第1339页。

[③] （秦）吕不韦撰；（汉）高诱注；（清）毕沅校：《吕氏春秋·孟冬·异宝》，上海：上海古籍出版社，2014年版，第201页。

[④] （汉）班固撰；（唐）颜师古注：《汉书·地理志下》，北京：中华书局，1962年版，第1666页。

[⑤] （宋）李昉等撰：《太平御览》，北京：中华书局，1960年版，第3258页。

章句》也说:"昔楚国南郢之邑,沅湘之间,其俗信鬼而好祠,其祠必作歌乐鼓舞以乐诸神。"①南方特殊的地位、历史和地理条件等,造成了南方文化与中原儒家文化的冲突。因而,子夏想把儒家文化渗透到南方文化中,是难于登天。

西方和北方有强大的秦文化和晋文化。秦文化和晋文化对戎狄文化的吸收特别多,秦文化被称作是"西戎之一支",而晋文化更是"戎狄环绕之"、国无"公族""礼崩乐坏"现象最严重的地方。而此时,晋国也正陷于"六卿"内斗的高潮期,这和后来子夏去晋国魏氏办学不是一样的背景。

东、南、西、北都不能去,去了非但不能宣传儒家思想,还有可能丢了性命。这样,子夏只有一个选择——回家乡,回到温邑(今河南温县)。

从空间上看,温邑位于豫北平原西部,南滨黄河,北依太行。《温县志》载,温邑的得名缘于境内有两个温泉。一个在今孟州市西北的治墙村(古时属温),夏凉冬温,流入于溴水;一个在今温县城西南。"泉流常温,土忻以德,民利灌溉。"②环境优越,适合学习和养生。

从时间上看,子夏从公元前474年开始从事办学,其发展期按5年计算,这个时间段对晋国而言,正由智氏智瑶担任正卿,此时的"赵、魏、韩、范、智、中行"六家所占据的政治辖区,形式上还是以点为主,即以控制城邑为主,点与点之间暂时还没有条件连成一片。也就是说,他们所控制的土地是犬牙交错的,即使是在六卿演变成为三大家族后,这种情况依然存在。这种"你中有我,我中有你"的地缘格局,如果没有稳定的、连成一片的国土,谁都不会感到真正的安全。因此晋国看似强大,然而力量分散,并无暇东顾。他们之间所进行的争斗也仅限于国内主要政治中心,而不是边缘地区。

对于楚国而言,鄢陵之战国君的眼睛被射瞎,之后晋国联吴制楚,使楚国无力和晋争霸。随后晋楚于公元前546年签订弭兵之盟,楚国也进入休养生息阶段。

对于秦国而言,在公元前546年晋楚弭兵之盟后,秦景公也着力改善与晋国的外交关系,双方重温秦晋之好。当双方的外患各自解除后,晋国六卿轮番执政,太史公曰:"晋公室卑而六卿强,欲内相攻,是以久秦晋不相攻。"③秦国向东不能出殽函,争南不能及巴蜀。秦以晋为城池,晋六卿内讧,政令不能统一,秦国这时的势力也仅限于国内发展。

---

① (汉)王逸撰:《楚辞章句》,上海:上海古籍出版社,2017年版,第42页。
② 温县志编纂委员会编:《温县志》,北京:光明日报出版社,1991年版,第711页。
③ (汉)司马迁撰:《史记·秦本纪》,北京:中华书局,1959年版,第197页。

总体上讲，晋国在六卿合力掌权时，通过殽之战打落秦穆公的争霸之心，通过鞌之战让齐国称臣，在六卿掌权后，晋国实力犹存。三家分晋之前的晋国处于六卿相持、势力均衡阶段，虽无外战，却有内斗，所以，此时的晋国并没有余力去攻打其他国家，一方面晋国并没有开战的理由，另一方面，晋国的内斗严重制约了晋国的发展，虽然强大但顷刻间就会分崩离析。因而，子夏在温邑办学时，这里反而成为一个和平发展的空间。

再从文献记载看，《史记·魏世家》记："魏成子以食禄千钟，什九在外，什一在内，是以东得卜子夏、田子方、段干木。此三人者，君皆师之。"①《尚书大传》中记："商所受于夫子者，志之弗敢忘也。虽退而穷居河、济之间，深山之中，壤室编蓬，为户于中，弹琴咏先王之道，则可发愤慷慨矣。"②"退而穷居河济之间"是说子夏在济河和黄河之间区域居住生活；"东得卜子夏"说明子夏在办学有了盛名后，才得到魏成子的赏识，被聘到魏国，当时，魏国都城在安邑（今山西夏县附近），"绛州夏县安邑故城是"③。20世纪60年代，通过考古调查勘探，已基本确定今山西夏县西北的禹王城遗址即为安邑故城。其东边当然是指黄河下游流域。

综上，子夏在温邑办学有着十分充足的条件。

2. 文化资源

办学校也需要资源，除了地理环境外，还需要有生源，没有生源学校无从发展。因而，文化底蕴相对较深厚的地区则更容易形成教育中心。

温县处于中华文明的发源地，中原华夏文化的腹地，其与东方夷族文化、南方蛮族文化、西方戎狄文化、北方草原文化交互融合，这里的河济之水，是各文化交流的一个重要通道。自古就有人类在温县繁衍生息。境内发现的仰韶文化和龙山文化大型遗址有十余处。温在夏立国，称温国，商为畿内邑。入周，为司寇苏忿生十二采邑之首邑。春秋时期为晋邑，战国时期先后属韩魏。温县是众多中华姓氏的发源地。温、苏、邢、耿、覃等姓氏发源于温，司马、郭、州、卜、寇、石、蔡、常等姓氏发祥于温。④

从《战国策》记述的一则颇为有趣的故事可以窥见当时温人的文化底蕴：

---

① （汉）司马迁撰：《史记·魏世家》，北京：中华书局，1959年版，第1840页。
② （西汉）伏生撰；（东汉）郑玄注；（清）陈寿祺辑校：《尚书大传》，载朱维铮主编：《中国经学史基本丛书》，上海：上海书店出版社，2012年版，第50页。
③ （汉）司马迁撰：《史记·魏世家》，北京：中华书局，1959年版，第1836页。
④ 张保民：《历史上的温国公考略》，《焦作大学学报》2016年第3期。

温人之周，周不纳。客即对曰："主人也。"问其巷而不知也，吏因囚之。君使人问之曰："子非周人，而自谓非客何也？"对曰："臣少而诵诗，诗曰：'普天之下，莫非王土；率土之宾，莫非王臣。'今周君天下，则我天子之臣，而又为客哉？故曰主人。"君乃使吏出之。[①]

温县战略位置十分重要，位于河南省西北部，北依太行，南临黄河，地当洛阳，北通山西河北诸侯国的要津，且物产丰富，士民殷富，为历代兵家必争之地，交通汇聚之地，也是人口密集之地，文化繁荣之域。因而，在这里办学会得到更多的生源，满足当地教育文化发展需求。

此外，早在子夏办学前，孔子在周游列国时，往来于鲁、卫、曹、宋、郑、陈等地，儒家学说已经广泛传播于中原大地，孔子学校没落后，人们也渴望有一所与孔子学校同等水平的教育场所出现。

子夏对家乡的情结，也是子夏决定在家乡办学的一个重要因素。子夏自15岁离开家乡外出求学，现在回到家乡已经34岁。深山之水，必有其源；参天之木，必有其根。从小背井离乡，在外打拼的成长经历，会让子夏怀有一种乡愁情结。当年子夏也是因为家乡没有好的学校而外出求学，这样，回到家乡一方面可以给家乡带来优秀的文化，另一方面在孔门接受的"大学之道，在明明德，在亲民，在止于至善"[②]的理念，也会让子夏义无反顾地投入家乡的教育事业中。

3. 师资力量

这是子夏办学需要考虑的重要因素。创办一所学校不能任性而为，尤其是在早期，由谁来任课，聘请哪些人代课，给学生讲什么课，这都需要提前考虑好。

首先，子夏具备任教资格。春秋战国时，具备为师之资格的人，都是具有"道术"的知识分子。无论儒家、墨家还是道家，尽管他们思想上取舍不同，但都无一例外地传授自己所认同的"道"，而这便成了为师者所要遵循的首要原则。《吕氏春秋》更明确地指出："为师之务，在于胜理，在于行义。""义之大者，莫大于利人，

[①]（汉）刘向集录；（南宋）姚宏、鲍彪注：《战国策》，上海：上海古籍出版社，2015年版，第10页。

[②]（汉）郑玄注；（唐）孔颖达疏：《礼记正义·大学》，上海：上海古籍出版社，2008年版，第1859页。

利人莫大于教。"[1]教师应当认识到，其自身之所以存在重要价值，在于其主要的社会职能是"教"，在于"胜理"，在于培养全面发展的有德行的"人"，即所谓"行义"是也。

在孔子去世之前，作为孔门四科之"文学"高徒，子夏一度成为孔子助教，并协助孔子晚年整理《诗》《书》《礼》《乐》等文献并根据鲁史作《春秋》；还为其他弟子解疑释惑。如《论语·颜渊》中记载：

司马牛问君子。子曰："君子不忧不惧。"
曰："不忧不惧，斯谓之君子已乎？"
子曰："内省不疚，夫何忧何惧？"
司马牛忧曰："人皆有兄弟，我独亡。"
子夏曰："商闻之矣：死生有命，富贵在天。"[2]

司马牛"问君子"，孔子说"君子不忧不惧"。但是司马牛又因"人皆有兄弟，我独亡"而不免忧从中来。子夏就引用孔子"死生有命，富贵在天"劝导他，并强调说："君子敬而无失，与人恭而有礼，四海之内皆兄弟也。"即是说君子加强修养则足以改变天命注定无兄弟的不幸，从而否定了人在命定劣势下无可奈何的消极心态。

又如，仍在《论语·颜渊》中记载：

樊迟问仁。子曰："爱人。"
问知。子曰："知人。"
樊迟未达。子曰："举直错诸枉，能使枉者直。"
樊迟退。见子夏曰："乡也吾见于夫子而问知，子曰'举直错诸枉，能使枉者直'，何谓也？"
子夏曰："富哉言乎！舜有天下。选于众，举皋陶，不仁者远矣。汤有

---

[1]（秦）吕不韦撰；（汉）高诱注；（清）毕沅校：《吕氏春秋·孟夏·劝学》，上海：上海古籍出版社，2014年版，第73页。
[2]（清）刘宝楠撰；高流水点校：《论语正义·颜渊》，北京：中华书局，1990年版，第477—488页。

天下，选于众，举伊尹，不仁者远矣。"①

孔子所谓"举直错诸枉"，是其"举贤才"政治思想的一种表述，但由于说得深奥简洁，樊迟不理解，就向子夏请教。子夏一听，便深刻领会了孔子的话，随即以舜荐举皋陶、汤荐举伊尹的历史事例说明，并进一步提出"选于众"，即在众多的待举对象中慎重选择，只有选中了真正的贤才，才会有"举直错诸枉，能使枉者直"的效果。

《周礼·保氏》有云："养国子以道，乃教之六艺。"②所以"六艺"也成为儒家主要的教育内容。子夏作为孔门高徒也非常熟习"六经"之学。从学派形成与发展的角度看，先秦百家儒为显学，孔子收集整理古文献并用作教材传授弟子，集中华上古文化之大成，奠定了儒学以"六经"为载体的学术基础，在孔门后期子夏、曾子、子游、子张、澹台灭明等人成为学术大家，继孔子之后皆能终生从事教育事业，足可见他们在《六经》研究上的学术水平和造诣之深。尤其是子夏，为了方便学生理解和教学，还发明了章句。子夏发明章句之前，书籍没有段落、句子，更没有现代的标点符号。因而同是一部经书，对各篇分几章、各章怎么断句、每句是何意思等问题，学习之人难免产生疑惑或歧义。若不解决，势必影响儒学乃至整个学术文化的发展。子夏从教学的需求出发，对《六经》各篇分出章节并加句读，对每句的意义做出解释。子夏"发明章句"，无疑是整个文化学术繁荣的奠基工作，不仅对于此后的儒家经学一派产生了深远的影响，而且对法家、墨家、道家等其他战国各家，也起到了某种程度的催生或助长作用。南宋学者洪迈《容斋续笔》卷十四之《子夏经学》云：

> 孔子弟子惟子夏于诸经独有书。虽传记杂言未可尽信，然要为与他人不同矣。于《易》则有传，于《诗》则有序。而《毛诗》之学，一云子夏授高行子，四传而至小毛公；一云子夏传曾申，五传而至大毛公。于《礼》则有《仪礼·丧服》一篇，马融、王肃诸儒多为之训说。于《春秋》，所云"不能赞一辞"，盖亦尝从事于斯矣。公羊高实受之于子夏，谷梁赤者，《风

---

① （清）刘宝楠撰；高流水点校：《论语正义·颜渊》，北京：中华书局，1990年版，第511页。

② （清）孙诒让撰；王文锦、陈玉霞点校：《周礼正义》，北京：中华书局，1987年版，第1010页。

俗通》亦云子夏门人。于《论语》，则郑康成以为仲弓、子夏等所撰定也。[1]

这是对子夏学术成就的总结。虽属于传记杂言未可尽信，但依然是有理有据。

其次，子夏办学的层次决定了需要聘请哪些人。为了弄清楚子夏办学的层次，我们先来看看周代的官学教育模式。《礼记·学记》云：

> 古之教者，家有塾，党有庠，术有序，国有学。比年入学，中年考校。一年视离经辨志，三年视敬业乐群，五年视博习亲师，七年视论学取友，谓之小成。九年知类通达，强立而不反，谓之大成。夫然后足以化民易俗，近者说（悦）服，而远者怀之，此大学之道也。[2]

这里不仅介绍了办学的不同层次，而且强调了小学教育与大学教育的不同教学要求。

周代教育存在小学和大学两个办学层次：小学"学书计""学幼仪""学乐诵诗"；大学"始学礼""惇行孝弟，博学不教"。正所谓：

> 大学之道，在明明德，在亲民，在止于至善。知止而后有定，定而后能静，静而后能安，安而后能虑，虑而后能得。物有本末，事有终始。知所先后，则近道矣。古之欲明明德于天下者，先治其国；欲治其国者，先齐其家；欲齐其家者，先修其身；欲修其身者，先正其心；欲正其心者，先诚其意；欲诚其意者，先致其知；致知在格物。物格而后知至，知至而后意诚，意诚而后心正，心正而后身修，身修而后家齐，家齐而后国治，国治而后天下平。自天子以至于庶人，壹是皆以修身为本。其本乱而末治者否矣。其所厚者薄，而其所薄者厚，未之有也！[3]

---

[1]（宋）洪迈著；穆公校点：《容斋随笔》，上海：上海古籍出版社，2015年版，第216页。

[2]（汉）郑玄注；（唐）孔颖达疏：《礼记正义·学记》，载十三经注疏委员会整理：《十三经注疏》，北京：北京大学出版社，2000年版，第1426页。

[3]（汉）郑玄注；（唐）孔颖达疏：《礼记正义·大学》，载十三经注疏委员会整理：《十三经注疏》，北京：北京大学出版社，2000年版，第2236页。

儒家学派提倡"六艺"之学，子夏从孔子那里学习的内容亦多为《诗》《书》《礼》《乐》《易》《春秋》等知识，从《论语》中也能看出，弟子也多与孔子讨论《诗》《礼》《乐》等方面的知识，这与《礼记·王制》所云"乐正崇四术，立四教，顺先王诗、书、礼、乐以造士"的官学大学教育是一致的，孔子以四教"文、行、忠、信"对学生，其核心是"礼"与"仁"，这些都属于周代大学教育内容而非小学教育内容，而且子夏后来的学生如吴起、段干木等能够参与社会政治活动，并可随时出仕，出仕者或由子夏推荐，或由贵族直接聘请，这自然是大学教育而不是小学教育的结果。

既然是大学教育模式，那就要考虑教师聘任的资格和学历。从子夏所交来看，曾子与子夏所交甚厚，虽然文献没有明确记载曾子来子夏学校任教，但从一些子夏与曾子的对话来看，曾子一定会对子夏有所帮助。如子夏丧子后，曾子来看子夏，对子夏说："吾与女事夫子于洙泗之间，退而老于西河之上，使西河之民疑女于夫子。"[①]可见，曾子常与子夏来往，而且断言：子夏因为教学与孔子相仿，所以在当地人眼里，子夏所办的学校与孔子学校无二。

但是如果依此就断定子夏所办之学为大学也不全对。因为子夏除了在学校教授大学课程外，还教授小学内容。《论语·子张》中有一则关于子夏传授内容的对话：

子游曰："子夏之门人小子，当洒扫应对进退，则可矣。抑末也，本之则无。如之何？"

子夏闻之，曰："噫！言游过矣！君子之道，孰先传焉？孰后倦焉？譬诸草木，区以别矣。君子之道，焉可诬也？有始有卒者，其惟圣人乎！"[②]

程颐曾对"洒扫、应对、进退"的问题作过解读，他认为："古之教人，必先于洒扫应对。"他的门人沈僩进一步阐述："'洒扫应对'，末也；'精义入神'，本也。不可说这个是末，不足理会，只理会那本，这便不得。又不可说这末便是本，但学其末，则本便在此也。""'洒扫应对'是小学事，'精义入神'是大学事。"[③]可见，子夏所办的学校，大学和小学都有，规模比较大。这样子夏在聘任教师方面定有

---

① （汉）郑玄注；（唐）孔颖达疏：《礼记正义·檀弓》，上海：上海古籍出版社，2008年版，第271页。
② （清）刘宝楠撰；高流水点校：《论语正义·子张》，北京：中华书局，1990年版，第742页。
③ （宋）黎靖德编；王星贤点校：《朱子语类》，北京：中华书局，1986年版，第1209页。

遴选。

当然，老生带新生的情况也有。如子夏的弟子曾申就是吴起的老师。《史记》记载，吴起游仕不遂，遂破其家，"遂事曾子"①。这里的曾子不是曾参，曾参去世时，吴起尚是个孩童，也就五六岁而已，所以是曾申。

4. 经济因素

回家乡办学还有一个经济上的考虑。办学也是经商，经商首先考虑的是熟人关系。因为就是借钱办学也要有借处。前文提到，孔子学校的开办，颜回（字子渊）父亲颜无繇（字路）发挥了重要作用。他在颜家年龄最大，资格最老，与孔子年岁接近（小六岁），作为孔子母族的学子，他能够拜孔子为师，进入孔子学堂，对于孔子办学的支持是不言而喻的，其示范带动作用也十分明显。《史记·仲尼弟子列传》载："颜无繇，字路，路者，颜回父，父子尝各异时事孔子。"司马贞《索隐》云："《家语》云：'颜由，字路，回之父也。孔子始教于阙里而受学焉。少孔子六岁。'故此传云，父子异时事孔子，故《易》称'颜氏之子'者，是父子俱学孔门也。"②

这说明孔子办学初期始教地点在阙里。山东曲阜有阙里，也是孔子母亲颜徵在所属的颜氏族居地。这里既是孔子少年生活成长之地，也是孔子在鲁国早期办学之地。后来孔子周游列国后返回鲁国，继续其办学活动，办学地点也仍然以此为中心。

子夏也不例外，办学初期需要更多的人力和财力，更何况，子夏家贫，财物并不丰裕。《说苑·杂言》中记载："孔子将行，无盖。弟子曰：'子夏有盖，可以行。'孔子曰：'商之为人也，甚短于财。'"③《孔子家语·致思》中同样记载了此事："孔子将行，雨而无盖。门人曰：'商也有之。'孔子曰：'商之为人也，甚吝于财。'"④"短"者，缺也，所以才会比较"吝"财。

学校的发展、学术中心的形成与经济的保障密不可分。子夏办学需要聚集众多的学者，他们在一起谈论学术、著书立说，每天的衣食住行等开销巨大。若没有强大的物质保障，很难长久。而且，子夏能授徒300多人，可见学校规模不小。

规模大需要的各类人员就多，管理就更加烦琐，这在古代，在刚起步办学校的前期，当然是熟人社会更容易得到健康发展。创办一所学校，如果想要它长期稳定发展而不倒闭，离不开有效的组织管理。子夏办学思路仍可以参照孔子学校进行，

---

① （汉）司马迁撰：《史记·孙子吴起列传》，北京：中华书局，1959年版，第2165页。
② （汉）司马迁撰：《史记·仲尼弟子列传》，北京：中华书局，1959年版，第2210页。
③ （汉）刘向撰；向宗鲁校证：《说苑校证》，北京：中华书局，2017年版，第30页。
④ 王国轩、王秀梅译注：《孔子家语》，北京：中华书局，2011年版，第90—91页。

关于孔子办学的管理模式，前有论述，这里不再赘述。

那么，子夏学校能够延续开办长达半个世纪，说明与其有效管理密不可分。

对于子夏来讲，在家乡办学可以借用旧时的同学、朋友和父老乡亲的力量，这是一个无法用金钱来衡量的人脉资源。而且，卜氏在温邑人缘非常好，子夏在离开家乡外出求学前的情景可作为例证："卜商十五六岁那年，他听说孔子在卫国帝丘开门办学，再也忍耐不住，决定步行前往求学。全村老少几十人，将他送到澳水河边，千叮咛万嘱咐。卜商牢记着父老的重托，披星星戴月亮，有车不愿坐，有店不愿住，有活就帮人干，有好事就主动做，三四百里路程行了一月有余。"①

子夏办学经费还有两个重要来源，一个是任卫国行人、鲁国莒父宰期间的俸禄，另一个就是办学期间学生交的学费，这在前面已有论述。

5. 交通因素

温邑"居王都之冲，跨街衢之路"②，"左邢邱，右沁水，南滨大河，面虎牢之险；北接野王，负太行之雄"③。是古代黄河、济河水运枢纽，又是北上晋国、南下中原陆路交通要塞，否则三家分晋前也不可能在温县举办盟会。当时晋国出入中原主要依靠太行山南段的轵关陉、白陉、羊肠陉和滏口陉，而温县正处于轵关陉的第一关轵城镇的东边。

《礼记·檀弓上》有这么一段曾子对子夏说的话："吾与女事夫子于洙泗之间，退而老于西河之上。"④可见子夏办学和"河"有千丝万缕的联系。此外，温县位于郑州（郑国都城新郑）、焦作（西周时属温国）、济源（夏朝故都）、洛阳（成周都城）四地的中心位置，郑州是华夏文明的重要发祥地，是三皇五帝活动的腹地、中华文明轴心区；焦作在东周时虽然降为次要城邑，但战略地位十分重要；济源在东周时期，附近有原、樊、向、苏、单等诸侯国；洛阳更不用多解释，系东周都城，洛阳城位于洛水之北，又称洛邑、神都。境内山川纵横，自古便有"八关都邑，八面环山，五水绕洛城"的说法，因此得"河山拱戴，形胜甲于天下"之名，"天下之中、十省通衢"之称。中华民族最早的历史文献"河图洛书"就出自洛阳。被奉为"人文之祖"的伏羲氏，根据河图和洛书画成了八卦和九畴。从此，周公"制礼作

---

① 张继峰、王建忠：《卜子夏故里考》，《中州今古》2001年第6期。
② 周云芳：《中国古代名城历史地理研究》，北京：中国社会出版社，2015年版，第90页。
③ 杨玉东，程峰著：《覃怀文化论纲》，北京：中国文史出版社，2004年版，第41页。
④ （汉）郑玄注；（唐）孔颖达疏：《礼记正义·檀弓》，载十三经注疏委员会整理：《十三经注疏》，北京：北京大学出版社，2000年版，第271页。

乐"，老子著述文章，孔子入周问礼，皆与洛阳有不解之缘。可见，子夏在温县办学，一个重要原因就是这个地区文化底蕴十分深厚。更何况，洛阳作为当时的国都，就在子夏居住地附近，子夏没有理由不去国都进行学术交流，因为当时的洛邑不但是政治中心，也是文化中心。

古代交通以水路和陆路为主。水路用船为交通工具，陆路以马车和牛车为交通工具，但没有单骑之说，因为当时还没有出现马镫，无法实现单人骑马旅行。

先秦时代，中原地区的气候环境在相当长的历史时期内一直是温暖湿润的。多水的气候环境使得当时黄河中下游平原地区有名的古湖泊就达数十个，如大陆泽、大野泽、菏泽、雷夏泽、孟渚泽、圃田泽、荥泽、海隅泽、弦蒲薮、阳华薮、焦获、昭余祁等。[1]黄河由风陵渡折向东经豫西山地，仍然被束缚在两岸峡谷当中，过了荥阳、武陟后，今天是向东流去，过了开封才向东北，而在先秦时期则是在荥泽之北向东北方向流去，然后沿太行山东麓继续北流。《禹贡·导水》："东过洛汭，至于大伾；北过洚水，至于大陆；又北播为九河，同为逆河入于海。"[2]谭其骧先生解读"洛汭"为洛水入河处，"大伾"在今河南浚县，说明古水东过洛汭后，自今河南荥阳广武山北麓东北流，至今浚县西南大伾山西古宿胥口，然后沿着太行山东麓北行。"洚水"即漳水，"大陆"指大陆泽。说明大河在今河北曲周县南，接纳自西东来的漳水，然后北过大陆泽。"九河"泛指多数，是说黄河下游因游荡不定在冀中平原上漫流而形成的多股河道。"逆河"则是在河口潮水倒灌下，呈逆流之势而在今天津市东南入海。

从以上水系得知，温县作为黄河与济河之枢纽，尽占水利之便，因而，子夏在温县办学，众多学子和学术大家来往方便，去留自由。而且先秦时期，诸子各门派学术自由，能够容忍不同政见者共存，这种相对宽松的学术环境为人才的流动创造了条件，人才的广泛流动促进了各种思想的传播、交流和争鸣。因而，在子夏学校这个学术平台上，广收门徒，言法治、谈仁治、说兼爱、玩术势……这些流动士人各抒己见，相互争辩，相互批评，于是出现了中国先秦时期第一个学术重镇——"西河学派"。

也正是由于这些文人和游士在思想上的争鸣，因而产生了许多伟大的思想家。在交通不便、信息闭塞的古代，这些文人游士的四处奔走，对沟通文化信息、传播

---

[1] 参见蔡靖泉著：《文化遗产学》，武汉：华中师范大学出版社，2014年版，第91页。
[2] （汉）孔安国撰；（唐）孔颖达疏：《尚书正义·禹贡》，载十三经注疏委员会整理：《十三经注疏》，北京：中华书局，2000年版，第192页。

知识，促进学术的繁荣、学术中心的形成，无疑起了巨大作用。

四、授教

卜子夏15岁跟随孔子学习，公元前479年孔子死后在鲁国曾经与曾子一起任教，在公元前474年左右，也就是子夏在35岁以前离开鲁国回到家乡开始办学，早期教育活动范围基本上在家乡，这一带相对安静，远离各国争夺区域，过着"离群而索居"[1]的生活。待办学声誉日盛，就"模仿"他的老师孔子——去周游列国"游学"。

游学当然包括游、学、授三个层面。儒家提倡"比德之游"。"比德"即以自然物象作为人类道德品质的象征。儒家学说以"仁"为中心，重视"德"的培养，热爱山水也是因为从中体会到的"山水之德"与其所倡导的观念相契合。子曰："知者乐水，仁者乐山。知者动，仁者静。知者乐，仁者寿。"[2]孔子以为智者仁人应该爱山喜水，因为孔子认为山水具有无可比拟的品质。如智者就似流水一般，阅尽芸芸众生，怡然、恬淡；仁者就好比大山一样，巍然耸立，崇高、静谧。儒家在山水之游中找到了附加的价值。子曰："诵诗三百，授之以政，不达；使于四方，不能专对。虽多，亦奚以为？"[3]孔子认为在学习的过程中应把理论与实践紧密结合，在实践中深化理论，用理论来指导实践，而"游学"正是达到这个目标的最好方式之一。"游学"并不是一场随心所欲的旅行，它是有准备有目的的。"游"前的计划制订，"游"中有授有学，边授边学，正所谓"三人之行必有我师"，"游""授""学"三体合一，才是真正的周游目的。"自孔孟以来，士未有不游。或师友游，或宾客游，或以学问游，或以才艺游，或以辞华游。两千年才贤特达，未有非以游合也。"[4]孔子带领学生周游各国，开创了以游学来教学的风气，这也正是子夏要离开家乡外出的一个真正原因。

子夏是什么时候开始周游传教，文献也无确切记载。但是，我们需要知道的是，办学传教和周游传教不一样。子夏办学传教有一个固定的教育场所，创办初期很多

---

[1] （汉）郑玄注；（唐）孔颖达疏：《礼记正义·檀弓》，上海：上海古籍出版社，2008年版，第272页。

[2] （清）刘宝楠撰；高流水点校：《论语正义·雍也》，北京：中华书局，1990年版，第237页。

[3] （清）刘宝楠撰；高流水点校：《论语正义·子路》，北京：中华书局，1990年版，第525页。

[4] 史伟：《宋元诗学论稿》，上海：上海远东出版社，2012年版，第88页。

事情需要自己去参与。而周游传教就比较自由，子夏作为被邀请者（或主动），可以在某一个由他人创办的学校里传教，也可以在某一个临时选定的场所传教。

春秋晚期，子夏周游传教和孔子周游列国传教相比更有社会基础。孔子及以前，由于"官有其器，而民无其器"，"故在官者以肄习而愈精，在野者以简略而愈昧，此学术之所以多在官也"[①]。礼乐器具的缺乏，限制了私家学术研究的开展。另一方面，"策""简""牍""版"等典籍繁重的制作工艺，也使民间不敢问津，因而，官方拥有书籍，而民间没有，这也导致教育不能普及推广。春秋后期到战国时，生产力转型发展，生产关系也受到根本性冲击，官学涣散，学术文化随着士阶层的流散在全社会传播开来，由此也形成了中国思想史上的第一个轴心时代，在这个时代，学术文化繁荣发展，形成"百家争鸣、百花齐放"的局面。至少从孔子那个时候起，我国古代典籍的发展进入了一个崭新的历史阶段，典籍在整理、编纂等方面都有不同程度的飞跃。典籍从"学在官府"中解放出来之后，经过了当时学者的整理和加工，再得以广泛流传。孔子在整理古文献的工作中贡献颇大。司马迁在《史记·孔子世家》中说《诗经》是孔子从"诗三千余篇"中"去其重"而编成的。《春秋》亦为孔子与其众弟子所编。六经中的《礼》是在战国初期经学者编辑加工而成的。从《汉书·艺文志》记载上看，先秦诸子流传至汉代的典籍已有110多种[②]，而当时出现的诸子著作必然还不只如此。与此同时，科学技术方面也产生了医书《黄帝内经》、药书《本草》等医药著作，此外在天文、历法、地理、手工技术等领域，也有专著出现。

从典籍流通领域上看，春秋晚期至战国初期生产技术和学术文化水平的提高，也促进了典籍生产、收藏和流传的发展。首先，典籍的传写比以前增多，典籍的载体材料不仅有竹木简还有帛书。当时学者在谈到典籍记载时，往往将帛书和简策并提，例如，《墨子·明鬼》说："又恐后世子孙不能知也，故书之竹帛。""先王之书，圣人一尺之帛，一篇之书。"[③]由于帛相对竹木来说，有便于抄写、便于携带的优点，所以帛书的出现，不仅丰富了典籍生产材料，而且提高了抄录典籍的效率，方便了典籍的流传。这个时期，典籍的流通范围是很广的，《墨子》中形容说："今天下之士君子之书，不可胜载。"[④]孔子的藏书，数代相传，历春秋战国，避秦火而于汉代

---

① 黄绍箕、柳诒徵著：《中国教育史》，北京：中国和平出版社，2014年版，第127页。

② 闻明、张林编著：《典籍源流》，北京：学苑音像出版社、中国环境科学出版社，2006年版，第42页。

③ （清）孙诒让撰：《墨子闲诂》，北京：中华书局，2001年版，第236页。

④ （清）孙诒让撰：《墨子闲诂》，北京：中华书局，2001年版，第195页。

被发现。《汉书·艺文志》记载西汉武帝时,鲁恭王坏孔子旧宅,得《尚书》《礼记》《论语》《孝经》等一批典籍。

这里还需要说明的是,春秋战国之际,诸子百家都在著书立说,进行传教,为何偏偏儒家深受社会尊崇。战国晚期荀子对此有精辟论断:"儒者法先王,隆礼义,谨乎臣子而致贵其上者也。人主用之,则势在本朝而宜;不用,则退编百姓而悫,必为顺下矣。虽穷困冻馁,必不以邪道为贪;无置锥之地,而明于持社稷之大义。"[1]为劳心者出谋划策,教育劳力者安分守己,这是儒家的共性,是儒家政治思想的基本特色。同样,"游文于六经之中,留意于仁义之际,祖述尧舜,宪章文武,宗师仲尼,以重其言,于道最为高"[2],也为各派儒家所遵循。

综上所述,子夏时代,我国典籍事业在各个方面已初具规模。这种情况反过来促进了当时学术文化的推广和发展。这也就为子夏游学提供了一个广阔的学术文化社会基础。正是在这一背景下,子夏以"四海之内皆兄弟"[3]的襟怀、博学、笃志,在西河地区热情投身于教育事业,并鲜明地提出了"学而优则仕"[4]的主张。

子夏在离开鲁国后,是回到了家乡办学,这个时期子夏办学只有一个地方,就是温邑,而游学的地方特别多,如今天菏泽、洛阳等地。那么,河津、汾阳、芮城、韩城等地子夏办学说又从何说起?解决这个问题,我们还得从西河相关争议说起。

---

[1] (清)王先谦撰;沈啸寰、王星贤整理:《荀子集解》,北京:中华书局,2012年版,第117页。

[2] (汉)班固撰;(唐)颜师古注:《汉书·艺文志》,北京:中华书局,1962年版,第1728页。

[3] (清)刘宝楠撰;高流水点校:《论语正义·颜渊》,北京:中华书局,1990年版,第477—488页。

[4] (清)刘宝楠撰;高流水点校:《论语正义·子张》,北京:中华书局,1990年版,第744页。

第三章 西河辩

既然子夏肯定是在家乡温县办学，那么为何后人还有众多争议？如上一章所述，一是由于学者皆从历史学角度出发去分析子夏办学之地的最大可能性，脱离了经济学和社会学的支撑；二是对"西河"的判断尽管仁者见仁、智者见智，对"西河"的整体探究和表述仍很模糊。因而，我们还得从"西河"入手，把"西河"说清楚了，其他问题就迎刃而解了。需要说明的是，我并不是比先贤掌握了更新的资料，而是在先贤的基础上重新审视一下西河问题。

一、河

既然有"河"，且以"河"为方位的参照，就须从"河"入手。

"河"往往不指或不专指"黄河"[①]。这也是导致千年来对"西河"地望争论不断的一个根本原因。如《诗经·关雎》中的"关关雎鸠，在河之洲"，朱熹在《诗集传》中将该句的"河"注解为"河，北方流水之通名"[②]。《诗经》系孔子所编，收集了西周初年至春秋中叶（公元前11世纪至公元前6世纪）的诗歌，说明孔子那个时候的黄河并不占有"河"这个专有名称。

夏、商时期没有"河"字。截至目前，甲骨文中并没有"水之旁"和"可"相连的字，只有从"水"从"乃"这个字与"河"字相似。但这个字不是河的意思。有学者认为《禹贡》中的"河"就是指黄河，史念海在《论两周时期黄河流域的地理特征》中反驳说：

> 《尚书》的《禹贡》篇曾具体地论述过黄河。这是最早而又较完备的有关黄河的著作。历来都认为《禹贡》篇是夏禹治水分州的记载，其中所说

[①] 岑仲勉著：《黄河变迁史》，北京：中华书局，2004年版，第28页。
[②] （宋）朱熹注；赵长征点校：《诗集传·国风》，北京：中华书局，2011年版，第2页。

的黄河自然也就是夏时的黄河，夏禹时尚未有文字，何能有这样一篇皇皇巨著？自难取信于后世。近年论述《禹贡》的学者，多认为它成书于战国时期，我个人私见，更认为当是出于梁惠王初年魏国人士之手，因而所说的黄河应该是战国时期的黄河。①

所以夏、商时期没有"河"字，《禹贡》中的河是东周时期的黄河。也有人将《山海经》里面的"河"作为"河"字出现于西周前的佐证，但却不知《山海经》的撰写同样最早不过战国。

鉴于以上论述，周代以前没有"河"之概念，更无"西河"之称。周代以前河流称为"水"，这是因为古人认为水是"积阴之气"而成，"望穿秋水"中的水即为此意。《水经注》中有大量的"某水""某某水"，这些河流绝不会是在汉末才这样称呼的，应是沿用了汉以前古代的称谓，说明先秦时期，一般的河流皆称作水。子曰："智者乐水，仁者乐山。"这里的"水"泛指河流，即为例证。

进入西周末期，"河"字才逐渐出现。西周时铭文中不见"河"字，但《礼记·礼器》中有"晋人将有事于河，必先有事于恶池"②之语，究其原因，是因为铭文为正式官方文字，而《礼记》在记述事情的时候是"正俗兼用"。根据岑仲勉先生研究，进入春秋后，官方还没有"河"之称，在北方民间有时将"恶池"连读时往往读成"河"，所以官方文书中多不见"河"字。因而，"河"字是周代产生的字。《周语》中有："河竭而商亡。"《御览》引《纪年》云："文丁三年，洹水一日三绝。"③洹水三绝即所谓"河竭"。称洹水为"河"，正是北方有水便称河的习惯见证。西周时"河"称作"水"的例子非常多，如"汾水""渭水""济水""洙水""卫水"等。周代称水时要在前面加前缀，以确定河流方位和地点。如《春秋左传》中常常有这样的记载："昭公十九年五月郑大水"④，"庄公十一年，秋，宋大水"⑤；《竹书纪

---

① 史念海：《论两周时期黄河流域的地理特征（上）》，《陕西师范大学学报》（哲学社会科学版）1978年第3期。
② （汉）郑玄注；（唐）孔颖达疏：《礼记正义·礼器》，载十三经注疏委员会整理：《十三经注疏》，北京：北京大学出版社，2000年版，第996页。
③ （宋）李昉辑：《太平御览》，北京：中华书局，1960年版，第393页。
④ 杨伯峻编著：《春秋左传注》，北京：中华书局，2008年版，第1405页。
⑤ 杨伯峻编著：《春秋左传注》，北京：中华书局，2008年版，第185页。

年》中也有"晋定公十八年，淇绝于旧卫"[1]"晋出公五年，浍绝于梁"[2]等记载。

而"黄河"之名是汉朝出现的，不是周代。"黄河"一词最早出现于《汉书》中。《汉书·地理志》曰："洭水首受中丘西山穷泉谷，东至堂阳入黄河"[3]；再如《汉书·高惠高后文功臣表》中记载，汉高祖刘邦大封功臣时说："使黄河如带，泰山若厉，国以永存，爰及苗裔。"[4]从汉到"唐宋以后，尤其到了宋代，'黄河'这一名称才被极普遍地使用起来"[5]。

东周时期，"黄河"被称为"浊河"。《尔雅·释水》云："河出昆仑虚，色白。所渠并千七百，一川色黄。潜流地中，汩漱沙壤，所受渠多，众水溷淆，宜其浊黄。"[6]《史记·高祖本纪》云："夫齐，东有琅邪、即墨之饶，南有泰山之固，西有浊河之限。"[7]《汉书》中有："齐西有平原。河水东北过高唐，高唐即平原也。孟津号黄河，故曰浊河。"[8]北魏郦道元在《水经注·河水一》中也说："河水浊，清澄一石水，六斗泥……是黄河兼浊河之名矣。"[9]由此可知，当时人们称"黄河"为"浊河"，公元前4世纪的战国时，人们已经用"浊河"来称"黄河"了[10]。因而，即使是有"西河"之说，也不在西周及以前，最大可能是从春秋开始。

二、西河之称

学者一般认为，由于黄河下游在周代时，从南向北由今河南浚县、滑县、淮阳一带，再经清丰、内黄、南乐进入河北入卫河，北经沧州、静海、天津入海，于是

---

[1] （北魏）郦道元著，陈桥驿校证：《水经注校证》，北京：中华书局，2007年版，第235页。
[2] （北魏）郦道元著，陈桥驿校证：《水经注校证》，北京：中华书局，2007年版，第167页。
[3] （汉）班固撰；（唐）颜师古注：《汉书·地理志上》，北京：中华书局，1962年版，第1575页。
[4] （汉）班固撰；（唐）颜师古注：《汉书·高惠高后文功臣表》，北京：中华书局，1962年版，第527页。
[5] 葛剑雄、左鹏著：《黄河》，南京：江苏教育出版社，2006年版，第21页。
[6] （清）邵晋涵撰：《尔雅正义》，北京：中华书局，2017年版，第30—31页。
[7] （汉）司马迁撰：《史记·高祖本纪》，北京：中华书局，1959年版，第382—383页。
[8] （汉）班固撰；（唐）颜师古注：《汉书·高帝纪》，北京：中华书局，1962年版，第60页。
[9] （后魏）郦道元注；杨守敬、熊会贞疏：《水经注疏》，南京：江苏古籍出版社，1989年版，第291页。
[10] 葛剑雄、左鹏著：《黄河》，南京：江苏教育出版社，2006年版，第21页。

"温邑不仅处于黄河北岸,有济水穿境而过,可以称作'河济之间';又在由荥泽以北的黄河古道之西,这在齐鲁之士眼中,便是大河之西,故而称作'西河之上',或者直接谓之'西河'"①。山西省文物局研究员吉琨璋亦持有相同观点,他认为,公元前602年(周定王五年),黄河东移,原来的北流黄河与东移后的太行山之间形成一片区域,也就是今天的河南鹤壁、新乡、濮阳一带,此应为西河之地。

因为黄河从南向北流,所以才有"西河"之说,目前我们看到的黄河是从西向东偏北流,黄河什么时候向北流的?我们就从黄河改道说起。从汉朝到现代,从东汉班固、北魏郦道元、南宋程大昌到清代的阎若璩、胡渭,一直都认定《汉书·沟洫志》所载王莽时大司空掾王横所引《周谱》里"定王五年河徙"②这句话,认为这是先秦及以前黄河唯一的一次改道。以胡渭为代表,认定《周谱》的"定王五年"指春秋时的定王五年,即公元前602年。当代岑仲勉先生虽然也认为汉以前黄河只有一迁,但不同的是他认为周定王五年并不一定指春秋早期的定王五年,而是指战国时的后定王五年,即公元前464年。

如果我们认同岑仲勉先生在《黄河变迁史》中的探索——黄河改道先秦时期有可能在后周定王五年即公元前464年,我们就需要对这个时间进行进一步认证。因为我们需要这么理解:子夏生于公元前507年,去世于公元前420年,离开鲁国自己办学的时间是公元前474年。这下问题就来了:如果黄河第一次改道的时间是在公元前602年开始,而且是由北道改到南道,那么到了孔子、子夏时期,黄河在中原之地称"西河"之说尚可。但是如果黄河是由南道改北道,且北流的第一次时间在公元前464年开始,这个时间对孔子而言,孔子已经去世;对子夏而言,子夏已经离开鲁国,回到家乡办学已经12年了,这样,孔子与子夏同在世的时候,就不会有"西河"之称,即使有"西河"概念也到了公元前464年以后。

先看岑仲勉对于前定王五年即公元前602年的怀疑。岑先生否定的理由是,《竹书纪年》记载:"晋出公十二年(公元前463年),河绝于扈。"③"绝"有"断绝""截渡"之意,"河绝于扈"即为黄河在"扈"地溃决,河水没了,当然河水不会没了,而是流到其他地方了。"扈"系春秋郑邑,在今河南原阳县西。《史记》云,文公七年(公元前620年),公会诸侯、晋大夫盟于扈。杜预注:"郑地。荥阳卷县西北

---

① 高培华著:《卜子夏考论》,北京:社会科学文献出版社,2012年版,第31页。
② (汉)班固撰;(唐)颜师古注:《汉书·沟洫志》,北京:中华书局,1962年版,第1697页。
③ (北魏)郦道元著,陈桥驿校证:《水经注校证》,北京:中华书局,2007年版,第132页。

有扈亭。"①《竹书纪年》是春秋时期晋国史官和战国时期魏国史官所作的一部编年体通史。于西晋咸宁五年（公元279年），被汲郡（今河南汲县）人从战国时期魏襄王（或曰魏安釐王）的墓葬盗出而流传于世，可信度比较高。晋国史官在晋出公十二年记载了黄河在扈地决口之事。"扈"地为晋国属地，《春秋·宣公九年》载："九月，晋侯、宋公、卫侯、郑伯、曹伯会于扈。晋荀林父帅师伐陈。辛酉，晋侯黑臀卒于扈。"②如是，晋国史官记载扈地发生之事即在制度之中。

岑先生为了进一步否定前周定王五年，找到了可靠的论据。他认为，《史记》中所说："四十二年，敬王崩，子元王仁立。元王八年，崩，子定王介立。"《世本》认为，前者为贞王介。后来，皇甫谧考证时，认为周代不可能有两个王介，见此疑而不决，遂弥缝《史记》《世本》之错谬，就把后面那个周定王称为贞王。③

据此，"贞定王"之名为西晋皇甫谧在《帝王世纪》中的臆改，实则为战国时期那个周定王"姬介"，而不是春秋早期的周定王"姬瑜"。《帝王世纪》是专述帝王世系、年代及事迹的一部史书，载录了许多《史记》及两汉书阙而不备的史事，也是继司马迁《史记》之后，第二个整理历代帝王世系的历史书典，有极高的史料价值，对后世影响甚大。司马迁在撰写周本纪定王史事时，并未详细说明是哪个定王，所以皇甫谧认为周代不可能有两个定王，因而将后定王改成"贞定王"，但是这一改对后世造成很多麻烦，学者往往看到定王时就跟随皇甫谧之说，认为是春秋早期的周定王，尤其是在对黄河变迁一事上，皆以为是前周定王，而忽略了后周定王。实际上先秦时期隔数世而谥号相同的事是存在的。如，先秦时期的秦国，秦武公和秦武王，都谥为"武"；五霸之一齐桓公的父亲谥号为"庄"，即齐庄公，后一个齐庄公继任人是齐景公。

实际上，清代梁玉绳在《史记志疑》中就对周定王提出过看法，认为周定王就是战国时的定王，在位44年。如是推定，则周定王元年应该是甲戌年，定王五年戊寅恰好是晋出公十二年，即"河绝于扈"的那一年。胡渭等学者没有进行深入研究，看到《周谱》所记"定王五年河徙"就认定此定王为春秋定王，以讹传讹，铸成大错，因而"河徙"中的定王实系战国时的周定王，河徙时间在公元前463年。④而我

---

① （汉）司马迁撰：《史记·晋世家》，北京：中华书局，1959年版，第1672—1673页。
② 杨伯峻编著：《春秋左传注》，北京：中华书局，2008年版，第700页。
③ 参考岑仲勉：《黄河变迁史》，北京：中华书局，2004年版，第127页。
④ 参考岑仲勉：《黄河变迁史》，北京：中华书局，2004年版，第130—132页。

们一般认为东周定王五年是公元前464年也是错的，实为公元前463年。正如在第一章中所断，周代的历法是最混乱的，由于各个诸侯国纪年方法不一样，而造成周定王这一年的误差也不足为奇。①

当然也有对岑仲勉论点进行否定的。最具代表性的是谭其骧在《西汉以前的黄河下游河道》中所说的：

> 河北平原中部从新石器时代经历商周直到春秋时代，一直存在着一片极为宽广的空白地区。也没有任何见于可信的历史记载的城邑或聚落。而到了战国，这一带出现了高阳（今县东）、安平（今县）、昌城（今冀州区西北）以东，武城（今县西）、平原（今县南）、麦丘（今商河西北）以北，郑（今任丘北）、狸（今任丘东北）以南，东至于平舒（今大城）、饶安（今盐山西南）十多个城邑，虽然密度还比较差，却已不再呈现空白了。很显然，在战国以前，黄河下游的改道绝不是一次二次，更不会是亘古不改，

---

① 我们以周元王为例作简单讨论。关于周元王元年有两个说法，一个是《史记》（前476年），另一个是《竹书纪年》（前475年）。《史记·周本纪》载："四十二年，敬王崩，子元王仁立。元王八年，崩，子定王介立。"这是把周敬王在位时间定为四十二年，周元王在位时间定为八年。然而《史记》的《十二诸侯年表》以周敬王四十三年（前477年）为结尾，并非四十二年（前478年），这说明《史记》中的内容已经出现矛盾了。《太平御览·皇王部十》载："《史记》曰：晋定公遂入敬王于周。四十四年，敬王崩。子元王仁立。元王八年崩，子贞定王介立。"这说明北宋人所读到的《史记》里，周敬王是一直到四十四年才驾崩的（前476年）。对比年表可知，周敬王四十三年为鲁哀公十八年，则四十四年应是鲁哀公十九年。《十二诸侯年表》认为周敬王在四十三年的时候就已经驾崩了，故鲁哀公十九年对应周元王元年（前476年）。然而《左传·鲁哀公十九年》里却分明写着："冬，叔青如京师，敬王崩故也。"由此可知周敬王应驾崩于鲁哀公十九年，次年才是周元王元年。《左传》是公元前5世纪的古史，距周敬王驾崩时尚未远，可信度很高。据《左传》所说，周敬王于鲁昭公二十二年继位，于鲁哀公二年驾崩，共在位四十四年。所以《周本纪》和《十二诸侯年表》都错了。然而如《太平御览》和《左传》说的，周敬王在位四十四年，周元王在位八年，那么年表将会多出这一年来，这会造成困难。但这个困难已经被《竹书纪年》解决了，《竹书纪年》里写着："（敬王）四十四年，王陟。""（元王）七年，齐人、郑人伐卫，王陟。"这样，周敬王在位四十四年，周元王在位七年，一增一减，正好解决了矛盾。《史记·六国年表》里关于周元王的那一段编年是错误的，这也导致它把晋定公卒年放到了元王二年。一直到元王年代结束之后，《竹书纪年》与《史记》的编年才相一致。在周元王八年的那一栏里，没有任何信息，它很可能是因将敬王的卒年提前了一年，所以才添加了这一年的空白进去以弥补少一年的矛盾。因此，周敬王卒年为前476年，周元王元年为前475年。

而应该是改过多次，很多次。战国以前黄河若不是流经河北平原，为什么河北平原会有一大片没有城邑聚落的空白区？这是包括岑氏在内任何人都回答不了的。①

谭其骧是中国著名历史学家、历史地理学家，中国历史地理学科的主要奠基人和开拓者，他对岑仲勉先生提出的异议引用了考古学资料，所提出的问题也十分尖锐。概述谭其骧先生所说：他认为战国前河北平原没有考古遗迹出现的原因是黄河不断改道造成人迹荒芜，因而战国前这里没有人类活动。战国时期，由于黄河趋于稳定，人们才在黄河附近筑堤建村，开发生活。因而，黄河改道不是在后周定王时期，应该在此前就有，而且不是一次，而是多次。谭其骧之驳是非常有道理的，因为黄河的形成非千年之功，在战国之前的万年就形成了，所以黄河在战国前甚至在史前改道一定不止一次。但以此否定岑仲勉之黄河在战国时期改道就站不住脚了。一是先秦以前人口数量少，而且人口总数一般情况下是呈梯增态势的。赵世超在《周代国野制度研究》中说："西周时人口较春秋为少。武王伐商，'革车三百辆，虎贲三千人'，以甲骨文用兵不过万人较之，'商、周之不敌'，则周军自不过数千人。虽尚有留守本土者，即以五倍计，亦不过一万五千人。以一家五口出一兵计，则周邦人口不能过十万，彼时全国人口，扫数计之，恐亦不过一二百万而已。"②沈长云据《逸周书》有关材料推测当时一个方国有人口4900人，乘以当时方国总数，得出周初总人口约为736万人。③到春秋、战国之际，由于生产力的发展，各国对于土地制度的改革加大，导致人口激增。于常青在《浅析春秋时期的人口状况》中认为，春秋晚期"中原华夏族及周边地区人口共计1000万人左右"④，战国时便到了2000万左右，⑤路遇、滕泽之在前人研究人口的基础上，又增考出鲁国20万、卫10万、宋100万、越100万。战国中期约有人口2630万。⑥

人口增加必然导致人地关系发生变化，过去不适合人类居住的地方，在人口增加时便成为人们争先开发的对象。此外，导致河北平原在战国前没有人类遗迹的原

---

① 谭其骧编：《黄河史论丛》，上海：复旦大学出版社，1986年版，第22页。
② 赵世超著：《周代国野制度研究》，西安：陕西人民出版社，1991年版，第167页。
③ 沈长云：《西周人口蠡测》，《中国社会经济史研究》1987年第1期。
④ 于常青：《浅析春秋时期的人口状况》，《河北青年管理干部学院学报》2003年第3期。
⑤ 杨宽著：《战国史》，上海：上海人民出版社，1998年版，第118页。
⑥ 路遇、滕泽之著：《中国人口通史》，济南：山东人民出版社，2000年版，第57页。

因是人类的生产方式。有了农业后便有了定居生活，但是这种定居生活方式并不是一成不变的。如生活在北非的努尔人，他们在雨季住在离河岸较远高地上的村落里，经营少量的园耕，到了旱季则迁往离河岸较近的平原湖泊地带扎营居住，从事放牧、狩猎和捕鱼活动。一年两季，循环迁居。①中国的拉祜族，在20世纪50年代还过着一种奇特的"班考"生活。其特点是有两个居住地，一个是相对稳定的村寨住地，另一个是随耕地不断迁徙的临时住地，拉祜人称之为"班考"。每年烧种和收获季节，拉祜人便到各自的临时住地"班考"居住，直到整个收获完毕再返回村寨固定住地。②这种两居制具有一定的普遍性，两居制在中国历史上也曾存在过。《汉书·食货志》记载西周时期的情况："在野曰庐，在邑曰里。……春令民毕出在野，冬则毕入于邑。"③田野中的临时住所称为"庐"，相当于拉祜族的班考，而"里"则相当于村寨或居住区，是居民的长期住所。不过临时住所由于其随意性比较大，故在考古上很难找到证据。

  中国农业第一次大的发展，是在东周时期。中国古代社会以农业立国，而农业的发展又依赖于耕地面积的增加，春秋战国之际，随着冶炼铁业的兴起，中国农具史上出现一次大的变革，铁制农具代替了木、石等材料的农具，从而使农业生产力发生了质的飞跃。春秋时期自鲁国初税亩开始进行土地改革后，农业获得飞速发展，其他国家争相变革，铁制农具此时也投入农业中使用，牛耕技术也伴随着铁器的出现而被发明，原先的荒地成为人们眼中的宝地。《国语·齐语》中记载了管仲对齐桓公说的一句话："美金以铸剑戟，试诸狗马；恶金以铸钼、夷、斤、斸，试诸壤土。"④这里美金指的就是青铜，恶金指的则是铁。《国语·晋语》中也记载："夫范、中行氏不恤庶难，而欲擅晋国，今其子孙将耕于齐，宗庙之牺为畎亩之勤。"⑤考古发掘证明，在中国目前22个省和自治区140余个地点都出土过先秦时期的铁制农具，种类有锸、锄、镢、镰、犁等。随着铁农具和牛耕更广泛地用于农业生产以及各诸侯国为赢得统一中原战争的胜利而推广富国强兵的政策，"尽地力之教""辟草莱，

---

  ① [英]埃文思·普里查德著；褚建芳等译：《努尔人》，北京：华夏出版社，2002年版，第72页。

  ② 李根：《从游猎到游耕：拉祜族传统生产方式的发展与演变》，《广西民族学院学报》2000年第5期。

  ③ （汉）班固撰；（唐）颜师古注：《汉书·食货志》，北京：中华书局，1962年版，第1121页。

  ④ 陈桐生译注：《国语》，北京：中华书局，2013年版，第259页。

  ⑤ 陈桐生译注：《国语》，北京：中华书局，2013年版，第556页。

任土地",加速农田垦殖,使得黄河流域地表资源遭到过度开发,水土流失严重,导致河床抬高,阻塞河水而出现改道。许炯心认为,虽然黄河决溢频率的某些波动还不能完全用人口的变化进行具体的解释,但在总体上,黄河决溢频率与人口变化的关系还是十分显著的[1];陈志清对黄河流域不同历史时期的人口进行了分析,认为不同时期人口的变化和人类不合理的经济活动会对黄河下游河道的决口泛滥造成影响。[2]此外,根据竺可桢对华北地区气候的研究,春秋时期的气温要比西周时期高2℃以上[3]。黄河下游地区属于季风性气候,受东亚季风的影响显著,降水集中,全年降水多集中在夏季和秋季,而且多以暴雨的形式出现,因而,到了春秋战国之际,黄河中下游地区极易发生洪流灾害,黄河决堤的次数就随之增加。另外,当黄河下游河段流出山地进入下游平原,由于地势变低平、河道变宽,河流流速减慢,导致大量泥沙沉积下来,日积月累,河床逐渐变高,最终形成"地上悬河",其防洪能力极差,加上黄河下游流经地区大小河道众多,河道分布错综复杂,这也为黄河下游河段的决口改道提供了先天的自然条件。

因此,河北平原在战国前没有人类生活遗迹,不仅仅是由于黄河经常泛滥、改道而导致的,也许还由于人口增加、生产力发展以及生产方式进步等因素所导致。先秦时期河北平原河流密布,泽水相环。河泽腹地当然不适合人类永居,因而人们总会在附近徘徊,时而进行采集和渔猎。黄河下游河道的这些分支分流了洪水,也相应减轻了洪水的危害,不至于让黄河泛滥成为常态。《水经注·河水》引《地理风俗记》有"漯水东北至千乘入海。河盛则通津委海,水耗则微涓绝流"[4]之说,就很好地说明了这一点。

所以,谭其骧否定岑仲勉的理由不充分。当然也不能完全不顾谭其骧之否定,从他论述中可以得到如下信息,黄河在先秦不仅仅是一次改道,有时还从北往南改。这又给"西河"之断定增加了一个难题——如果黄河确如谭其骧所说,战国前就由南向北注入渤海(今天津附近),那么,在战国前也应该有"西河"概念的提出。

黄河究竟是"北改道"还是"南改道"? 如果按照正常流向,黄河下游自今天的

---

[1] 许炯心:《黄河下游历史泥沙灾害的宏观特征及其与流域因素和人类活动的关系(Ⅱ)——人类活动、历史地震及地形因子的影响》,《自然灾害学报》2001年第3期。

[2] 陈志清:《历史时期黄河下游的淤积、决口改道及其与人类活动的关系》,《地理科学进展》2001年第1期。

[3] 竺可桢:《中国近五千年来气候变迁的初步研究》,《考古学报》1972年第1期。

[4] (后魏)郦道元注;杨守敬、熊会贞疏:《水经注疏》,南京:江苏古籍出版社,1989年版,第492页。

郑州向东后进入华北平原一直注入黄海最为便捷,为何还会有曲折转向之说?我们先来看一段记载。清代《东华录》中云:

> 盖山东登、莱诸山之脉,自关东来,结为泰山。是北干分支之一。在黄河之东。而黄河之西,山脉自终南、太一,南届淮汝,为中干分支之一。黄河行乎两支之中,故昔时河自天津入海,以后渐徙而南,至淮安入海。而登州以上、马谷山以下从无黄河之迹者,山脉限之也。分水口之水脊,又为泰山分支之分脊。①

以上说明了一个问题,黄河到了下游后形成了黄河三角洲,原本这里没有平原,或者说平原很小,后来由于黄河泥沙的堆积,地进海退,形成了我们现在看到的华北平原冲积扇,以前海上的一些岛屿就变成了华北平原上的山脉,如泰山等鲁西山地。近年来中国地质学家对黄河三角洲的研究已基本达成共识,与上述观点大致相同,认为:

> 先秦时期黄河三角洲海岸线变迁不仅受海水进退的影响,同时黄河的进积作用也不可忽视。先秦时期黄河三角洲海岸线主要经历了距今6000年、距今4500—4000年、距今3400—2100年三次大的变动。距今3400年—2100年海岸线变化过程中,其北部的变化幅度明显大于南部。②

鉴于以上研究结果,我们可以得知,黄河三角洲是由黄河冲积而成,先秦以前这里没有人类活动遗迹是因黄河在这里不断肆虐,一直到战国、秦朝时期才趋于安稳。当黄河流到下游时遇山则变道,遇谷则随之。山东省的西南部是鲁中南山地丘陵,有泰山、蒙山、五莲山等一系列山脉,而北部则是鲁西平原的一部分,地势平坦开阔。所以黄河进入山东境内向东北流,是符合自然规律的。但是,山东境内诸山脉与太行山就开成了一个天然大峡谷,只不过这个峡谷底部是平缓的,就形成了河北平原。而黄河就像钟摆一样,在这个峡谷中时而由北向南、时而由南向北摆动。

按照三角洲的成因,一般情况下当然是先由中部形成然后再向两边,断然不会先由两边向中间靠拢,世界上大河三角洲的形成皆为此理。那么,黄河在下游经过

---
① 朱偰编:《中国运河史料选辑》,北京:中华书局,1962年版,第118—119页。
② 薛春汀:《7000年来渤海西岸、南岸海岸线变迁》,《地理科学》2009年第2期。

华北平原形成的三角洲时，由于遇到山东诸山脉的阻挡自然就会选择两个方向，一个是向南往江苏北部走，另一个即由南向北往太行山边缘走。就如岑仲勉之说法，如果平原是平坦无山，黄河自然无碍直向东去，那么黄河两边的支流都应该注入黄河，但为何今天的黄河南岸总有那么几条无源之河流向淮河水系？其原因只有一个：当黄河河床越来越高，加上人们对黄河的治理，南边的河水只能流向南部的淮河水系。岑仲勉在《黄河变迁史》中对东周以前的黄河故道走向，引经据典、旁征博引进行了详细分析，其分析逻辑非常严谨，鉴于研究过程十分繁缛，篇幅过大，这里就不再引用，如有疑问的读者，则可参考其论著。

至于黄河由南改道向北的原因，《孟子·告子》中有记："五霸，桓公为盛。葵丘之会……五命曰，无曲防。"朱熹集注："无曲防，不得曲为堤防，壅泉激水，以专小利，病邻国也。"[①]东周前期，黄河流经多个诸侯国，大约在桓公时期，上游各国皆为自家利害打算，多有筑堤遏水的事件，齐国处于黄河正流（即济水）的下游，常受其害，所以对来会诸侯特别申明不得"曲防"的约束。这是黄河改道的主要原因。

综上所述，黄河于战国之前是和原济水合二为一在今天的山东广饶地区注入渤海的，后于周定王六年、晋出公十二年即公元前463年，黄河离开济水向北改道流向河北平原腹地。至于确切的流向路径是《山海经·山经》中记述的"山经河"还是《尚书·禹贡》中记载的"禹贡河"，这和我们探索的主题没多大关系，在这里就不赘述了。需要说明的是，既然黄河是在公元前463年才由南向北改道而入海，那么在孔子、子夏同世的时期，黄河下游就不会有"西河"之说。

三、西河地望

解决了黄河改道的问题，对于西河概念还得进一步考证。前述《礼记·檀弓上》记，曾子对子夏说："吾与女事夫子于洙泗之间，退而老于西河之上，使西河之民疑女于夫子。"为此，关于西河之争不断。那么，这里的西河究竟在什么地方？

既然矛盾由《礼记》中所记子夏老于西河之事引起，我们就从《礼记》入手考起。关于西河，《礼记》中还确有其他记载，《礼记·王制》云：

自恒山至于南河，千里而近；自南河至于江，千里而近；自江至于衡

---

① （宋）朱熹撰：《四书章句集注》，北京：中华书局，1983年版，第344页。

山，千里而遥；自东河至于东海，千里而遥；自东河至于西河，千里而近；自西河至于流沙，千里而遥。西不尽流沙，南不尽衡山，东不尽东海，北不尽恒山。凡四海之内，断长补短，方三千里。①

杨天宇《周礼译注》中是这样解读的：

从恒山到南面的黄河，将近千里。从南边的黄河到长江，将近千里。从长江到衡山，超过千里。从东边的黄河到东海，超过千里。从东边的黄河到西边的黄河，将近千里。从西边的黄河到流沙，超过千里。西不包括流沙以西，南不包括衡山以南，东不包括东海，北不包括恒山以北，凡属此四海之内的地方，截长补短，总计三千平方里。②

这里面涉及了几个地理名词："西河""东河""南河""江""恒山""衡山""东海""流沙"等。《礼记》全文皆为西汉礼学家戴圣一人所编，撰写的是先秦时期的礼制和事情。如果戴圣不糊涂的话，同一本书中的"西河"一定是说同一个地方。从以上《礼记》全文来看，"恒山"与"南河"相对，"西河"与"东河"相对，"西河"与"流沙"相对。

我们先从"流沙"说起。"流沙"地名最早出自《山海经》："流沙出钟山，西行又南行昆仑之虚，西南入海，黑水之山（郭璞注：今西海居延泽）。"③"流沙"是一条河，源头在"钟山"，"钟山"即内蒙古的阴山。流沙河从阴山往西行又南下经昆仑山，最后入海。这里的"海"据两晋时期郭璞在《山海经传》中考证为居延泽（别名西海）。居延泽之水从甘肃张掖的一条黑水河流过来，黑水河向北一直流，临近沙漠水越来越少，所以这一段河流人们不再叫它黑水河而叫它弱水。《尚书·禹贡》中记载，大禹"导弱水至于合黎。余波入于流沙"④。这是说大禹疏通了黑水河一直到了合黎，在合黎这个地方黑水河分成了两支：一支干流向西流向酒泉；另一支支流（余波）向北流进了流沙（即居延泽）。《史记》中也记载："帝颛顼高

---

① （汉）郑玄注；（唐）孔颖达疏：《礼记正义·王制》，载十三经注疏委员会整理：《十三经注疏》，北京：北京大学出版社，1999年版，第581—582页。
② 杨天宇译注：《周礼译注》，上海：上海古籍出版社，2004年版，第168页。
③ 郭世谦著：《山海经考释》，天津：天津古籍出版社，2011年版，第162页。
④ （汉）孔安国撰；（唐）孔颖达疏：《尚书正义·禹贡》，载十三经注疏委员会整理：《十三经注疏》，北京：北京大学出版社，1999年版，第191页。

阳者……西至于流沙。集解《地理志》曰：'流沙在张掖居延县。'正义：济，渡也。《括地志》云：'居延海南，甘州张掖县东北千六十四里。'"①张掖即今天的甘肃省张掖市，以"张国臂掖，以通西域"而得名。所以，"流沙"在周代、汉代时位于中国地理的西边。这样，相对于"流沙"而言，东边就是晋陕之间的黄河——"西河"。《春秋左氏传·昭公十三年》中也记：

> 自归于鲁君。微武子之赐，不至于今。虽获归骨于晋，犹子则肉之，敢不尽情？归子而不归，鲋也闻诸吏，将为子除馆于西河，其若之何？且泣。平子惧，先归。惠伯待礼。②

《史记·楚世家》中也记："饮马西河，定魏大梁，此一发之乐也。若王之于弋，诚好而不厌，则出宝弓，碆新缴。射噣鸟于东海，还盖长城以为防。"《战国策》中亦记："秦取西河之外以归。"③这里的"西河"也是指黄河中游段。这样的例子非常多，就不一一列出，足可见东周与秦汉时期，"西河"就是指黄河中游之"西河"。

此外，我们再以"东河"来佐证"西河"地望。但是要了解"东河"，我们需知道"南河"，它们之间的关系比较复杂。《礼记》中说："自恒山至于南河，千里而近；自南河至于江，千里而近。"④这里的"江"指"长江"，"恒山"即今天山西境内"恒山"，那么"恒山"与"长江"约两千里中间的大河当然就是黄河了。黄河下游从孟津向东流，这一段相对于恒山而言，即为"南河"。根据《礼记》中描述，南河即今天的黄河从潼关折出东流，截止到郑州附近的这一段，它与东河相连。"东河""西河""南河"都属于黄河，只是"南河"之称没有延续下来罢了。

"东河"呢？《礼记》中强调："自东河至于东海，千里而遥；自东河至于西河，千里而近。"一是说明"东河"是相对于"西河"而言，在"西河"的东边，虽不是正东，但也不会是东北偏东，同时，"东河"也应该在"东海"的西边。据此逻辑判断，"东河"就是介于"西河"与"东海"之间的一条大河。

---

① （汉）司马迁撰：《史记·五帝本纪》，北京：中华书局，1959年版，第11页。
② 杨伯峻编著：《春秋左传注》，北京：中华书局，2008年版，第1362页。
③ （汉）刘向集录；（南宋）姚宏、鲍彪注：《战国策》，上海：上海古籍出版社，2015年版，第585页。
④ （汉）郑玄注；（唐）孔颖达疏：《礼记正义·王制》，载十三经注疏委员会整理：《十三经注疏》，北京：北京大学出版社，2000年版，第581页。

"东海"在哪？古代人一般认为中国所在之陆地被"四海所环绕"。《释名》中说："北海，海在其北也。西海，海在其西也。南海，在海南也。"[1]这里的"四海"是指广义的海洋，与今天通用的渤海、黄海、东海和南海之四海定义是不同的。古代中国以东的海洋统称为东海。《史记·秦始皇本纪》中记载，公元前219年，作琅邪台，立石刻，颂秦德："东有东海，北过大夏，人迹所至，无不臣者。""立石东海上朐界中，以为秦东门。"[2]先秦古籍中常常有东海名称，如《山海经》曰："柏抒子征于东海及王寿，得一狐九尾。"[3]此处东海即为泛称。那时不存在黄海的概念。黄海的得名是由于元明时黄河夺淮改道入黄海，使得这一带的海水颜色偏黄，故名"黄海"。古代广义上的东海也包括"渤海"。渤海古称沧海。又因地处北方，春秋到汉代也有北海之称。汉末晋初始称渤海。渤海由北部辽东湾、西部渤海湾、南部莱州湾、中央浅海盆地和渤海海峡五部分组成。又如，《博物志》云："威宣、燕昭遣人乘舟入海，有蓬莱、方丈、瀛州三神山，神人所集。欲采仙药，盖言先有至之者。其鸟兽皆白，金银为宫阙，悉在渤海中，去人不远。"[4]此处的"渤海"应是广义之海洋。

"东海"既然是指中国古代大陆东部的海域，那么，《礼记》中所记"东河"位于"东海"之西近千里，这个地带从地图上看，也恰恰就是西汉以前黄河古道向北流的路径。

我们重新审视一下西汉时期的那一次黄河决口事件。《汉书·沟洫志》中记："孝武元光中，河决于瓠子，东南注巨野，通于淮泗。"[5]说明汉代黄河的这次大决口，其具体地点应该是汉代濮阳瓠子堤段。《史记·孝武本纪》曰："瓠子，堤名。在甄城以南，濮阳以北，广百步，深五丈所。"[6]意味着黄河决口之后，河水从瓠子口改道，经山东鄄城、郓城南，折北经梁山西，阳谷东南，至阿城镇东，折东北经茌平南，东流注入济水。初决时，主流东南入巨野泽，南由泗水达淮水。由于大部分河水夺淮入海，"北渎流微，漯亦涸，顿丘决口挂淤"。原来向北流的河道现在日益干涸，上次决口的顿丘已经满是淤泥，原河道基本被废弃。元封二年（公元前109

---

[1]（清）阎若璩撰：《尚书古文疏证》，上海：上海书店出版社，2012年版，第156页。
[2]（汉）司马迁撰：《史记·秦始皇本纪》，北京：中华书局，1959年版，第245页。
[3] 郭世谦著：《山海经考释》，天津：天津古籍出版社，2011年版，第84页。
[4]（晋）张华撰，范宁校证：《博物志校证》，北京：中华书局，2014年版，第11页。
[5]（汉）班固撰；（唐）颜师古注：《汉书·沟洫志》，北京：中华书局，1962年版，第1679页。
[6]（汉）司马迁撰：《史记·孝武本纪》，北京：中华书局，1959年版，第1405页。

年），汉武帝发卒数万人，亲到河上督工，终于堵合。汉武帝在堵塞后的决口处修建了一座宫殿，名为"宣房宫"，并作《瓠子歌》二首以表其塞河堵口的决心，如是，泛滥23年的黄河重归旧道，奔流入海。根据陕西师范大学西北历史环境与经济社会发展研究院宋祎晨研究的结果，汉武帝在瓠子口修建的"宣房宫"如今遗址还在，现濮阳服务区北有一大片高土堆，80岁老人许立清说："原来还高还大，修大广高速时拉走了很多土，这就是原宣房宫遗址。"[1]根据宋祎晨推断，黄河流经瓠子口处是一个大拐弯，水流过大过急时，河湾处的堤坝很容易被冲毁，加之河湾处有一支流，冲破瓠子堤，洪水顺着瓠子河道南流，以前的河道被冲来的泥沙不断淤积，河床逐渐升高，待到洪水退去，古河道已经高于原来河道，黄河遂改道经瓠子河东南流注入巨野，入泗水夺淮入海。这样，原来的黄河应该从瓠子堤决口处折向北流才对。那么，从濮阳出发向北到天津蜿蜒流动的黄河，也就正介于"西河"与"东海"中间。而且，自有史以来，在华北地区能向北流的大河，也只有黄河一条，别无它河。据此所断的东河与《史记·夏本纪》中所说东河方位一致："禹行自冀州始。唐张守节正义：'……黄河自胜州东，直南至华阴，即东至怀州南，又东北至平州碣石山入海也。东河之西，西河之东，南河之北，皆冀州也。'"[2]

综上，《礼记》中的"西河"位于今天晋陕之间黄河中游段。只不过，根据《礼记》中的描述，西河与南河刚好是黄河中游这一段——自内蒙古托克托县河口镇至河南郑州市的桃花峪，再以"潼关—风陵渡"为界，上段为西河，下段为南河。

但是还有一个问题需要确认，即子夏办学时的西河是不是指黄河中游这段西河？这个非常重要，关系到子夏西河办学地点及西河学派的活动范围等种种问题。

我们先来了解一下西河郡，再了解"河西"和"河内"，这样子夏西河办学的事就清楚了。一定是因为有了西河才设置的西河郡，而不是因为有了西河郡才有的西河。当然，反过来推，把西河郡行政辖区搞清楚了，那么，西河学派的活动范围也就清楚了。

传统上一直认为魏国设有西河郡，但对西河郡的范围却少有人涉及。如《中国通史》中认为魏国"河西郡"的"辖境相当于今陕西华阴以北、黄龙以南、洛河以

---

[1] 宋祎晨：《浅析西汉黄河瓠子决口的成因及治理》，《河南工业大学学报》（社会科学版）2014年第3期。

[2]（汉）司马迁撰：《史记·夏本纪》，北京：中华书局，1959年版，第52—53页。

东、黄河以西地区"①。其实他指的这个范围是西河郡的河西部分，还有一部分在黄河之东之南。

在黄河东的部分至少应包括临近黄河的蒲阪、汾阴、封陵、魏、奇氏等。而在南的一部分应该包括位于晋、豫两省交界处黄河南岸的焦、曲沃、陕等上洛地区的城邑。

而黄河北岸的温县、济源等地是否属于西河郡我们需要确认。温县在前面就多次论及，至少在魏文侯时就属于魏国城邑。济源在温邑之西，其东为轵关陉的第一关轵城镇，自然也属于魏国。但是，对于魏国人来讲，黄河西边的地区为河西，南河以北即为河内。《礼记》的任务不在于地理的确认，只是讲当时中国地理大概的四至，因而"东"对"西"，"南"对"北"，所以我们能看到，"南河"对北岳"恒山"就勉强的多了。温县正处于太行之南与殷墟之间的河内。另外，据钟凤年先生考证，"在河以北，西以济源、孟、温、武陟、获嘉、新乡、汲、淇、浚、临漳为'河内'"②。

据此，温县正处于晋国"西河"暨魏国"河内"二者兼顾的地方。温县不在黄河之东，而是在黄河之北。如果从魏国人的角度看，温县属于河内；从《礼记》看，温县属于"南河"。自古以来也没有文献记载过温县位于黄河之西，更不需要有争辩之缘由。退一步讲，即便是有，温县之"河西"也是针对"济河"而言的。《水经注·济水》："又东至温县西北，为济水，又东过其县北。"其下又载："济水于温城西北与故渎分，南经温县故城西，周畿内国，司冠苏忿生之邑也。"③从以上记载看，古代温县与济水的方位是错乱的，读者根据以上记载画个方位图是画不出来的。

而且，黄河在下游改道是和温县没有关系的，不能把黄河当作温县西河看。谭其骧对先秦前黄河下游的三条古道进行过复原，认为："山经、禹贡河在河北省深县以南是同一条河。大致在河南省浚县以南同中全新世河道，自浚县起离开中全新世河道北行，经河北省广平、曲周、巨鹿、新河至深县，叫山经河、禹贡河。在深县南分为二支：东支向东北经献县，至青县东北入海，叫禹贡河；西支向北经安平、蠡县、高阳、安新、雄县、霸州，至天津附近入海，叫山经河。河南省浚县以上同山经河、禹贡河，自浚县东北流至濮阳西南，折而东北流至河北省馆陶，折而北流

---

① 白乐天主编：《中国通史·第三卷》，北京：光明日报出版社，2002年版，第236页。
② 钟凤年著：《战国疆域变迁考》，北平：禹贡学会出版，1937年版，第28页。
③ （后魏）郦道元注；杨守敬、熊会贞疏：《水经注疏》，南京：江苏古籍出版社，1989年版，第636页。

至河北省东光西,再折而东北至黄骅以南入海。"①

黄河中游与下游的分界线在今天的郑州桃花峪附近,出了桃花峪,由于黄河泥沙量大,下游河段长期淤积形成举世闻名的"地上悬河",而历史上黄河河道变迁的起端也在郑州桃花峪附近。可见,黄河无论是改南道还是北道,也无论什么时候改道,都与温县无关。温县之地的"西河"则属于臆测而得。

一般来说,解决学术矛盾大致有两种方法:第一种方法是以矛盾的一方为是,其余为非而将其舍去;第二种方法是先认定史料之间原本应无矛盾,然后再研究现存之矛盾产生的原因。我们以第二种方法推理:子夏居西河授教确实在黄河中游段,而子夏办学也确实在温县,这二者并不矛盾。之所以西河概念产生众多分歧,根本原因是子夏办学和传教的地方(或中心)有两个,一个是以温邑为中心,时期属于子夏前半生,还有一个就是以安邑为中心,包括河津、芮城等地区,时期属于子夏后半生(这在下一章中有详细论述)。至于《礼记》中"退而老于西河之上"的"西河",和《史记》中"子夏居西河教授,为魏文侯师"的"西河",皆指子夏在魏国办学传教时活动的"西河"。从《礼记》中曾子与子夏对话的意境来看,是在强调子夏于晚年在西河地区授教竟然与孔子相媲美,所以曾子怪罪他。从《史记》中的语境看,在于强调子夏为魏文侯师,司马迁强调此事是为了证明魏国在魏文侯"广罗人才"的背景下成为战国首霸。但无论是"老于西河"还是"为魏文侯师",这时的子夏在魏国腹地服务于魏国政治,而子夏晚年在魏国西河授教是一个不争的事实。

鉴于以上推论,得出子夏办学的"西河"是指子夏晚年在魏国安邑办学时活动的黄河中游上段,即"龙门至风陵渡"的"西河",而子夏青年离开鲁国在家乡办学的温邑属于魏国"河内"、《礼记》中的"南河"地区。

---

① 谭其骧著:《谭其骧全集·长水集》,北京:人民出版社,2015年版,第438页。

第四章　西河问题剖析

前面我们论证了子夏在家乡温邑设教办学，那么河津、汾阳等地的西河办学说还需要进一步考证。下面我们针对目前全国与子夏有关的"西河说"作一全面梳理。

一、各地子夏设教简述

自《礼记》中有子夏"退而老于西河之上"、《史记》中有子夏"居西河教授"的记载后，从汉代至当代，各地对子夏办学授教之地争相冠誉，虽然我们在前面用大量事实证明"西河"就是今天的"龙门西河"，但是对于其他地方也不能置之不理，其中皆有一定缘由，不能是无中生有。下面我们就将各地对于子夏的论说作一分类，进一步探索哪一类是子夏亲力所为，哪一类是子夏弟子所为，哪一类是信仰所导致，哪一类真的就是杜撰而来。

从目前全国所有和子夏有关的县市统计大致有以下几地：

地方	理由	出处	备注
河津	子夏退老之西河，当以河津为是。今河津有子夏墓，又有子夏石室	孔尚任编纂的《平阳府志》	山西
孝义	魏文侯墓	侯丕烈编著：《卜子夏在孝义》，山西古籍出版社	山西
灵石	卜子夏久留教泽	景茂礼，系当今灵石县人	山西
文水	隋开皇五年子夏山隐堂洞石碑	《文史月刊》2015年第7期	山西
汾州	西河郡，今汾州（现汾阳）也。《尔雅》云："两河间曰冀州。"《礼记》云："自东河至于西河。"河东故号龙门，河为西河，汉因为西河郡，汾州也，子夏所教处	《史记》正义	山西

(续表)

地方	理由	出处	备注
韩城	西河，在河东郡之西界，盖近龙门。刘氏云："今同州河西县（今韩城）有子夏石室学堂也。"	《史记》索隐	陕西
合阳	洽川镇子夏陵		陕西
芮城	子夏墓，子夏碑		山西
温县	河济之间，子夏墓	《礼记》《史记》	河南
安阳	断定西河设教在河南安阳，认为孔子弟子不出鲁、卫、齐、宋之间	钱穆《先秦诸子系年》	河南
菏泽	卜固里子夏墓		山东
获嘉	西关村子夏墓		河南
馆陶	馆陶石碑		河北
卫国西河	北起安阳，南至朝歌的"西河"地区，正处于殷商后期王畿之内	《安徽师范大学学报》2006年第6期	河南 河北

在展开论述以前，需要再重点强调一下，这对下面的分析十分重要，否则我们会重新陷入顾此失彼、唯己为是、他人皆非的状态。前面多次论述过，子夏设教和周游传教是一个既有区别又有联系的关系。设教的目的侧重于谋生，我们不能把子夏看成是不食人间烟火的神仙，在离开鲁国后，他首先想到的是解决温饱问题——去办一个学校，然后才是再谋求学校发展传经授道。当然，在创办学校初期，学校的教育也是一种传教活动。明白了这么一个道理，理解下面的分析就容易了。

二、两个中心时间分界点

子夏传教中心，一个是温邑，另一个是安邑（关于安邑办学之事，在讨论河津子夏说的时候再详细论述，这里先放下不谈）。当然，这两个地方都属于晋国魏氏，前面已有论述。这两个中心有一个时间分界点，即《史记·仲尼弟子列传》中所记："孔子既没，子夏居西河教授，为魏文侯师。"换句话讲，子夏在得到魏文侯聘任以前是在《礼记》中所说的"南河"以温邑为中心办学授教，去了魏国后则在《礼记》中所说的"西河"以安邑为中心办学教授。

其实，魏文侯之胞弟魏成子更早于魏文侯得到子夏。《史记·魏世家》中说："魏成子以食禄千钟，什九在外，什一在内，是以东得卜子夏、田子方、段干木。此三人者，君皆师之。"这段记载说得非常清楚——先是魏成子用重金聘任子夏，然后再是魏文侯拜为君师。如是，魏成子也是在魏文侯继任魏氏掌门人后才把子夏推荐给了魏文侯，但魏成子在史书上没有生卒年月记载，也没有关于聘任子夏的确切时间，这样我们还需要从魏文侯和魏成子两人关系上论起。魏成子既然是魏文侯之胞弟，那么，魏成子的年龄不会大于魏文侯，魏文侯的生卒为公元前472年—公元前386年，按常理魏成子应该比魏文侯小两岁，依据《周礼》："十三入小学，二十入大学。"①大学上几年没有明确规定，但从大学所学"六艺"——礼、乐、书、数、射、御内容来看，大学至少需要三年才能完成这些科目。虽然春秋战国之际各大国的教育政策都是"以礼为文，以戎为主"，但基本框架不离六艺。这样，魏成子上大学的起止时间约从20岁到23岁，即公元前450年—公元前447年之间。这样，魏成子从政在公元前447年左右，那么子夏得到魏成子聘任去魏国也就在公元前447年左右。其实，魏成子才是最早养"士"（包括学士、方士、策士或术士以及食客）的贵族公子，比战国四公子要早很多。

会不会存在这种情况：魏文侯和魏成子在读小学或大学时就拜子夏为师？根据吕世宏在《卜子夏"西河设教"辩》中说，魏文侯是在继任魏氏掌门人前就在汾州（今汾阳）跟随子夏就读，此说属于臆测，不可信。依据《周礼》，各诸侯国有严格的保育制度，杨宽先生分析："原来贵族家内，不论对于男孩或女孩，同样有一套保育和监护的礼制。"②等太子年龄稍长以后，还有专门的官员对其进行教养。这虽然是西周时期的规定，但春秋时期这种制度依然存在，据《左传》《国语》等书记载，许多王子、太子、世子都有师傅担负教育他们的责任。如鲍叔牙为公子小白师傅，管仲为公子纠师傅，高厚为太子牙师傅，潘崇为楚太子商臣师傅，伍奢为楚太子建师傅，杜原款为太子申生师傅，叔向为太子彪师傅，荀息为奚齐师傅，等等。春秋时期太子师傅具有教育太子的责任，同时在政治上也与太子连为一体。春秋时期经常有废立太子的政治斗争，在这些斗争中太子师傅都会极力为太子出谋划策，辅助太子稳登王位。太子一旦登上王位，他们就会跟着飞黄腾达，具有很高的地位，掌握很大的权力。太子要是失败，他们就要跟着遭殃。因此，魏文侯与魏成子在读小学和大学期间断然不可能跟随子夏，而且，子夏并没有任魏国太师之说。

---

① 吕思勉著，马东峰主编：《先秦史》，北京：北京理工大学出版社，2018年版，第475页。
② 杨宽著：《西周史》，上海：上海人民出版社，1999年版，第315页。

鉴于此，子夏在公元前447年以前不可能去魏国任君师。这个时间还可以用另外的历史事件来佐证。公元前500年晋国中军佐赵鞅攻打卫国，卫国战败并送给赵氏500户人家，赵鞅临时安排在邯郸赵氏家，公元前497年赵鞅欲取回500户人家，邯郸赵氏不给，从此掀起晋国内乱，一直到三家分晋。当时的形势是赵、韩、魏三家势力范围在晋国西部；范氏、中行氏控制了晋国东部；邯郸赵氏控制着邯郸及附近区域；荀氏疆域布满晋国全境，与其他几家呈交错布局。公元前491年，赵、韩、魏、荀联合灭掉士氏、中行氏。公元前476年，赵鞅去世，其子赵无恤任下军将，荀氏智伯瑶任中军将。公元前472年荀氏带领晋军攻打齐国，齐败。公元前464年晋国攻打郑国，郑败。公元前457年"知伯与赵、韩、魏尽分其范、中行故地。晋出公怒，告齐、鲁，欲以伐四卿。四卿恐，遂共攻出公。出公奔齐，道死"[①]。但事与愿违，晋出公反被四家击败且死于非命。公元前455年晋国又陷入韩、赵、魏、荀（智）四家内乱，公元前453年韩、赵、魏联合灭掉荀（智）氏，赵无恤任中军将。公元前448年，荀氏率族投奔秦国，三家瓜分荀氏领地。公元前445年魏文侯继任魏氏掌门人。[②]从以上史料我们可以看出，晋国在公元前448年以前，一直内战不息，这里没有办学的环境，子夏不可能在这个时期去晋国设教办学；魏国在公元前448年以前忙于备战，也不可能邀请子夏来魏国西河设教、授教。而进入公元前447年，晋国内战基本处于三足鼎立、和平相处阶段，魏成子此时也已成年，"东得卜子夏"就在情理之中。所以，我们把公元前447年作为子夏离开魏氏温邑进入魏氏安邑并在西河活动的分界线，是年，子夏61岁。

三、河济授教诸地考

前面说到，子夏在公元前447年在河济之间办学传教，公元前447年以后去安邑传教。前一个时期从公元前474年开始至公元前447年结束，20多年。此段时间是子夏从离开鲁国后到温县办学再到盛名后传教的蜕变时期。这一时期，子夏从一名学者逐渐成长为一名儒学大师。后一个时期从公元前447年开始到公元前420年（子夏去世之年）结束，也是20多年，这个时期是子夏在西河地区为魏国政治、军事、文化服务并创办西河学派的一个重要发展时期。我们先来了解前一个时期各地对子夏

---

① （汉）司马迁：《史记·赵世家》，北京：中华书局，1959年版，第1794页。

② 以上事件涉及的人物、时间、地点等在《春秋》《史记》中都可以找到，鉴于推理比较烦琐，这里就不一一考究了。

相争的真实情况。

　　子夏离开鲁国在温县办学，以此为基地，为之奋斗20多年，子夏学校已具规模，但子夏的目的并不仅仅是为了解决温饱问题，而是承传先王之道，传播儒家学说，"君子渐于饥寒，而志不僻"①，这才是子夏办学的终极目标。"无卜子则无汉儒之经学"，足可见子夏对儒家经典传承的贡献。因而，子夏在下一个时期的任务就是传道授经，把理论和实践结合起来。

　　由初期办学到学校盛名无外乎两点：一是办学时间长；二是学术和教学发展繁荣。古今中外，概莫能偏。子夏孜孜不倦在温县办学20多年，不仅仅是给学生答疑解惑，"在明明德"，而且在学术上更是颇有造诣。"《诗》《书》《礼》《乐》，定自孔子；发明章句，始于子夏。"②子夏在办学初期，教授学生《诗》《书》《礼》《乐》时一定会遇到阅读时的麻烦，而起初子夏招收的一定会是一些基础薄弱的学生，从实际出发，子夏发明章句也是为了实际教学而用。

　　《史记·儒林列传》云："自孔子卒后……子路居卫，子张居陈，澹台子羽居楚，子夏居西河，子贡终于齐。如田子方、段干木、吴起、禽滑厘之属，皆受业于子夏之伦，为王者师。"③可见，孔子去世后，并不是子夏一个人在办学授教，而且这些同学们在办学授教期间也会有学术交流。《论语·子张》中记：

　　　　子夏之门人问交于子张。子张曰："子夏云何？"对曰："子夏曰：'可者与之，其不可者拒之。'"子张曰："异乎吾所闻，君子尊贤而容众，嘉善而矜不能。我之大贤与，于人何所不容？我之不贤与，人将拒我，如之何其拒人也？"④

　　这个记载，虽没有明确子夏的学生求教于子夏的同学子张在何时何地，但子夏与同学们之间的学术交流确有其事而不是杜撰。

---

① （战国）荀况撰；（唐）杨倞注；（清）卢文弨校补：《荀子》，清乾隆嘉庆间嘉善谢氏刻抱经堂丛书本。
② （刘宋）范晔撰；（唐）李贤等注：《后汉书·邓张徐张胡列传》，北京：中华书局，1973年版，第1500页。
③ （汉）司马迁撰：《史记·儒林列传》，北京：中华书局，1959年版，第3116页。
④ （清）刘宝楠撰；高流水点校：《论语正义·子张》，北京：中华书局，1990年版，第737—738页。

此外，子夏弟子也非常多。"子夏居西河，教授三百人"[1]，这很有可能是相对于孔子"教授三千人"而言，学生收徒自然应少于老师是一种尊师之说。其实，子夏若在西河就有弟子三百，那么，在温邑二十余年的教学生涯之中，收徒何止三百。这样，就带来一个问题——有一些学生不是子夏亲自面授的，子夏没有那么多的精力，这种情况同样出现在孔子办学的时候。如陈亢在《论语》中凡三见，记载的都是问学之事，二问子贡，一问孔鲤，但他却始终没有向孔子当面请教过，说明他只是外围弟子，不由孔子亲授，而是由孔门核心弟子转授。这种分层教学模式创始于孔子，当然子夏也会采取这种方式，而且这种教学模式直到东汉时期还存在。如东汉马融，"才高博洽，为世通儒，教养诸生，常有千数，涿郡卢植、北海郑玄，皆其徒也……常坐高堂，施绛纱帐，前授生徒，后列女乐，弟子以次相传，鲜有入其室者"[2]。

子夏所办是当时规模比较大的私学，尤其是在盛名之后，求学者甚众，一个人当然不能面授全部学生。这样，就会产生一个直接的现象：有一些学生会假托子夏的名誉去办学、去传经、去抬高自己。这一论断是比较可信的。先秦时期，许多知识依靠口耳相传，拥有书籍的弟子少之又少。因而，学生在听老师讲完后，会将自己所接受的一些知识融入自己的见解和主张，再各自口耳相传，学生收徒，辗转口传，若干年后才著于竹帛，沿传至今。这样，弟子与弟子之间出现师生关系就不足为奇，但宗师不能变。

鉴于以上两种情况：子夏与同学之间的交流和子夏弟子身份冗杂且众多，后世对子夏所在地之争，以及所建的墓茔和祠堂，有很多是子夏弟子或再传弟子所为。正如河津子夏碑中所说：

> 这是因为从古至今，凡是圣贤去过的地方，这里的史书、县志和家谱都将其记录下来并加以传说，来达到为本地和本族人增光的目的。如孔子的学生：山东历城有闵子墓，而河南范县暨江苏之沛县、安徽之宿州符离集也有闵子墓。河南滑县有子路墓，而直隶之开州、长垣、清丰皆有子路墓。河南孟津有冉伯牛墓，而山东东平又有冉伯牛墓。

---

[1] （刘宋）范晔撰；（唐）李贤等注：《后汉书·邓张徐张胡列传》，北京：中华书局，1973年版，第1501页。

[2] （刘宋）范晔撰；（唐）李贤等注：《后汉书·马融列传》，北京：中华书局，1973年版，第1972页。

同理，大凡是子夏去过的地方，或者是子夏的学生假借子夏名誉办学的地方，后人都会将其记录下来并加以传说。

如是，我们就可以对有关子夏办学传教地或子夏墓地等情况作一探究了。

从目前来看，对子夏办学设教之地在黄河下游就有"温县""安阳""菏泽""获嘉""馆陶""卫国西河"六地之争，以及晋陕的"河津""孝义""灵石""文水""汾州""韩城""合阳""芮城"之争的八地。这十四地皆有子夏的影子，如果子夏都在这十四地待过和传教还勉强说得过去，因为子夏高龄，从年龄上看可以办到。但是如果说子夏在每个地方都办学教授，死后还分别葬在十四地，这是断然不可能的。这需要我们去理清头绪。

1. 卫国西河与菏泽、获嘉等地分析

卫国西河说前面已有多次涉及，不是子夏办学之地。对于卫国西河而言，有学者认为《史记·孔子世家》中有"其男子有死之志，妇人有保西河之志"，司马贞索隐："此西河在卫地，非魏之西河也。"①故有学者揣测，子夏长时间在卫国跟着孔子学习，而且子夏任过卫国行人，所以子夏应该在卫国设教。此论点不可认同。子夏随孔子去过的地方很多，而且并不单是卫国有西河，一般情况下，人们对于家乡附近的河流，只要位于聚落地西边，也常常称作西河，如《汉书》中记："度西河，至高阙。"②此处的西河就是赫赫有名的河套平原的西河，因位于黄河之西所以称西河。这里子夏没去过，我们看看子夏去过的地方。如《隋图经》中说："安阳有西河，即卜子夏、田子方、段干木所游之地，以赵、魏多儒，在齐、鲁、邹之西，故呼西河。"这样的例子非常多，总不能认为这些西河之地都有子夏办学设教之事。

菏泽说基于子夏葬于曹——今菏泽。山东省菏泽市子夏祠堂和坟墓一直到新中国成立都保存完好，菏泽《先贤子夏公祠堂碑记》中记载："卜子名商字子夏，卫人，少孔子四十四岁，曹州卜堌都其故里，墓在曹州城西北十里。"另外，子夏公祠堂碑保存在山东省菏泽市子夏祠堂外，在《钜野族谱》中最早的谱牒序文是明崇祯八年（1635年）兖西观察使冒起宗所撰。但《钜野族谱》未将此碑文录入族谱，不过《丰县族谱》却将此明朝碑文记录在清末光绪三十四年（1806年）谱序之后。原因为：光绪三十四年丰县族支修谱后不久，接到钜野县"卜翰林"宪章公以宗主身份通知丰县卜氏前往续谱，因为过去虽同为卜氏宗亲，但是未曾有过交往。对此，

---

① （汉）司马迁撰：《史记·孔子世家》，北京：中华书局，1959年版，第1924页。
② （汉）班固撰；（唐）颜师古注：《汉书·卫青霍去病传》，北京：中华书局，1962年版，第2473页。

卜氏族老认为是件好事，于是以丰县六里河克宽公为首的几位族长携带丰县《卜氏大宗谱》抵达"翰林"之乡。因谱中所载与《钜野族谱》相异，且有两千多年前的序文，宪章公令丰县族老将其弃之，另行接续到《钜野族谱》。克宽公当即反对，并忿然离开。因此地离曹州不远，根据族谱所述有子夏公墓，便一行赴商公墓祠拜谒先祖，并将《卜子碑文》抄录带回，载入了丰县《卜氏大宗谱》。西周时曹州属于曹国，建都陶丘（今山东省菏泽市定陶区），公元前487年，宋景公出兵进攻曹国，曹国灭亡，其地归于宋国。公元前286年，宋国被齐国所灭。从以上史料分析，子夏在曹国或宋国境内办学的可能性几乎为零。有没有传教的可能？这一点可能与子夏的弟子有关。子夏有一个弟子谷梁赤（生卒年不详），系菏泽人。谷梁赤从子夏学校学习结束后，著书立说，其直系后人在今菏泽一带，至西汉时写成《春秋谷梁传》。那么，谷梁赤借子夏之名在这里教授实有可能。

此外，在菏泽地区有这么一个传说，也许是引起子夏在菏泽设教的由头：传说卜子夏于老年同孙子前去曲阜祭奠孔子，在途中曹地北卜堌都逝世，其孙将棺木运回故里，当走到董杨门南地，大家停下来休息时，突然大风狂起，飞沙走石。风停后，狂风卷起一个大土堆，把子夏的棺木埋住了。所以有了子夏死于曹的说法。

明代吕元善撰写的《圣门志》中有"子夏墓在山东兖州府曹州西四十里卜堌都"的记载，但究竟是后人因为有《圣门志》才有的子夏死于曹的传说，还是吕元善听说了传说才有的《圣门志》关于子夏的记载，这已无法考究。如果非要揣测一下，也许系谷梁赤及其后人所撰。因而又会引起子夏究竟埋在何处的争论。从目前看，各地对子夏相争就会产生一个附加问题——子夏埋葬地。这要联系民俗，这个话题本应该专题讨论，但恰好在这里涉及子夏死后之事，就在此一并讨论，其他地方就不再论及。

儒家非常重视孝道。实际上，早期的儒者就是一种以宗教为生的职业，负责治丧、祭神等各种宗教仪式。"儒本求雨之师，故衍化为术士之称。""儒"起源于殷世，是祭司或神职人员。[①]儒家不但从思想上教化人们要有正确的死亡意识，更善于利用仪式言传身教，祭祀在形式上就成了培养中国人死亡情结的场所和教化的课堂。对祖先的祭祀功能包括：通过祭祀强化生者与死者的感情联结，从而让生者正确看待人生意义；通过祭礼合理建构人间秩序，明确职责和使命；通过祭祀活动反省人生的终极归宿，确立人生观和价值观。梁漱溟先生将这种祭祀活动形象地描述为：

---

① 参见舒大刚著：《大众儒学书系·儒史杂谭·舒大刚说儒》，贵阳：孔学堂书局，2015年版，第14页。

"要在有与我情亲如一体的人，形骸上日夕相依，神魂间尤相依以为安慰。一啼一笑，彼此相和答；一痛一痒，彼此相体念。——此即所谓'亲人'，人互喜以所亲者之喜，其喜弥扬；人互悲以所亲者之悲，悲而不伤。盖得心理共鸣，衷情发舒合于生命交融活泼之理。"[1]祭祀活动借助情感的巨大力量，来达到教化人的效果。祭祀活动为每个人的人生找到了归宿，亲亲、仁仁变成了现实，亲情得到了深化，人生有了温暖，活者有了勇气，死者也心安理得。因而，儒家特别重视人死后的叶落归根，即人死后尸体一定要回到家乡。在古代，宗族有自己的墓地，族内的人死后都要葬入祖坟，除非人死于非命不能进入祖坟，或被开除祖籍的人死后不能入祖坟，因而人们称不能进入祖坟的人死后为孤魂野鬼。

子夏系孔子著名弟子，对于葬礼、祭祀等不会视而不见。有学者说，子夏虽然懂，但子夏死后身不由己。我们应该明白，子夏也是一名教师，他的子孙、弟子们也会按照儒家那一套去安葬子夏，不会埋在其他地方。因而，子夏墓真正的地方只有一个，那就是子夏故里——温县。其他地方的子夏墓只能是衣冠冢，或是子夏后人所建，或是子夏弟子所建，只是为了缅怀。

我们可以把获嘉说与菏泽说一并对待。两地相距100多公里，文化背景相同，对子夏之争的理由大同小异。获嘉说的依据是因为该县有子夏遗迹两处，一是先贤卜子夏祠，二是子夏墓。县城文庙内，旧有卜子夏祠，已废。《获嘉县志》载："今吴兴街有卜子夏祠为卜氏宗祠。……原非后世之原温，亦非后世之温也，即孔疏引为魏人，亦以其老于西河，而言今卫之卜氏仅见于获嘉，散处南方（卜氏）据卜氏谱亦据系由此迁往，则获嘉具有子夏墓或不为诬。"获嘉《卜氏族谱》云："祠内有正殿三楹。殿中龛内有卜子夏像及木牌位，题曰：'先贤卜子夏神位。'大门一间，竖额曰：'先贤卜子夏祠。'"获嘉子夏祠为清乾隆四年（公元1739年）所建，原有正殿三楹，走廊出厦，透雕阁扇，匾额文曰："西河儒宗。"殿内供奉卜子夏画像，供春秋祭祀焉。现县城四街有遗址。

子夏墓又名商陵，位于史庄镇邓庄村西北隅，清康熙五十五年（公元1716年），卫辉知府庄延伟、知县戴承勋立石墓前，题曰："先贤卜子夏之墓。"有墓碑名为《商陵源碑》。

获嘉县目前有卜氏一族，延续至今已八十余代，此地与子夏有关的传说故事有三则：一是孔子去赵国，途经同盟山，卫国大夫蘧伯玉宴请孔子，恰逢子夏在隔壁弹琴，于是收子夏为徒的故事。二是子夏邑内遇见两猎人同时射中一只野鸡，因而

---

[1] 梁漱溟撰：《梁漱溟全集》，济南：山东人民出版社，1990年版，第87页。

起争执，于是子夏教化黎民的故事。以上两则故事均刻在同盟山武王庙碑廊之中，名为《孔子停车处记》和《子夏解经佗记》。三是关于子夏出生的传说。说是公元前507年5月的一天，身怀六甲已足足十二个月的田氏，见孩子迟迟不肯降生，周围邻居们又指指点点，心中甚是焦急，就背着卜周启偷偷去武王庙上香，盼孩子平安。谁知三炷香刚刚烧完，就感到腹中疼痛，田氏想肯定是武王爷显灵，孩子要出生了。于是急忙想往家返，可是肚疼一阵紧似一阵，竟一步也不能走动。奇怪的是，往常热闹的武王庙今天竟然一个香客也没有，就连庙里的道人也出外云游了。田氏一直折腾到傍晚，情急之下，不仅吃了武王爷供台上的供品，还将孩子产在了武王庙内。危难之时，一老翁忽然来到武王庙，询问过情况后便摸黑到卜周启家报信。在老人的帮助下，卜周启用独轮推车将子夏母子推回家中。安顿好子夏母子后，卜周启连忙向老人拜谢，可老翁却哈哈一笑，飘然东去。此时，东方已渐渐发白，一头雾水的卜周启顺着老翁渐渐消失的身影望去，却看到了天边那颗明亮的商星。卜周启恍然大悟，知道是神仙下凡帮忙，赶忙下跪拜谢。思来想去，卜周启便给这个孩子起名叫商，字子夏。一来是感念老翁的救命之恩；二来是孩子出生时正值初夏；三来商星过后将是旭日东升，夏季则是万物生长的季节，企盼儿子能够使家业振兴。当然，这个传说是和古代名人出生时都有天生异象有关，不可真信。

《获嘉县志》称该地系西周建立之初的"修武邑"，东周春秋初，境域称宁邑，属卫国。此处与别地不同的是有了子夏投入孔门的场景和子夏断案故事。子夏究竟在卫国有没有设教和传教，我们需先看另一事件。《史记·孔子世家》记，孔子去世的那一年（公元前497年），子路死在卫国，只不过早于孔子去世。孔子听说后，非常难过，于是孔子生病了，子贡去看望他。孔子正拄着拐杖在门口散步，说："赐，你为什么来得这样迟啊？"孔子于是就叹息，随即唱道："泰山要倒了！梁柱要断了，哲人要死了！"他边唱边流下了眼泪。对子贡说："天下失去常道已经很久了，没有人能奉我的主张。夏人死了停棺在东厢的台阶，周人死了停棺在西厢的台阶，殷人死了停棺在堂屋的两柱之间。昨天晚上我梦见自己坐在两柱之间受人祭奠，我原本就是殷商人啊。"过了七天孔子就死了。子路死的原因是卫国内乱，子路冒死冲进卫国国都救援孔悝，混战中被蒯聩击杀，结缨遇难，被砍成肉泥。可见，在子夏办学前，卫国陷入内乱，已经不适合办学。这是其一。其二，孔子最得意的弟子子贡就生于卫国——今河南鹤壁市浚县，子贡晚年，也像孔子一样开始办学，鲁国大夫子服景伯就是他培养出的优秀人才。其三，温县与获嘉两地甚近，依据办学条件，子夏也不会在获嘉办学。鉴于此，子夏不会在卫国办学，但会在卫地传教。一是由于卫国和子夏有千丝万缕的关系，子夏在卫国投入孔门，且子夏任过卫国行人，对卫国有感情，而且孔子在世的时候，在卫国待的时间比较长，在卫国传教次数也比较多。故地重游，继承孔门事业也在情理之中。二是获嘉和温县距离不远，子夏可以经常来往于两地之间。根据《新乡县志》记，韩、赵、魏三家分晋时，今新乡市区、新乡县、卫辉市、辉县市、获嘉、原阳、延津属魏，封丘、长垣先属韩，继而属魏。所以，子夏不会在获嘉办学，但会在该区域传教授徒。

2. 安阳、馆陶等地分析

安阳说目前具有代表性的是陈斌、张建华编著的《邯郸之最》：

> 子夏讲学传经的地方在"西河"。西河即今馆陶县城西偏南十四公里的河寨村。该村一直俗称西河寨，前些年统一地名时才改名河寨。古、旧县志记载：西河寨，因东濒（黄）河，故名。卜子祠，在旧县城（旧馆陶县治，今山东冠县北馆陶镇）西南七十里西河寨，庙貌巍巍，香火鼎盛。春秋时致祭礼记，孔子的弟子卜子商（字子夏），曾设教坛于此，故后相沿为卜子祠。旧县志录有卜子祠黑白照片。祠今已不存。子夏弟子段干木是今邱县郝段寨人（杨凤奎先生提供资料），继子夏后，亦教授于西河。魏文侯（魏斯）求贤若渴，虚心下士，既从子夏受经，又以师礼事段干木。每逢从别都（今魏县境）至此，必凭轼起立。为安置贤者或便于与"西河"联系，魏文侯于今大名境内（未城），一说在魏县境内（约在今魏县东一公里处）筑起了高高的"礼贤台"。礼贤台与西河相距不过几十华里，以致魏文侯可以及时向西河学者们请教国政，使得魏国日益强盛，强秦不敢睨视。①

"安阳"一名始于战国。其说有二，《史记·赵世家》载，赵惠文王二十四年（公元前275年），"廉颇攻魏之防陵、安阳，拔之"②，"安阳"一名始见于史册。另《史记·秦本纪》载：秦昭襄王五十年（公元前257年），"（王龁）攻邯郸，不拔，去……攻汾城，即从唐拔宁新中，宁新中更名安阳"③。即"安阳"之名是由"宁新中"改过来的。可见，春秋战国时期，安阳属于邯郸一个城邑。春秋战国时关于安阳的记载非常少，说明此时安阳属于一个小城市，虽然夏商时期它曾经辉煌过，然

---

① 陈斌、张建华编著：《邯郸之最》，北京：中国城市出版社，2003年版，第47页。
② （汉）司马迁撰：《史记·廉颇蔺相如列传》，北京：中华书局，1959年版，第2444页。
③ （汉）司马迁撰：《史记·秦本纪》，北京：中华书局，1959年版，第214页。

而这仅仅代表过去。春秋时邯郸属于赵,从《史记》记载中我们可见,邯郸早期属于卫国,晋国与卫国打仗,从卫国手中获取了邯郸,当时晋国赵氏执政,此后,邯郸一直属于赵氏。三家分晋后,邯郸还曾作为赵国都城出现,公元前386年,赵敬侯把赵国都城从中牟(今河南鹤壁西)迁到邯郸[①],此后邯郸做赵都历经八代王侯延续150多年。

安阳处于中牟与邯郸之间,可见,子夏在世的时期,安阳一直属于赵国辖区,而不属于魏国。所以《史记》中所记"子夏居西河教授,为魏文侯师"不会与安阳发生任何关系。曾经有一次在学术研讨会上有学者提出:魏文侯会不会在赵国向子夏学习?子夏不是鲁国人不也向孔子学习吗?这个问题需要这样去理解:子夏与魏文侯身份不一样,子夏投入孔门学习时是普通人员,即便有士的身份,也属于没落的贵族。而魏文侯为魏氏嫡长子,出身高贵,自出生那一天起就享受国家保育,身边有太师、太傅传经授道,另一方面,出于安全考虑,魏文侯也不会远赴他国去学习。因而,魏文侯向子夏学习一定会在自己的宗族国,而且离常住地不会太远。那有没有可能子夏在安阳传教呢?这就涉及子夏的另一个学生——段干木。

《史记·魏世家》记:

> 文侯受子夏经艺,客段干木,过其闾,未尝不轼也。《正义》曰:过,光卧反。文侯轼干木闾也。皇甫谧《高士传》云:"木,晋人也,守道不仕。魏文侯欲见,造其门,干木逾墙避之。文侯以客礼待之,出过其闾而轼。其仆曰:'君何轼?'曰:'段干木贤者也,不趣势利,怀君子之道,隐处穷巷,声驰千里,吾安得勿轼!干木先乎德,寡人先乎势;干木富乎义,寡人富乎财。势不若德贵,财不若义高。'又请为相,不肯。后卑己固请见,与语,文侯立倦不敢息。"《淮南子》云:"段干木,晋之大驵,而为文侯师。"《吕氏春秋》云:"魏文侯见段干木,立倦而不敢息。及见翟璜,踞于堂而与之言。翟璜不悦。文侯曰:'段干木官之则不肯,禄之则不受。今汝欲官则相至,欲禄则上卿至,既受吾赏,又责吾礼,无乃难乎?'"[②]

《吕氏春秋》中亦记:

---

① 参见畅海桦:《论赵国的定都与变迁》,《安徽史学》2010年第5期。
② (汉)司马迁撰:《史记·魏世家》,北京:中华书局,1959年版,第1839页。

魏文侯过段干木之闾而轼之，其仆曰："君胡为轼？"曰："此非段干木之闾欤？段干木盖贤者也，吾安敢不轼？且吾闻段干木未尝肯以己易寡人也，吾安敢骄之？段干木光乎德，寡人光乎地；段干木富乎义，寡人富乎财。"其仆曰："然则君何不相之？"于是君请相之，段干木不肯受。则君乃致禄百万，而时往馆之。于是国人皆喜，相与诵之曰："吾君好正，段干木之敬；吾君好忠，段干木之隆。"居无几何，秦兴兵欲攻魏，司马唐谏秦君曰："段干木贤者也，而魏礼之，天下莫不闻，无乃不可加兵乎！"秦君以为然，乃按兵辍不敢攻之。①

从《史记》和《吕氏春秋》中看，段干木是老子的儿子李宗一系，"老子之子名宗，宗为魏将，封于段干"②。既然封于段干，则段干应是地名。但是，段干木故里所在，却众说纷纭。一说山西安邑（今运城市安邑镇），一说山西芮城（今山西芮城），一说河北邱县。有趣的是，三地现均有段村，且段干木墓冢、祠堂并存。在安邑者，又有上下段村之分，莫知孰是。关于段干木比较详细的记载是皇甫谧在《高士传》中云："段干木者，晋人也。少贫且贱，心志不遂，乃治清节，游西河，师事卜子夏。与田子方、李克、翟璜、吴起等居于魏，皆为将，唯干木守道不仕。"③然而，《邱县志·地理·古迹·先贤故里》中却说：

段干木故里，在邱县邱城东二十五里郝段寨。寨内路北旧有五圣堂庙一座，清光绪十三年重修，从庙院中掘出石碑一方，上横书"段干木故里"五字，年月已不可辨。该村将此石嵌在庙门东侧壁上，以保存之。本县旧属魏地，该村既以段名，此石不为无因。又据县属河东段辛庄（原属邱县飞地，今山东冠县万善乡境）段某言，伊系段干木后裔。现馆陶东北有段干木墓。或者段干木生于段寨，后迁段辛庄，而葬于馆陶东北邪。④

因而，联系《史记》《吕氏春秋》《高士传》《邱县志》，综合考虑，段干木祖籍

---

① （秦）吕不韦撰；（汉）高诱注；（清）毕沅校：《吕氏春秋·开春·期贤》，上海：上海古籍出版社，2014年版，第517—518页。
② （汉）司马迁撰：《史记·老子韩非列传》，北京：中华书局，1959年版，第2142页。
③ （晋）皇甫谧撰：《高士传》，清道光二十一年金山钱氏据借月山房汇钞残版重编增刻指海本。
④ 转引自《邯郸之谜（上）·名城邯郸》，北京：中国城市出版社，2001年版，第142页。

应在河北邱县，后迁居山西晋南经商。理由如下：一是魏文侯常常过段干家而"未尝不轼也"。二是秦国欲攻魏国，司马唐竟然劝说秦王，因为魏国有段干木之流放弃了秦国用兵。如果段干木常住河北邱县，以上两条事实不可能存在。三是段干木是一个儒商，并不想为官，一生"守道不仕"，因而也有魏文侯月夜登门拜请段干木，段干木越墙逃避的故事。春秋战国之际，安邑作为魏国都城，商业空前繁荣，经商成为风气。因为这里有河东盐池。《史记》说，鲁国人猗顿在春秋战国之际来到魏国西河经营盐业成为巨富[①]。因而商人来魏国安邑经营盐业成为当时商界主流。《吕氏春秋·尊师》云："段干木，晋国之大驵也，学于子夏。""大驵"在《吕氏春秋译注》中解读为："牙侩，古时集市贸易中为买卖双方撮合从中取得佣金的人。"是指社会地位很低而且名声很坏的人。因而吕不韦在《尊师》中称段干木为"刑戮死辱之人"[②]。但是，段干木又是儒商，"段干木学于子夏"跟从子夏学习儒家文化，逐渐成为品德高尚的人。皇甫谧说段干木有文有行，"怀君子之道"，遂"声驰千里"，名重一时，魏文侯对他极为敬重，并尊他为师。后人把段干木与子夏、田子方称为"河东三贤"。可知段干木年老时在魏国享有极高的声誉。

这里兼顾一下馆陶说，因为安阳与馆陶两地相近，只有100多公里的距离，而且说法一致。据《馆陶县志》记，馆陶是千年古县，赵王在城（今冠县东古城）西北七里陶丘侧置馆，故名馆陶。馆陶在春秋时为冠氏邑（即今山东省冠县东古城），曾属赵国，也是河北省邯郸市下辖县，与安阳馆陶之争在于段干木，认为段干木生于馆陶。清朝光绪年间重刻《馆陶县志》记载："城（指今北馆陶）西南七十里西河寨村，有一庙即卜子祠。其貌巍巍，内有尊经阁，即子夏设教西河处。"目前祠堂已毁，但留有清朝馆陶县廪生刘廷瓒《题段干木先生墓》诗文："负国毛州外，相传干木丘。清风兴儒立，高节抗贤侯。残碑一旁古，花园几树秋。西河源不断，千载共长流。"并且馆陶县有段干木后人，著名的有唐代"居业简素、遵从祖德、不趋世禄"的饱学儒士段道超和元朝被封为昭勇大将军的段伯豫。

综上，安阳说与馆陶说应是后人借段干木系子夏弟子之名而作。

经过以上分析可以暂时得出以下结论：子夏从离开鲁国到去魏国前这一段时间基本上在家乡温邑办学，学校发展后在河济之间，即今天的温县至获嘉一带进行传教或学术活动。而安阳、馆陶、菏泽以及卫国西河附近，皆为子夏弟子在此传道授

[①] 参见（汉）司马迁撰：《史记·货殖列传》，北京：中华书局，1959年版，第3259页。
[②] （秦）吕不韦撰；（汉）高诱注；（清）毕沅校：《吕氏春秋·孟夏·尊师》，上海：上海古籍出版社，2014年版，第76页。

业，或为卜氏后人缅怀子夏所建祠堂和墓冢。

3. 中原相关诸地分析

此外，也有一些地方虽然没有明确记载和子夏有关，但我们可以推测与子夏有关，比如鹤壁、淇县、浚县等地。这些地方都是孔子去过的地方，而且离子夏家乡很近，皆为古代名邑。在今天的鹤壁，还流传着与孔子讲学有关的故事和与孔子有关的遗址。鹤壁市山城区大胡村名字的由来也与孔子有直接关系。敦煌石窟唐代手抄本《孔子项橐相问书》里记载：

> 小儿拥土筑城，在内而坐，夫子车至语曰："何不避车？"小儿答曰："昔闻圣人有言：上知天文，下知地理，中知人情，从昔至今，只闻车避城，岂闻城避车？"孔子赞其虽小，却智慧过人，遂相邀项橐平却天下，然项橐认为："天下不可平也，或有高山，或有江海，或有公卿，或有奴婢，是以不可平也。"[①]

孔子不忍心让孩子们扫兴，便让随从调转车头绕道进村。进村后，孔子见了村里的老人作揖问好，并对村里大人们说："村口那群孩子在路上胡垒，我们不得不绕道进村。"为了表达对圣人孔子的尊敬和爱戴，孔子离开后，当地人就把村庄命名为"胡垒村"，后又历经"大胡垒村""太极村"等名后，演变成了现在的山城区"大胡村"。

淇县的桥盟乡七里堡村也是当年孔子的讲学处，后人为传承孔子的思想和文化，在七里堡村建起了书院，名为学修书院。在浚县南部的新镇镇和北部的善堂镇至今也流传着与孔子讲学有关的故事，而且新镇镇境内的淇门还有当年孔子讲学的学堂遗址。

说鹤壁大家可能不熟悉，但它有另外一个家喻户晓的名字——朝歌，曾是卫国都城。境内还有春秋战国时期另一个名镇中牟。这个地区在先秦时期曾是中原文化的摇篮，此地离温邑不远，子夏在此地区活动也在情理之中。

四、河汾诸地考

这里的河汾诸地指河津、韩城、郃阳、汾州、灵石、孝义、文水等地。这七个地方可以分作两个区域，一个是以河津为主的黄河西河说，另一个是以汾州为主的

[①] 谢桃坊著：《敦煌文化寻绎》，成都：四川文艺出版社，2017年版，第141页。

汾河西河说。西河的问题比较复杂，我们不能按照老路子去探索，需要另辟蹊径，我们要从晋国的交通说起。

1. 子夏去魏国的背景

我们应该清楚一件事情，子夏去魏国是得到了魏成子的邀请，因而他要去的首站是魏氏家族的都城。我们先来了解一下三家分晋时期三家的主要势力范围。

三家分晋并不是一天就完成的，而是有一个过程，大致从公元前448年被打败的智氏逃往秦国，三家才正式瓜分完智氏领土。根据《史记》《战国策》《吕氏春秋》《汉书》等史料，我们大致可以推出三家在公元前448年后的领地如下。

魏氏占有西河地区、上洛地区、东部原卫国一部分土地。西河地区包括河东与河西，河东范围大致为黄河和南太行山最南端之间的地区，河西地区魏国占了一半，另一半属于秦国。上洛地区位于洛阳盆地洛水上游、秦岭东侧，该地区与河东郡相连。东部地区原是卫国土地，魏氏接手后曾派西门豹到此处的邺地管理，后发展繁荣，魏国在战国中期将都城迁到此处的大梁。

与魏氏相邻的是韩氏，其领土主要在上党地区，包括整个南太行山，坐拥天下之脊，地缘优势尽被韩氏占领。其次就是三川地区，三川因有黄河、洛水、伊水而得名，此地中除了洛邑还在东周王朝手里，其余都被韩国占领。

晋国北边是赵氏，其占领了太原地区、代国原地区、邯郸地区。太原地区范围比较大，包括太原盆地和西边的吕梁山区。赵氏占领的代国领地位于太原以北，其地位仅次于太原地区。而邯郸地区比较特殊，是以邯郸为中心辐射周围的区域，其中有一个突出的地方叫中牟。中牟位于漳水之南，主要是因为中牟连接着太行第四陉——羊肠陉，战略位置异常重要，因而赵氏一度把都城迁到中牟也不肯与其他两家置换。一直到赵国灭亡，中牟都在赵国手里。[①]

此时期，魏国所占领土最为富饶，境内有河东盐池、中条山铜矿、运城盆地、黄河天堑、汾河下游等。其都城在安邑。《史记·魏世家》记："（晋）悼公之十一年（公元前563年），曰：'自吾用魏绛，八年之中，九合诸侯，戎、翟和，子之力也。'赐之乐，三让，然后受之。徙治安邑。"[②]《正义》："安邑在绛州夏县安邑故城。"《魏世家》有魏悼子（魏绛之父）徙霍之说，时间大约在晋文公时期，可知魏氏都城系霍迁往安邑。到战国时，魏惠王三十一年（公元前339年）才迁居大梁，其

[①] 关于三家分晋时的势力范围推理比较繁缛，在这里只能概述，详细推理可参考马保春《晋国历史地理研究》，北京：文物出版社，2007年版。

[②] （汉）司马迁撰：《史记·魏世家》，北京：中华书局，1959年版，第1836页。

间安邑作为魏都共计223年。

如是，子夏从温邑出发，应该去魏氏安邑。清人陈玉澍也认为，子夏在魏国时，其办学起始地在安邑。

温邑在太行山南段东侧，安邑在河东、河内、太行山西部。太行山脉，以西为黄土高原，以东为华北平原。山地受拒马河、滹沱河、漳河、沁河、丹河等切割，多横谷，古有"太行八陉"之称，自古为东西交通重要孔道。先秦时期，从太行山到晋国主要依靠"一道八陉"，从南向北分别为：崤山通道、轵关陉、白陉、羊肠陉、滏口陉、井陉、飞狐陉、蒲阴陉、军都陉。这八条山脉中断之处的自然通道，曾是山西、河北、河南三省穿越太行山相互往来的八条"咽喉"之地，是三省边界的重要军事关隘所在之地。根据风长眼量在《地图里的兴亡·三家分晋》中分析，大约在公元前480年，即三家正式分晋前，太行八陉中的北部四陉——井陉、飞狐陉、蒲阴陉、军都陉，分别由中山国、燕国占领，但中山国占据的多，燕国仅占了最北边一个军都陉。南太行山的四陉和一道分别被魏氏占有崤山通道和轵关陉；韩氏占有白陉；赵氏占有羊肠陉和滏口陉。[①]

按照常理，子夏从温邑到安邑应该按照"就近、就便、安全"的原则，走魏国控制的崤山通道或轵关陉，而不是舍近求远，走韩、赵控制的其他路径，更不会南辕北辙走狄人建立的中山国控制的路径进入晋北再折回晋南。梁惠王就曾经说过："河内凶，则移其民于河东，移其粟于河内；河东凶亦然。"[②]这条河东河内间的道路当是由安邑，经过晋国旧都绛，再东南行达河内的轵关陉。

温邑距济源非常近，轵关陉中的"轵"，故址在今河南省济源市东的轵城镇。轵关陉的起始在济源西十一华里处，关当孔道，因曰轵关。轵关陉的最后一站为现侯马市（春秋时晋国最后都城）南的铁刹关，形势险峻，自古为用兵之地。晋文公时期曾因军事拓宽、加固，其大军正是通过这条道路深入中原。如今有一条现代公路亦取此道。出济源沿王屋山方向前行，即到达封门口村，这是轵关陉的一处重要关口，进村的道路上还可以看到通往古道的古石桥，封门口村口可见古封门关遗址，土墙边的封门关石墩依稀可辨。《战国策》中苏秦说赵王"秦下轵道，则南阳动"[③]，

[①] 参见风长眼量：《地图里的兴亡·三家分晋》，北京：中国地图出版社，2016年版，第186页。
[②] 金良年译注：《孟子译注·滕文公上》，上海：上海古籍出版社，2004年版，第3页。
[③] （汉）刘向集录；（南宋）姚宏、鲍彪注：《战国策》，上海：上海古籍出版社，2015年版，第379页。

所指的轵道，就是轵关陉，也就是这条现代公路途经之处。过封门口后，轵关陉通往王屋山，过王屋山后，直达黄河南岸，对岸就是山西垣曲古城镇。过了垣曲，是绛县、曲沃和侯马。春秋时代晋国国都就在这几个相邻的城市间移动。轵关陉的最后一个关隘——铁刹关，它高居于侯马市区南太行余脉的紫金山上，地图上标为"隘口"，但当地人仍叫其老名"厄口"，取其扼守之意。侯马向南到今天的闻喜，然后到达夏县，即魏国都城安邑。从侯马向西则可经新绛、稷山，到达汾河与黄河交汇处——河津（古龙门），河津对岸即为韩城。

子夏进入魏氏腹地是由于魏成子用重金聘请，后又成为魏文侯君师，所以我们的思路应该是：子夏是带着使命去见魏文侯、魏成子兄弟的，而不仅仅是在西河传教。换句话讲，子夏在西河的首要任务是为魏氏家族的发展服务，子夏先是作为魏氏家臣的身份出现，再次才是在西河传教为魏氏政治服务。这和在温邑办学教授的初衷不同——先是办学求谋生，然后是发展壮大传承先王之道。这样我们就得考虑，子夏到了魏氏腹地，其言行是要受到魏氏的制约的，而不像在温邑有着自己的言行自由。因而，子夏的活动范围不能超越魏氏控制的境域范围，尤其是不能拿着魏家的俸禄去韩家、赵家办学传教，这在春秋战国之际尤为重要，我们从这个时期的侯马盟书中可见一斑。盟辞中常常能看到强调"事其主""守二宫""从嘉之盟定宫平峙之命"等类的辞语，从侧面反映了在礼崩乐坏的春秋晚期，家臣也会对宗主表忠心，不能背叛禄主。这样，我们就遵循这个逻辑来判断河汾诸地谁是谁非。

2. 汾州、孝义、文水三地分析

汾阳古称汾州，始建于春秋初期，为瓜衍县，战国属赵，为兹氏县。瓜衍县，今山西省汾阳市阳城乡小虢城村。[①]《左传·宣公十五年》："晋侯赏桓子狄臣千室，亦赏士伯以瓜衍之县。曰：'吾获狄土，子之功也。微子，吾丧伯氏矣。'"[②]鲁宣公十五年，即公元前594年。瓜衍之县遂世为范氏所掌握，直至其曾孙范士吉射败于赵简奔秦，历时百余年。这里的范氏即三家分晋时的智氏，被赵氏打败后举族迁往秦国。其属地瓜衍被赵氏占去。

孝义市，据《孝义县志》记，周惠王二十二年（公元前655年），晋灭虢而迁其民于此，旋建虢城（在今孝义古城北10里大虢城），并置瓜衍县，是山西历史上置县最早的地方之一。周定王十三年（公元前594年）晋侯赏士伯（范士贞子）瓜衍之

---

① 参见[日]石割平造编撰，蔡敦达译编：《中国城池图录》，上海：同济大学出版社，2018年版，第102页。

② 杨伯峻编著：《春秋左传注》，北京：中华书局，2008年版，第764—765页。

县。时瓜衍的县境，从《左传》出现的地名来看，为南临"随"（介休南，士贞子原封地），西南至"蒲""屈"（石楼、方山一带），东北邻"平陵""中都""邬"（平遥、交城一带），北接狐氏地。即瓜衍河上游山区、中游丘陵及今汾、孝和文峪河流域的大片平原（平衍地区）都属于瓜衍县。韩、赵、魏"三家分晋"后，时属赵国境域。

从以上汾阳和孝义史料看，二县在春秋时同属瓜衍县，三家分晋后被赵氏占领。仅从这一点，我们就可以否定子夏在汾州办学传教之事。因为子夏不可能违背魏氏意愿去赵氏领地办学。其次，汾州说的起源为《史记》作《正义》的唐朝张守节，他认为子夏设教的"西河"在大河之东的汾州：

> 西河郡，今汾州也。《尔雅》云："两河间曰冀州。"《礼记》云："自东河至于西河。"河东故号龙门，河为西河，汉因为西河郡，汾州也，子夏所教处。《括地志》云："谒泉山，一名隐泉山，在汾州隰城县北四十里。"注，《水经》云："其山岸壁立，崖半有一石室，去地五十丈，顶上平地十许顷。"《随国集记》云："此为子夏石室，退老西河居此。有卜商神祠，今见在。"[1]

其后，从此观点出发，后人将子夏办学的确切地点放到了文水。所以我们可以把汾州、孝义和文水三地的事情放在一起考虑。

这三地关于子夏办学的论据有如下几点：一是张守节的西河考；二是子夏山；三是卜子夏、段干木、田子方三人之墓；四是唐隐洞；五是唐代碑刻；六是村名历史与子夏的关系。看上去确实证据不少，但是三人成虎，说得多的不一定对，万事不过一个理字。我们来看清嘉靖年间任隰州知州的钱以垲在节录《隰州志》中对子夏一事的看法：

> 先贤卜子夏，卫人，讲学西河，为魏文侯师。其终老于西河，或复旧于卫，史未之载也。河津有子夏墓，芮城亦有子夏墓，而孝义县西有三子墓。三子者，谓子夏不可信，而通志并载之，乃隰州则亦有子夏墓云。
>
> 夫世所谓传古迹，大抵出讹传，会有好事者创其说，复有好事者传述之，而其后遂不可辨。一遇博物洽闻之士，考今订古，徒资一笑而已矣。

---

[1] （汉）司马迁撰：《史记·仲尼弟子列传》，北京：中华书局，1959年版，第2203页。

虽然五方之人性不同，曰某所某，其奸佞之所居矣，则怫然以为，辱某所某；圣贤之所处也，则欣然以为，荣之荣为，辱不言而同然是。即可以证人性之本善也。彼夫埋魂委骨，邱夷陵毁，石马嘶湮，丰碑卧草，盖不知凡几，曾未有稽其姓氏，考其里居官爵，而为之欷歔，凭吊者乃若先贤一抔土，微芒疑似之间，遂若信之，切慕之深，勃然动墟庙之思，优然有羹墙之见者，此一念也。谓非可与为贤，可与为圣之机也哉！[①]

钱以垲对此事的看法可谓一针见血——"有好事者创其说，复有好事者传述之"。其原因系人性之本善也，大家都喜欢把好人好事往自己家乡放，而把恶人恶事尽量推给别地。但是谁在此地创说了子夏办学一事，钱以垲并没有去探究。清人陈玉澍对西河"文水说"曾有过反驳：文水在战国时期名为大陵，属赵国之地。无论子夏设教之地是"魏国西河"还是"卫国西河"，都与文水没有太大的关系。但是隋代以后，"文水说"渐露端倪。换句话讲，子夏在汾州、文水、孝义三地的说法，是隋代以后有人杜撰出来的。

隋代为何有人将子夏与汾州联系起来呢？推测与隋朝设立西河郡有关。《隋书·地理志》记载："西河郡，后魏置汾州，后齐置南朔州，后周改曰介州。统县六。"[②] 6个县分别是隰城、介休、永安、平遥、灵石、绵上。其实最早否定汾阳说的是清代著名学者《汾州府志》的主撰戴震。他在《答曹慕堂给事书》一文中提出子夏西河在韩城不在汾阳的观点。他认为，汾州近汾远河，是汾上不是河上；汉兹氏在离石东，离石属赵，所以汾阳属赵，汾州设立西河郡始于北魏；芮城有段干木冢，所以孝义段干木墓是不知"谁氏之垄"当为附会。其实，西河郡和子夏没有关系，当吴起攻占秦国河西之地时设立西河郡在公元前408年，此时子夏已经去世（后面在讨论子夏弟子吴起中有详细分析），可见附会者谬论之空。

3. 介休、灵石二地分析

灵石县的历史比较复杂，根据《灵石文史丛书》编委会成员景茂礼的研究和整理，灵石在春秋战国时期的历史沿革为：先北属并州昭余祁地、南属冀州霍国；后属晋国。北属祁、属邬，南属霍、属阴，东属狄、属铜鞮。三家分晋后，韩信岭北属赵、南属魏、东属韩。介休山依介子推而得名。春秋时期，晋国内乱时，曲沃庄

[①] 山西省隰县县志编纂委员会编：《隰州志》，康熙及光绪本合刊重印，1982年，第58—59页。

[②] （唐）魏征撰：《隋书》，清乾隆四年武英殿校刻本。

伯伐翼，晋翼侯奔随，随在今介休城东，当时为晋大夫士会食邑。

介休在三家分晋前属于士会食邑，士会为范氏子弟，三家分晋后范氏在介休的领地归入赵氏囊中。而灵石北部在三家分晋后为赵所占领，南部为魏氏占领。介休与灵石时而合时而分。灵石自秦到北魏分裂前，皆属介休市。《魏书·地形志》记，东魏孝静帝元象元年（公元538年）置永安①，即今灵石。县地分属介休、永安二县。所以我们可把此二地的事情合在一起论。

《山西历史地名词典》："灵石县……唐武德初属吕州，贞观十七年属汾州。"②《旧唐书·地理志》："汾州……以废吕州之灵石来属。"③天宝元年（公元742年），改汾州为西河郡，乾元元年（公元758年）又复西河郡为汾州，县地仍隶如故。《新唐书·地理志》："汾州西河郡灵石，上等县。"④

据以上史料可知，唐朝以后，灵石常常归于汾州管辖，故而介休与灵石关于子夏设教的说法应来自汾州说。但汾州说又与汾阳说相同：

> 义安村三贤祠，祀卜子夏、段干木、田子方，中有金大定年同知汾州节度使雷志所撰碑，正书，惜下半已漫漶。称汾州军者，金沿宋制，明万历二十三年改汾州为府，倚郭始设汾阳县，前此为兹氏、隰城、西河县，而未有汾阳县名也。过义安，积水弥野，徘徊于文湖神祠者久之。碑文亦雷志撰书，石泐不可卒读，大致与汾阳县志艺文所载者略同。碑称，此魏文侯故地，隋王通之所居，志皆阙焉。又有明给事中张第元碑及康熙间举人赵日昌碑，皆纪重修。⑤

综上，汾河五地之说皆出自汾州说，只是版本大同小异。看来还得去汾州探索事情的来龙去脉。

目前来看，导致子夏传教于汾阳的直接原因，是由于子夏洞（或子夏室）的出现。《水经注》云："文水又南，迳县右会隐泉口，水出谒泉山之上顶。俗云，旸雨愆时，是谒是祷，故山得其名，非所详也。其山石崖绝险，壁立天固，崖半有一石室，去地五十余丈……顶上平地十许顷。"《汾阳县志》载："上有石室，去地五十余丈，

---

① 参见（北齐）魏收撰：《魏书》，清乾隆四年武英殿校刻本。
② 刘纬毅：《山西历史地名词典》，太原：山西古籍出版社，2004年版，第133页。
③ （五代）刘昫撰：《旧唐书》，清乾隆四年武英殿刻本。
④ （宋）欧阳修撰：《新唐书》，清乾隆四年武英殿刻本。
⑤ （清）王昶辑：《湖海文传》，清道光十七年经训堂刻本。

列柏倚壁，相传子夏退老居此。"汾阳民间传说：春秋时孔子门徒"卜子夏"退老居西河（汾阳古称），在此山上的石室中设教讲学，教授出政治家李克、军事家吴起，以及贤士段干木、田子方等。卜子夏也是战国时期魏文侯求贤若渴之师，汾阳至今有"文侯村"名。

其实，纵观有子夏设教的地方都有子夏洞的附会。子夏洞在子夏山上，子夏山位于汾阳城西北约三十公里处。子夏洞东南方向有一通残碑，碑名为《隐唐洞增补碑记》，碑文刻有"文阳郡之西有山（下缺字数不详）内有重山叠翠（下缺字数不详）"等字样，洞西有两个小石室，西室比东室大，东室有"开皇五年岁次乙巳正月十五日"字样，断定此洞系隋文帝开皇五年（公元585年）时有人在此居住。西室有"□天祐十年五月，圣境恕夏，僧崇益口，□□□丘墓，内一人僧，并村人二十六人，大中祥符元年三月十一日"的刻文。据此可推断唐代昭宗十年（公元904年）时有一僧人曾在此修行，后来北宋真宗大中祥符元年（公元1008年）时又有一名僧到此，死后并村人二十六人陪葬于内。

根据以上资料我们可以得知，后人把《水经注》《随国集记》附会在隐唐洞上，演绎出了子夏洞。旧撰（志）之人不肯辛劳，以至以讹传讹，石洞被人利用之意义，正在乎佛教苦行修性之意义，于此静坐，远离凡尘，心念佛理或道义，身静心静，觉悟人生，正是洞天福地。

戴震在《汾州府志》中同样推断："其山石崖绝险，壁立天固，崖半有一石室，去地可五十余丈，爰有层松饰岩，列柏绮望。惟西侧一处得历级升陟，顶上平地一十许顷。"[①]《括地志》记，谒泉山，一名隐泉山，在汾州隰城县北四十里。考北魏太和八年（公元484年）置西河郡治兹氏城，兹氏本汉太原郡之属县，后人缘名附会，莫能稽远，遂以为子夏居西河教授迹在于斯，故是山俗呼子夏山。

从目前汾阳市汾州府文庙所存的金代一方碑文中也可佐证戴震所断之正确。碑文如下：

> 战国诸侯，皆以征伐战胜为事。公孙衍、鬼谷子之徒纵横诡说，捐去仁义，终不能救消亡。独魏文侯招来贤俊，好义而忘势，屈节待士。卜商，硕儒也，躬其慧而不劳；最早记载干木，贞小也，式其庐而加敬；子方，仁人也，闻其言而叹息，皆尊礼而师宾之，于是称魏贤君，谥之曰文，延及子孙，皆三人力，迄今千载。后想望其遗风，不忘为之立祀，四时荐享，

---

① （清）戴震：《（乾隆）汾州府志》，清乾隆三十六年刻本。

谁曰不宜？予佐治是邦，重违乡人之情，遂为记。

金大定癸卯十一年同行汾阳军节度使雷志撰。①

据此，汾阳说是因后人认为西河郡望就在汾阳，加上唐洞传说和《水经注》资料，唐玄宗时将此山命名为子夏山，后人进而编撰出了子夏在汾阳设教一事。元代时因"士民樊氏世居子夏山下，建书院以祀子夏，因请于朝得赐额"。后人对前人尤其是有名的前辈建祠立传进行祭奠当属情理之中。

4. 芮城子夏说分析

芮城与汾州关于子夏说相似，但芮城的情况与汾州还是有很大区别的。因为芮城是魏氏的祖籍。"春秋时桓公三年（公元前709年），芮伯万为其母所逐，筑城居之，因名芮城。"②今县城北有魏城遗址。《史记·魏世家》记载："献公之十六年，赵夙为御，毕万为右，以伐霍、耿、魏，灭之。以耿封赵夙，以魏封毕万。"③可见，公元前661年，晋献公命毕万灭姬姓魏国，并把魏地（今山西芮城一带）封给了毕万。毕家因封地改姓魏，于是芮城就成了晋国时期魏卿家族的祖籍。

根据以上史料，再结合子夏在西河设教，就有了芮城与子夏的关系，《芮城县志》中称：

> 卜子夏于西河设教，为魏文侯师。旧时芮城为魏国祖庭，故建卜子夏书院以为祀。因卜子夏在孔门属文学之科，故名文学书院，又称卜子书院。后废。明万历四十年（公元1612年）由知县赵庭琰建于卜子夏书院故址。清乾隆五十六年（公元1791年），廪生董建泰主持维修后复兴。④

学者李尚师认为：

> 晋末期，魏氏强大起来，且一直占有并以今运城地区为中心，所以子夏返晋之后一直在这一带设教从事教育事业。史称的设教西河，长达五十六年。……直到今天山西境内许多地方都留有子夏活动过的遗址，如山西

---

① 武登云主编：《三晋石刻大全·吕梁市汾阳卷》，太原：三晋出版社，2017年版，第1336页。
② 山西省图书馆编印：《山西历史地名录》，太原：山西省图书馆，1977年，第233页。
③ （汉）司马迁撰：《史记·魏世家》，北京：中华书局，1959年版，第1835页。
④ 李晋杰主编：《运城市教育志·第一卷》，太原：山西人民出版社，2009年版，第38页。

芮城县有卜子墓、卜子祠。……芮城今仍有卜氏后裔。[1]

从以上资料看，芮城子夏说和卜氏后裔的关系不大，应该和子夏的另一个学生有很大关系，即段干木。皇甫谧称："段干木者，晋人也。……游西河，师事卜子夏。与田子方、李克、翟璜、吴起等居于魏。"[2]由此而引起段干木属于哪里人的争论。我们在前面已经讨论过段干木，他的祖籍在邯郸，因家贫来到晋国经营盐业，后投入子夏门下学习，但长期在晋国居住这也是事实，故而有了山西芮城和安邑对段干木之争。有趣的是，两地现均有段村，且段干木墓冢、祠堂并存。在安邑者，又有上下段村之分，莫知孰是。好在两地皆在魏国，对我们讨论的主题没有影响。那么，芮城关于子夏说就和段干木脱不了干系，因为段干木系子夏高徒，又常出入于芮城，则后人将段干木与子夏同归于家乡名人录未尝不可。

子夏有没有去过芮城，还真不好说。因为魏国此时还控制着另一条战略通道——崤山通道。如果子夏从温邑出发，经孟津、三门峡就可到芮城。子夏先到芮城再折北去安邑也在情理之中。但子夏被魏氏请到晋国并不全是为了在魏国教书育人，而是看中了子夏及门下的才能。田子方、段干木、吴起、李悝（李克）均为子夏早期弟子（后面将有详细论述），其学业成名之后皆得到魏国重用，这在史籍中多有记载。学以致用即为子夏办学的宗旨，这和孔子办学的目的相同，孔子在办学过程中也常常把自己的学生推荐出去任职。

5. 韩城、合阳二地分析

韩城市政协文史资料委员会所编撰的《河出龙门》一书中讲：

  子夏久居西河，广收门徒，设帐授徒。他"接尼山之薪传，衍洙泗之教泽"，弘扬儒学，教授文化，传承文明，为韩城在历史上的发展崛起，奠定了坚实的儒家思想文化根基，以致对后世产生了深远的影响，韩城成为当时闻名遐迩的教育中心，不少学生慕名前来就学。西河一带也成为当时文人学士荟萃和交流学术的圣地。西河以子夏而名扬四海，由于魏国的地理位置特殊，使之成为战国时期东西文明（化）交流的桥头堡，韩城也成为子夏孕育西河文化的发端地。……为了纪念卜夫子的教衍之德，在韩原子夏执教过的地方，都建有卜夫子祠，有碑曰："魏国公卜夫子。"

---

[1] 李尚师：《晋国通史（中）》，太原：山西人民出版社，2014年版，第552页。
[2] 栾贵明主编：《皇甫谧集（上）》，北京：新世界出版社，2016年版，第205页。

合阳县民俗学者、渭南市作协会员、《渭南日报》特聘作者行相斌在《子夏教授西河之地在合阳》一文中推论：西河所指的具体地理位置，众说纷纭，或许合阳更有一定说服力。理由有三：其一，西河在合阳、韩城、华阴一带，合阳处于这一地区的中心，合阳人常用"西河居士""西河人"谦称。其二，吴起担任了西河首任郡守。吴起在西河履职的同时，也具备了向子夏求教、拜子夏为师的条件。其三，有子夏庙、子夏陵。

总结韩城与合阳二县关于子夏说有三个共同点：一是二县皆属于西河地区，属于《史记》中所说西河范畴；二是吴起任西河郡守，曾邀请子夏到此讲学；三是二地都有子夏祠。从以上三点足可见二县学者对学术研究之不足，一是不求甚解，二是逻辑混乱。如果《史记》《水经注》可以作为证明子夏在韩城、合阳传教的证据，就不需要千百年来学者争论了，何况《水经注》早已出现，你能看到的资料，前人也会看到，不能算是新材料。

以上韩城与合阳之说仅限于地方文化汇编，材料真实性非常有限。其实，合阳与韩城问题的关键点还是在于吴起。公元前408年吴起来到西河任西河郡守的时候，子夏已经去世，吴起怎么会再请子夏来韩城、合阳任教？但吴起会在此地传承儒家学说，因为《左氏春秋》疑为吴起所作，吴起在河西地区驻扎十几年，在此传播历史文化是为必然。

关于《左传》的作者，历来也是争讼不断。有的认为是左丘明，如《史记·十二诸侯年表》说："鲁君子左丘明惧弟子人人异端，各安其意，失其真，故因孔子史记（即春秋）具论其语，成左氏春秋。"[①]

目前关于吴起与《左传》的关系大致有如下说法：

其一，吴起曾受学于曾申，与孔门有关；

其二，吴起曾与魏武侯答问，与《春秋》有关；

其三，吴起曾先后仕鲁、仕魏、仕楚，而《左传》中记鲁、魏、楚诸国事很详，且又是以《春秋》为依据而编年；

其四，吴起是卫国左氏人，与《左氏春秋》得名似有关系；

其五，《左传》记述军事战争丰富且有条不紊，颇谙兵法，而吴起正是一个战功卓著的军事家；

---

① （汉）司马迁撰：《史记·十二诸侯年表》，北京：中华书局，1959年版，第510页。

其六，吴起可能在魏国做过史官。①

虽然目前就《左传》作者是谁仍没有定论，但可以肯定吴起一定传授过《左传春秋》。杨伯峻在《春秋左传注》中就说：

> 据《史记·吴起传》，吴起治国，用法家；善用兵，几乎战无不胜。大凡古代的真法家和大军事家，极少有迷信思想。如果迷信，便会不知敌我，不讲形势。而《左传》一书讲"怪、力、乱、神"的地方很多，其不是吴起所著可知。但不能因此而否定他传授过它。一则它是一部当时基本可信的近代史。二则《左传》的描写战争，不但生动，而且每一战争，着重点各有不同，各有特色。许多军事观点，很值得军事家学习。②

鉴于此，吴起在西河传授《左传》当为无疑。则合阳、韩城子夏说当由吴起引起。吴起是一名军事家，在文学方面当不如子夏，而在当地宣传文学当然要把名誉放在吴起的老师子夏身上。

6. 河津子夏说分析

河津处于黄河与汾河交汇处，黄河自禹门口向下，河道变宽，河水由湍急变为缓流，水流平缓，流速锐减，有众多支流汇入，一直到黄河下游，非常利于航运。但是，黄河下游系地上河，常常决口，因而，从中游禹门口至下游孟津这一段就成为黄河航运中的黄金段。春秋以后，这里就形成了龙门渡、蒲津渡、风陵渡、大禹渡、茅津渡等重要码头。其中龙门渡就在河津。当然，春秋时河津之名称还没出现。"龙门"最早记载于《尚书·禹贡》："浮于积石，至于龙门。"③战国时这里被称为皮氏邑，汉代在此置皮氏县。北魏太平真君七年（公元446年），改为龙门县，从此"龙门"专指今河津。"河津"一词首见于汉代地理名著《三秦记》："河津，一名龙门。"意谓黄河津渡。北宋宣和二年（公元1120年）改龙门县为河津县。

河津的构成比较复杂，除了皮氏邑还有古耿国、岸门等地。《史记》记："晋献

---

① 参见黄觉弘：《吴起与〈左传〉之关系辨正》，《江汉大学学报》（人文科学版）2004年第1期。

② 杨伯峻编著：《春秋左传注》，北京：中华书局，2008年版，第34页。

③ （汉）孔安国撰；（唐）孔颖达疏：《尚书正义·禹贡》，载十三经注疏委员会整理：《十三经注疏》，北京：北京大学出版社，2000年版，第187页。

公赐赵夙耿。"《索隐》曰：今河东皮氏县有耿乡。①古耿国在晋献公时期被灭掉赐给赵氏，在三家分晋后土地置换送给了魏国。虽然在三家分晋时没有明确记载赵氏在晋国西部的领土送给了魏氏，但我们可以从以下几个方面进行推断：一是三家分晋时，赵氏欲联合韩、魏反攻智氏，一定是有条件的。二是岸门在战国时有秦魏之战，说明岸门暨赵氏领地在三家分晋时归了魏国。当然，战国时期韩、魏两国均有"岸门"。韩之岸门在今河南许昌市西北，魏之岸门在今山西河津市南。《读史方舆纪要》中称"岸门"，即岸头亭，在今山西河津市南。《史记·秦本纪》记："（秦孝公）二十四年，与晋战雁门。《索隐》：'《纪年》云，与魏战岸门'，此云'雁门'，恐声误也。"《史记·六国年表》中记"秦孝公二十三年，与晋战岸门"②，即为例证（表与本纪差一年）。

根据吴良宝在《战国时期魏国西河与上郡考》中考证："魏国西河郡的东部，但至少应包括临近黄河的蒲阪、汾阴、封陵、魏、奇氏等。"③则魏国在三家分晋后就占据了龙门渡、蒲津渡、风陵渡、大禹渡、茅津渡这五大渡口。

但是，魏文侯时晋国内战刚刚结束，韩、赵、魏三家势力都大，但都无力兼并其他两家。对于魏氏而言，其领地分成东西两块。一块位于黄河西河东岸，另一块在东部，原卫国一部分土地。就东部而言，如果魏氏发展东部，就意味着要与中原各国开战，三家分晋结束之初的魏国还没有实力与中原各国叫阵。但发展西部的西河，则有利可图。

这个时期西河郡还没有建立，黄河以西的领土有一半还在秦国手里。《史记·秦本纪》载孝公求贤令称："昔我穆公自岐雍之间，修德行武，东平晋乱，以河为界。……会往者厉、躁、简公、出子之不宁，国家内忧，未遑外事，三晋攻夺我先君河西地，诸侯卑秦，丑莫大焉。"④经过多次战争，终于在公元前409年攻占秦河西地，秦人被迫退守洛水。以上史料说明在魏文侯早期，魏国与秦国在西河之地是呈犬牙交错的。

秦国此时虽然在崤之战后元气大伤，无力东进，但是秦国有着先天优势。秦国占据着肥沃的关中平原。从地形上看，关中北面是人烟稀少的陕北高原，西面是陇西高原，西北方向是陇东高原。从地缘上来讲，关中的北方，很难有游牧民族直接跨越陕北高原和陇东高原的千沟万壑，况且即便是陕北高原与关中平原之间，也并

---

① （汉）司马迁撰：《史记·赵世家》，北京：中华书局，1959年版，第1781页。
② （汉）司马迁撰：《史记·六国年表》，北京：中华书局，1959年版，第726页。
③ 吴良宝：《战国时期魏国西河与上郡考》，《中国史研究》2006年第4期。
④ （汉）司马迁撰：《史记·秦本纪》，北京：中华书局，1959年版，第202页。

不是直接平地相连，而是隔着一条并不低矮的北山山脉。在关中平原的西部，很难有外敌具备足够实力横穿河西走廊，一路杀关中。所以，在关中的北部和西部两个方向上，对秦国而言并没有能够匹敌的对手。这样，秦国反而常常把中原看成是假想敌，总是伺机而动。

我们重新审视一下春秋战国之际西河地区的地缘结构。秦魏之间仅仅相隔着一条黄河，潼关对面是风陵渡，虽然此时魏国占了上洛地区，但是要破潼关进入关中，似比登天。因为崤山通道就是秦国的咽喉，潼关就是喉结，秦国把这看成是生命之大动脉，沿这条路都会有重兵把守。但也正因如此，人人都知道崤山通道这条军事道路的重要性，无论是秦国东进，还是魏国西攻，都是最难实现军事胜利的。

所以，在春秋中期以前，秦晋之间的战争仅有一次是在崤山通道进行的，其余都在风陵渡以北的西河地区进行的。

从魏国地理上看，渡过黄河并不需要仅靠崤山通道。绕开潼关天险，是占领关中军事行动中的选择。风陵渡在今芮城，风陵渡上游的龙门渡，或者蒲津渡也是渡过黄河的最好选择。

我们再看公元前445年至公元前420年这26年晋国的形势。这个时间段也正是子夏在魏国活动的时期。战国前期历史资料缺乏，有一段空白。从周定王元年（公元前468年）《左传》记事结束，到周显王三十五年（公元前334年）"六国以次称王，苏秦为从长。自此之后，事乃可得而纪。自《左传》之终以至此，凡一百三十三年，史文阙轶，考古者为之茫昧"[①]。所以我们只能寻找蛛丝马迹再予以推理。

魏文侯是在祖父魏桓子于公元前446年去世后成为魏氏掌门人的，魏文侯元年即公元前445年。魏桓子和赵襄子、韩康子一起打败了智伯瑶，瓜分了他的领地，也就是说，三家分晋和魏文侯没多大关系，但晋国的灭亡和魏文侯有直接关系。公元前425年，赵襄子去世，魏文侯继任为晋国正卿。公元前420年，魏文侯杀晋幽公，扶立幽公的儿子止为国君，达到"挟天子令诸侯"的目的。

魏文侯成为魏氏掌门人以前，三家完成了瓜分晋国土地以及土地交换工作，此时魏国的领土基本上分成两大块。

魏氏西边是一河之隔的秦国，北边是强大的赵氏，东边是新兴的韩氏，南边越过中条山和黄河是秦、楚、郑国拉锯争夺的陕地。魏氏被紧紧地裹在晋西南一隅。魏氏集中在晋西南，虽然在东面还有几块飞地，但都很不稳定，难以建成战略基地。

[①] （清）顾炎武撰；（清）黄汝成集释：《日知录集释》，长沙：岳麓书社，1994年版，第467页。

魏氏的核心地区是运城盆地，其北部是吕梁山，南部是中条山，东部是王屋山，黄河的大拐角包住了魏氏的西部和南部。这样的地势易守难攻，但也容易被压迫封锁。因此，魏文侯继任后的首要任务是自强，不被列强吃掉，然后是打破封锁、向外发展。那么，子夏在魏国待的这个时期，也就是魏国起步发展的初期。

我们从吴起与魏文侯的一段对话中就可以看到：

> 吴起儒服，以兵机见魏文侯。文侯曰："寡人不好军旅之事。"起曰："臣以见占隐，以往察来，主君何言与心违？今君四时，使斩离皮革，掩以朱漆，画以丹青，烁以犀象。冬日衣之则不温，夏日衣之则不凉。为长戟二丈四尺，短戟一丈二尺，革车掩户，缦轮笼毂，观之于目则不丽，乘之于田则不轻，不识主君安用此也？若以备进战退守，而不求能用者，譬犹伏鸡之搏狸，乳犬之犯虎，虽有斗心，随之死矣。"[①]

吴起穿着儒服以兵法觐见魏文侯，推出魏文侯此时是在暗中养兵，只是时机不到。对于魏文侯而言，魏国先要发展才可外攻，否则只能是心有余而力不足。我们从《史记》中就可以知道，秦人虽然丧失了一部分西河之地，即使屡次被魏国击败，但仍在疯狂地抓住一切机会反扑。而且在反扑的战斗中，即使面对文侯时期的魏武卒，贫弱的秦军仍有部分胜利。《史记·魏世家》记载："二十四年，秦伐我，至阳狐。"[②] "三十六年，秦侵我阴晋。……三十八年，伐秦，败我武下，得其将识。"[③]到了魏惠王时期，一如既往贫弱的秦军面对威风尚在的魏武卒居然能在石门和少梁两战大败魏军。因此，魏氏在没有足够强大时，也是不敢轻易西攻的。鉴于此，魏文侯只能是先保住既得胜利果实，在西河一线厉兵秣马，韬光养晦，择机而动。

富国强兵一是靠发展经济，二是靠人才的推陈出新。这样，魏氏兄弟就把眼光放在了正在魏国温邑办学的子夏身上。子夏系孔门四哲之一，又当过行人和邑宰，文武兼备。近水楼台先得月，先把子夏从边疆温邑请到都城安邑，办学设教，培养人才，从长计议。

那么，子夏有没有去过河津呢？虽没有正史记载，但河津卜氏后人有子夏在龙

---

① （春秋战国）吴起撰：《吴子》，清嘉庆兰陵孙氏刻平津馆丛书本。
② （汉）司马迁撰：《史记·魏世家》，北京：中华书局，1959年版，第1839页。
③ （汉）司马迁撰：《史记·魏世家》，北京：中华书局，1973年版，第1841页。

门渡口"堆土为仓"的故事。①此外,河津对于魏国来讲,既是攻秦的桥头堡,又是防守的战略基地。如果说在三家分晋前,河津不足以彰显其战略地位,但此时的河津就成了魏国的战略攻防中枢。在吴起还没到魏国前,子夏也就充当了军事先锋官,坐镇河津遥控河西诸邑。虽无力攻打秦国,但自保却绰绰有余。此外,子夏精通易学,先秦时期占卜在军事上的作用就相当于今天的参谋。"夫未战而庙算胜者,得算多也;未战而庙算不胜者,得算少也。多算胜,少算不胜,而况于无算呼!"②这里的庙算即占卜,指战役之前的战略筹划。古代行军作战,战前将领们都会在宗庙中占卜、谋划,是为"庙算"。现在来看,"庙算"就是"谋定而后动"。涵盖了前期的各种计算、计划、战略运筹、应对方案,即使目前略处劣势,只要比对手拥有更完善的准备、更详尽的计划、更多应变的方法,遇到突发情况也能一一化解或者见招拆招,那么就拥有更大的赢面和更多的把握,就能"未战而庙算胜"。子夏既是卜氏后人,他的祖先卜偃就是晋献公时期的参谋。子夏又是《易经》传人,那么魏文侯选择子夏在河津镇守龙门渡口,可谓是人尽其才。

与河津有同等重要地位的是芮城。河津有龙门渡,而芮城有风陵渡,前面讲过,风陵渡的重要性更大于龙门渡。目前没有记载魏文侯派谁在风陵渡坐镇,但我们从史料中大致可以推出。《芮城县志》云,芮城有段干木墓冢、祠堂,还有段村。魏文侯时期,文侯月夜登门拜请段干木。段干木遵从"不为臣不见诸侯"的古训,越墙逃避。文侯求贤若渴,每过段干木家门,扶轼致敬,以示其诚,终于感动了段干木,得以相见。期间,车夫问其故,文侯曰:"寡人富于势,干木富于义。"③成语"干木富义"即源于此。秦王遂停止对魏国用兵。阳狐系魏邑,在今山西垣曲县东南古城。《史记·魏世家》:文侯二十四年(公元前422年),"秦伐我,至阳狐"④即此。从这些史料中可以推断,段干木就在芮城坐镇。他与老师子夏,一个在西河之头,一个在西河之腰,遥相呼应。而且,从目前留传看,只要有子夏的地方,基本上都有段干木,后世把卜子夏、段干木、田子方称为"河东三贤"。

从目前河津有关子夏的遗迹看,有子夏墓、子夏祠,还有子夏的卜氏后人。但《河津市志》说:"卜子夏于公元前420年,终老西河,享年87岁,安葬在他生活了

---

① 卜氏七十七代传人卜汝斌口述史。
② (春秋战国)孙武撰:《孙子》,清嘉庆兰陵孙氏刻平津馆丛书本。
③ (汉)刘安撰:《淮南子》,明嘉靖九年王銮刻本。
④ (汉)司马迁撰:《史记·魏世家》,北京:中华书局,1959年版,第1839页。

55年的龙门县辛封村。"①此事值得商榷。前面就论述过，人死叶落归根是儒家非常重视的礼俗，子夏不管死在哪，都会送回老家温邑的。所以河津子夏碑中也说："余则谓是亦不必深辨者，自古圣贤足迹所经，志乘率多附会其说，以为桑梓光。……何独于子夏墓而疑之？记不云乎：有其举之，莫敢废也。且即其墓以思其人，俾一乡之士，时且仰止，有所矜式，度亦先贤之所心许也。"

因而，可以断定，此处的子夏墓也系子夏衣冠冢。

在此也对高培华提出的子夏丧子疑问一并探讨。子夏在西河活动期间，携子同教是为常理，而且子夏在西河20多年，并不见得就必须每天无时无刻待在龙门西河，他一定是在西河这个广阔地域活动，有时也会去魏都安邑。因为从魏氏角度出发，请子夏来魏国，并不是看中了子夏在军事方面的预测才能，而是子夏的德行和子夏的文学才能。这样，子夏办学的中心应该是在安邑，而不是其他地方。但考虑西河地区的战略地位，子夏会常常光顾河津龙门渡、永济蒲津渡、芮城风陵渡等地，那么，从芮城回温邑就方便多了。这样，无论是子夏在丧子后送子回家乡，还是与同门在家乡见面就有合理解释了。

《礼记·檀弓上》记：

> 子夏丧其子而丧其明。曾子吊之，曰："吾闻之也：朋友丧明则哭之。"曾子哭，子夏亦哭，曰："天乎！予之无罪也！"曾子怒曰："商！女何无罪也？吾与女事夫子于洙泗之间，退而老于西河之上，使西河之民疑女于夫子，尔罪一也。丧尔亲，使民未有闻焉，尔罪二也。丧尔子，丧尔明，尔罪三也。"而曰："女何无罪与？"子夏投其杖而拜曰："吾过矣！吾过矣！吾离群而索居，亦已久矣！"②

现在来理解这段话就清晰多了。子夏原先在温邑一带活动，后来在西河教授，因而"离群"久了，结果儿子也先于他去世，随后子夏把儿子送回家乡，因悲伤过度，眼睛失明。曾子听说后，来到温邑看他，因而就有了以上对话。

至于西河之人为何把子夏当成孔子，究其原因是因为子夏在西河传播的知识就

---

① 王应立主编，河津市志编纂委员会：《河津市志》，太原：山西人民出版社，2002年版，第877页。

② （汉）郑玄注；（唐）孔颖达疏：《礼记正义·檀弓》，上海：上海古籍出版社，2008年版，第271页。

是孔子在世的时候所讲的，并不是因为子夏长得像孔子。长相像孔子的人有两个，一个是卫国阳虎，《史记》中记孔子形貌与阳虎很相似，匡人恨阳虎。孔子过匡地，当地人误认他为阳虎，围困了他们好几天。[1]另一个像孔子的人是孔子的学生有若，有若被称为孔子第二。孔子去世后，从相貌上有若最像孔子，于是大家就决定把有若视为老师孔子。[2]这些也从侧面反映了子夏在西河并不是靠军事而盛名，是靠文学而著称。

总而言之，子夏于公元前474年离开鲁国回到魏国办学传教，前期在温邑，时间从公元前474年—公元前447年；后期子夏于公元前447年来到魏氏腹地办学，结束于公元前420年，以安邑为中心，涉及河津、芮城等地。子夏办学的西河指的是从河津至风陵渡这一段，温邑则属于河内。换句话讲，无论是温邑还是安邑，在子夏办学的时期，都属于魏国行政辖区，子夏办学既包括前期的温邑，也包括后期的安邑、河津、芮城等地。但子夏办学和教授不包括汾阳、韩城、安阳、菏泽等地，这些地方所涉及的子夏故事，系子夏弟子或卜氏后人所为。

---

[1] 参见（汉）司马迁撰：《史记·孔子世家》，北京：中华书局，1959年版，第1919页。
[2] 参见（汉）司马迁撰：《史记·仲尼弟子列传》，北京：中华书局，1959年版，第2216页。

第五章　西河学派及影响

子夏在西河办学传教影响颇深,并因此形成了战国时期第一个学术流派——西河学派,这在"史文阙轶"的战国早期,其作用和意义尤显鼎革。那么,子夏在西河究竟做了哪些事情,对西河的贡献是什么,对后世有什么影响?此外,既然是西河学派,那么这个学派的代表人、组成人员、传播区域、学术研究内容、主要思想等,我们将在这一章做一剖析。

一、西河学派创始人

不言而喻,西河学派的创始人就是卜子夏。首创于孔子的儒家学派,在孔子死后,其后学没有一个似孔子而作为学派的核心,遂四分五裂,散于四方。子夏承其志,再次扛起儒家大旗,几经努力,终于在孔子去世半个世纪后卓有成效。清人陈玉澍在《卜子年谱·自序》中说:"无曾子则无宋儒之道学,无卜子则无汉儒之经学。宋儒之言道学者,必由子思、孟子而溯源于曾子;汉儒之言经学者,必由荀、毛、公、谷而溯源于卜子。"可以代表传统儒学对子夏的看法。

子夏对儒学的贡献是孔门其他弟子无法比拟的。作为西河学派的子夏之儒曾经对儒家经典做过一番整理工作。《论语》由他与仲弓撰辑;《诗》《易》由他传于后人;《诗序》由他写成;《春秋三传》由他传授。差不多六经的传授都可归之于子夏西河学派。儒家典籍的保存与传承,子夏功不可没。[①]由此可见,秦汉以来的儒家把子夏当作他们的正宗是有一定根据的。

"青出于蓝而胜于蓝",子夏在传播儒家学说时,并不囿于传统礼教,而是辩证地分析问题,并把理论与实践结合,形成了"辩证务实"的思想。

如子夏与魏文侯论"乐"。此时的魏国无论是在体制还是意识形态方面,都与孔

---

① 参见张卉:《朱熹〈中庸〉学研究》,成都:四川大学出版社,2018年版,第304页。

子时代相异，子夏结合时弊将音乐与政事、武备结合起来阐发治国大道。说明子夏在西河教授时，已不再是洙泗学习时的纯儒学、纯理论探索了，而是向着变古、改革推进，儒学在子夏西河学派这里发生了变异，这也是之所以称为西河学派的一个重要因素。

子夏办学科目不少于孔门。"法源于儒"[①]，郭沫若亦说："前期法家，在我看来是渊源于子夏氏。子夏氏之儒在儒中是注重礼制的一派，礼制与法制只是时代演进上的新旧名词而已。"[②]循此思路，子夏"居西河，教弟子三百人"，其门下弟子显然也有若干科类。如果按照孔门"德行、言语、政事、文学"四科划分，则子夏弟子中，魏文侯、魏成子、李克、吴起为政事弟子；田子方、段干木属于"德行"；曾申、公羊高、谷梁赤属于"文学"，或曰传经弟子；禽滑厘转入墨家，子伯先资料绝少，已经难辨科类。

不拘泥于古，变则通久，否则子夏只能算是好学生，不可能成为西河学派的领袖。

但由于目前子夏留给我们的学术作品甚少，几乎找不到关于子夏在西河学派时期相关的思想，也没有系统的学术观点，因而我们只能从现有的史料中进行归纳总结。

首先关于子夏的思想总结。从目前整理的与子夏言行相关的史料看，子夏的思想贡献主要可以分作政治思想、治学思想以及为人思想等方面，但这些思想可以提炼为"辩证务实"予以概括。"辩证"形容看问题的眼光全面。辩证思维最基本的特点是将对象作为一个整体，从其内在矛盾的运动、变化及各个方面的相互联系中进行考察，以便从本质上系统地、完整地认识对象。"务实"指脱虚务实，指在为人处世的时候，不纸上谈兵、夸夸其谈而没实际用处，犯形而上学的错误。

如，《论语·子张》中，子夏曰："大德不逾闲，小德出入可也。"[③]子夏从大德与小德两个对立事物辩证地分析：大德是进步的、发展的运动趋势，小德是一个反向的趋势，德越来越小以至于不德、败德，那么怎么才能保证人生之德从无到有、从小到大地发展？"不逾闲"是其保证。也就是从知不离理、行不离度的道行讲起的不离于道，才能达德，才能保证成德之大。

---

① 叶树勋选编：《朱右白文存》，南京：江苏人民出版社，2016年版，第129页。
② 郭沫若著：《十批判书·前期法家的批判》，北京：东方出版社，1996年版，第119页。
③ （清）刘宝楠撰；高流水点校：《论语正义·子张》，北京：中华书局，1990年版，第741页。

这种"大"与"小"的对立关系在子夏这里是辩证看问题的切入点。《论语·颜渊》中记，司马牛见到师兄子夏后忧愁地说自己没有兄弟，而子夏对曰："君子敬而无失，与人恭而有礼。四海之内，皆兄弟也。"[①]在司马牛看来，兄弟是指有血缘关系的亲兄弟，这是小；而在子夏看，天下兄弟皆为一家，四海之内无处没有兄弟，这是大。

除了对立辩证看问题，子夏还善于把事物辩证统一地看。如，《列子·仲尼》中：

> 子夏问孔子曰："颜回之为人奚若？"子曰："回之仁贤于丘也。"
> 曰："子贡之为人奚若？"子曰："赐之辩贤于丘也。"
> 曰："子路之为人奚若？"子曰："由之勇贤于丘也。"
> 曰："子张之为人奚若？"子曰："师之庄贤于丘也。"
> 子夏避席而问曰："然则四子者何为事夫子？"曰："居！吾语汝。夫回能仁而不能反，赐能辩而不能讷，由能勇而不能怯，师能庄而不能同。兼四子之有以易吾，吾弗许也。此其所以事吾而不贰也。"[②]

其实子夏从做人的四个对立面整体统一起来，向老师请教了对做人的看法：颜回有仁德但不变通；子贡有雄辩口才但不知收敛；子路虽勇敢但不畏法；子张矜庄却不懂得随和。子夏为何单单从这四个人入手请教？其实他心知肚明，孔门弟子出名的很多，但这四个人非常具有代表性。

《论语·子张》中记载，子夏曰："仕而优则学，学而优则仕。"[③]按一般人理解，学习好了去做官，就不需要学习了，但在子夏眼里，学习和做官同等重要。学习好了可以做官，但做官不能忘记了学习，为政者要善学善思，善作善成，不断提高自己、充实自己，增强执政能力。"学"与"仕"要辩证统一起来，不能割裂。正如子夏所说："不学而能安国保民者，未之有也。"子夏是这么说的也是这么做的。在任鲁国莒父宰的时候，子夏也会抽空问政于老师。《论语·子路》记："子夏为莒父宰，

---

① （清）刘宝楠撰；高流水点校：《论语正义·颜渊》，北京：中华书局，1990年版，第477—488页。

② （周）列御寇撰；（晋）张湛注：《列子》，清嘉庆二十四年萧山陈氏刻光绪八年重刻湖海楼丛书本。

③ （清）刘宝楠撰；高流水点校：《论语正义·子张》，北京：中华书局，1990年版，第742页。

问政。子曰：'无欲速，无见小利。欲速则不达，见小利则大事不成。'"①其实这涉及了一个为政者做人做事格局大小的问题。既然为政，就不能拘泥于鸡毛蒜皮的事，也不能事无巨细，如是则会因小失大。

在学习方面子夏有着独到的辩证思维。他认为，学习不能看形式，而要看结果。即使没在学校学习，但懂得做人的道理，也如同有知识有学历。子夏曰："贤贤易色。事父母，能竭其力；事君，能致其身；与朋友交，言而有信。虽曰未学，吾必谓之学矣。"②子夏认为一个人能尊重仁德而轻女色，侍奉父母能竭尽全力，侍奉君主能舍弃性命，与朋友交往讲求信用，尽管他没在学校读过书，但他已很有学问了。

子夏务实的思想。《论语·子张》中记，子夏曰："百工居肆以成其事，君子学以致其道。"③学以致用，理论与实践结合，这是学习的终极目标。子夏从实际出发，脱虚务实，把先王之道与日常生活相联系，提出了"君子学以致其道"的学习目的论。百姓之用即为道。因而，子夏在给学生授课时，注重培养他们良好的生活习惯。《论语·子张》中记，子游在嘲讽子夏时说："子夏之门人小子，当洒扫应对进退，则可矣，抑末也。本之则无，如之何？"④然而，子游却不知子夏之用意："君子之道，孰先传焉？孰后倦焉？譬诸草木，区以别矣。君子之道，焉可诬也？有始有卒者，其惟圣人乎！"⑤子夏注重从习惯养成，诸如洒扫应对等小处着手培养弟子，并不是每天高谈阔论，而是把理论用到实际工作中。从根本上说，为学与实用都是致力于实现"天下有道"的手段。正如子夏强调："虽小道，必有可观者焉。致远恐泥，是以君子不为也。"⑥

在子夏看来，人的天性就存在对立面，有善的一面，就有恶的一面，只有通过学习，提高自身修养才能克服恶的一面。《韩非子》中记：

---

① （清）刘宝楠撰；高流水点校：《论语正义·子路》，北京：中华书局，1990年版，第525页。

② （清）刘宝楠撰；高流水点校：《论语正义·学而》，北京：中华书局，1990年版，第19页。

③ （清）刘宝楠撰；高流水点校：《论语正义·子张》，北京：中华书局，1990年版，第740页。

④ （清）刘宝楠撰；高流水点校：《论语正义·子张》，北京：中华书局，1990年版，第742页。

⑤ （清）刘宝楠撰；高流水点校：《论语正义·子张》，北京：中华书局，1990年版，第742页。

⑥ （清）刘宝楠撰；高流水点校：《论语正义·子张》，北京：中华书局，1990年版，第740页。

> 子夏见曾子。曾子曰："何肥也？"对曰："战胜，故肥也。"曾子曰："何谓也？"子夏曰："吾入见先王之义则荣之，出见富贵之乐又荣之；两者战于胸中，未知胜负，故癯。今先王之义胜，故肥。是以志之难也，不在胜人，在自胜也。故曰：'自胜之谓强。'"①

这则典故说的是，子夏在离开鲁国前，在富贵与先王之义两个对立事物的取舍上产生了复杂的内心斗争，最后先王之义战胜了贪婪之心。最终，子夏下定决心回家乡办学去传承先王之道。"辩证务实"思想由此而产生。

一切从实际出发，勇为天下先。在子夏之前，老师们往往"述而不作"，而且在传授经典时由于没有分章断句，弟子们对于经典的解读往往会产生较大的分歧。从实际工作出发，精通诸经的子夏义不容辞地担当了这一重任。《后汉书·徐防传》曰："《诗》《书》《礼》《乐》，定自孔子；发明章句，始于子夏。"②子夏作为经学"章句"的发明人，被认为是传统经学的奠基者。君子学以致用，著书立说、发明章句也是"务实"的思想实践。子夏以自己的实际行动为从事发明章句、传经布道的儒者的存在合法性提供了证明。也正是子夏发明了章句，使他"对后世的实际思想影响，超过了孔门弟子中的任何人，就是颜回、子贡等人也要比他差一等"③。

"实用性"曾被李泽厚先生列为"中国智慧"之一，他说："先秦各家为寻求当时社会大变动的前景出路而授徒立说，使得从商周巫史文化中解放出来的理性，没有走向闲暇从容的抽象思辨之路（如希腊），也没有沉入厌弃人世的追求解脱之途（如印度），而是执著人间世道的实用探求。"④

通过辩证看问题，分析问题的关键所在，从而把得到的结论运用到实际工作中，用理论指导实践，这正是子夏西河学派的核心思想。子夏处于中国思想发展史上的轴心时代。"直至今日，人类一直靠轴心期所产生、思考和创造的一切而生存。每一次新的飞跃都回顾这一时期，并被它重燃火焰。自那以后，情况就是这样。轴心期潜力的苏醒和对轴心期潜力的回忆，总是提供了精神动力。"⑤

但子夏仅仅有精辟的核心思想也不足以让西河学派发扬光大。子夏以及西河学

---

① （战国）韩非撰：《韩非子》，上海：上海古籍出版社，1989年版，第58页。
② （刘宋）范晔撰；（唐）李贤等注：《后汉书·邓张徐张胡列传》，北京：中华书局，1973年版，第1500页。
③ 李启谦著：《孔门弟子研究》，济南：齐鲁书社，1987年版，第121页。
④ 李泽厚著：《中国古代思想史论》，天津：天津社会科学院出版社，2004年版，第288页。
⑤ 李秋零编著：《哲学并不神秘》，北京：中国华侨出版社，1995年版，第2页。

派最大的贡献就是对古典经书的传承。子夏传播经学的特点是无所不及。《史记·仲尼弟子列传》记载："孔子既没，子夏居西河教授。"司马贞《索隐》："子夏文学著于四科……传《易》……又传《礼》。"①这是子夏向众弟子传授《易》《礼》二经的明证。《史记·魏世家》记"文侯受子夏经艺"，说明子夏传《乐》经无可置疑。《尚书大传》称"魏文侯问子夏"，子夏解释《尚书·康诰》中慎罚的原则："昔者三王悫然欲错刑遂罚，遂罚平心而应之，和然后行之。然且曰，吾意者以不平虑之乎，吾意者以不和虑之乎。如此者三，然后行之，此之谓慎罚。"②说明子夏在传《书》经。《汉书·艺文志》记载："（《诗》）有毛公之学，自谓子夏所传。"③三国陆玑在《毛诗草木鸟兽虫鱼疏》中云：

> 孔子删《诗》，授卜商，商为之《序》，以授鲁人曾申。申授魏人李克，克授鲁人孟仲子，仲子授根牟子，根牟子授赵人荀卿，荀卿授鲁国毛亨。毛亨作《诂训传》，以授赵国毛苌。时人谓亨为大毛公，苌为小毛公。④

这里，子夏传授《诗》经的脉络相当清晰。子夏传《春秋》也是学术界公认的事情。《韩非子·外储说右上》就有子夏"说《春秋》"⑤的明确记载。唐代徐彦在《春秋公羊传注疏》中引戴宏《春秋说序》云："子夏传与公羊高，高传与其子平，平传与其子地，地传与其子敢，敢传与其子寿。至汉景帝时，寿乃共弟子胡毋子都著于竹帛。"⑥戴宏的这番话，把《春秋》由子夏传于后世的传承关系交代得清清楚楚。以上史料足可见子夏对"六经"的传承起到了至关重要的作用，所以才有了后来"没有子夏就没有汉儒经学"的说法。

子夏不但传播经典书籍，而且在学术上也在孜孜不倦地追求。南宋学者洪迈在

---

① （汉）司马迁撰：《史记·仲尼弟子列传》，北京：中华书局，1959年版，第2203页。
② （汉）伏生撰；（清）陈寿祺校注：《尚书大传定本》，清同治十二年粤东书局刻古经解汇函本。
③ （汉）班固撰；（唐）颜师古注：《汉书·艺文志》，北京：中华书局，1962年版，第1708页。
④ （三国吴）陆玑撰；（清）丁晏校正：《毛诗草木鸟兽虫鱼疏》，清同治十二年粤东书局刻古经解汇函本。
⑤ （战国）韩非撰：《韩非子》，清嘉庆二十三年影宋乾道元年黄三八郎刻本。
⑥ （汉）公羊寿撰；（汉）何休解诂；（唐）徐彦疏：《春秋公羊传注疏·文公》，载十三经注疏委员会整理：《十三经注疏》，北京：北京大学出版社，2000年版，第4页。

《容斋随笔·续笔》卷十四"子夏经学"题下记,"孔子弟子,惟子夏于诸经独有书。……于《易》则有《传》,于《诗》则有《序》,……于《礼》则有《仪礼·丧服》一篇"①。其实,我们可以这么理解,如果子夏对各类经书没有独到的见解,章句是如何产生的?子夏在学习、研究和传授"六经"的过程中,自然会遇到各种各样的疑难问题,而这些疑难问题的解决过程,也就是"发明章句"的过程。另外,我们从另一则记载中,可证明子夏精于考究。《吕氏春秋·慎行·察传》记载,子夏去晋国路过卫国时,听到有个读书人抱着一本史书诵读道:"晋师三豕涉河。"子夏当即纠正说:"非也,是'己亥'也。夫'己'与'三'相近,'豕'与'亥'相似。"②

这则故事既反映了子夏的博学多识,同时也证明子夏考证过《春秋》。目前,子夏虽然没有一本专著明确流传于世,也没有一篇文章撰于简册,但我们一定不能说子夏没有学术成果。我们仅以《子夏易传·序》中所说,做一探究:

> 学术界历来主张,此书为后人伪撰,而托附于子夏名下,《四库全书总目》认为"其伪中生伪,至一至再而未已者,亦莫若是书"。《隋书·经籍志》所著录的二卷本,其实是魏晋间大兴易学之风时为当时人所伪撰而流布于世。据《唐会要》载"开元七年诏",当时因《子夏易传》无传习者,遂令儒官详定。刘知几认为,此书不见于《汉书·艺文志》,至梁阮孝绪《七录》始有著录,作六卷,或云韩婴作,或云丁宽作,而至为可疑。司马贞认为,刘向《七略》有《子夏易传》,但其书久佚,晋荀勖《中经簿》有《子夏易传》四卷,或云丁宽,是其已怀疑非子夏所撰。因此,唐玄宗采纳了刘、司马氏的建议,而停止向学校颁行。代宗以后,此本亡佚。清马国翰《玉函山房辑佚书》中有辑佚本。今所传十一卷本,始为晁说之《传易堂记》所著录,其称今《子夏传》者,乃唐张弧之《易》。据此,则今本应是张弧伪撰。③

《子夏易传》的作者是不是子夏,聚讼纷纭。进入21世纪以来,情况发生了明显的变化,刘大钧、刘彬等易学专家相继发表论文,对《子夏易传》的真伪与作者问

---

① (宋)洪迈撰:《容斋随笔》,明崇祯三年马元调刻本。
② (秦)吕不韦撰;(汉)高诱注;(清)毕沅校:《吕氏春秋·慎行·察传》,上海:上海古籍出版社,2014年版,第546页。
③ 金灵子、曾子恒著:《大众易经·子夏易传》,北京:中央编译出版社,2009年版,第420页。

题进行了深入探讨。刘大钧的论文征引大量《子夏易传》佚文与帛书《易经》、上博楚竹书《周易》作细致对比,说明其解经文字"与战国时代古文本用字多有相同","与汉初帛书今文《易》所用之字多有相同",而与后来诸本文字有别,"可证《子夏易传》确为先秦古本无疑也"①,这就有力地论证和恢复了子夏的著作权。高培华在《子夏传〈易〉考》中认为:

  《易传》成书于战国时代而孔门弟子后学代有增益说。并且认为子夏传《易》,也包括对《易传》(十翼)的传授和增益。证据就是《易传》之《坤卦》:"文言曰:坤至柔而动也刚,至静而德方……积善之家,必有余庆;积不善之家,必有余殃。臣弑其君,子弑其父,非一朝一夕之故,其所由来者渐矣,由辨之不早辨也。"这几句话的后五句,是引述子夏说《春秋》一段话的大意。②

  刘彬亦在《子夏易学考》中用详细的史料和《易》经卦爻与《归藏》的关系推断:"《子夏易传》的作者应该是子夏。……子夏学《易》传《易》,除了《周易》之外,还应该有《归藏》。"③刘彬的逻辑推论非常严谨,学者可参阅其论文,这里就不赘述了。如是,子夏流传于世的《子夏易传》也就名正言顺了。唐代前也有《诗大序》为子夏所作,《毛诗》是由子夏传毛公所立的说法,虽然非议不断,但子夏是孔门的高足,悉得孔子六艺之教,足可说明,子夏既述亦作,不但在传承经典上做出了极大贡献,而且在学术上也是成果丰硕。

  子夏也是孔门弟子中于"六经"皆有深厚学养的唯一一人,同时子夏继承和发扬了孔子"有教无类""以德育人"的教育思想。西周以来,文化教育为官府所垄断,作为孔门高足的子夏在教育方面接过孔子毕生从教的薪火,广招弟子,不论出身和贫富。在教育学生时,不仅重视书本知识的学习,也重视外在修养。子夏作为西河学派的一代宗师,其中最重要的一个因素就在于他独树一帜的"辩证务实"思想和对传统文化的传播所做出的不可磨灭的历史贡献。因而,子夏在整个中国文化史上也占据了极其重要的地位。

---

① 刘大钧著:《弘易集》,上海:上海科学技术文献出版社,2013年版,第218页。
② 高培华著:《孔子孔门文武兼备论》,北京:光明日报出版社,2016年版,第220页。
③ 刘彬:《子夏易学考》,《周易研究》2006年第3期。

二、西河学派成员

子夏教授分两个阶段：在温邑主要是教授六经，其中所阐释的儒家思想，仅仅停留在书本和文献的层面上。而在安邑，子夏虽然也以讲授儒家经典为主要任务，但是，一切都是以社会发展和政治需要为核心的，子夏的许多弟子都在魏国担任不同的职务，儒家的政治思想与现实需要紧密地结合在一起，给当时的政治实践许多有益的指导。有了先进的理论指导并有一批付诸实践的政治活动家们，魏国的国家实力不断增强，西河学派也因此日益壮大起来。

西河学派在春秋战国时期有巨大的影响力，不仅在思想文化方面培育了许多学问渊博、德行高尚的人，而且注重实践，在政治、经济、军事方面都涌现出大批精英，是一支充满了生机活力和潜力的团队。这里面不仅有学术方面的专家，如吴起等；也有许多经国治世的良才，如魏文侯、李克等；还有一批品德高洁、备受世人尊敬爱戴的贤者，如田子方、段干木等。西河学派不拘一格培养人才，从而凝聚了许多社会精英在魏国施展抱负，大展宏图。西河不但成为学术沙龙集结地，而且也成为培养人才的摇篮，得到当时及后世许多人的敬仰。

子夏后半生都在教育行业，在传承儒家学说方面贡献甚大，在这里我们需要探索的是子夏招收弟子的情况，这关乎西河学派的众多问题。

既然子夏在两个中心教授，那么子夏所教弟子也有前后两个分支，一支是早期在温县期间收的门徒，也就是荀子所痛骂的"子夏氏之贱儒"[①]。这些人主要以研读和传授儒家经典为己任，很少入仕，典籍中相关记载也很少。子夏学派的另外一支是子夏去魏国传教时收的学生，即今天的河津龙门学派。子夏晚年因受到魏文侯的弟弟魏成子邀请，来到魏国的西河一带讲学，声势极为浩大，弟子多达三百余人，史称"西河学派"。受地域分布和子夏教育思想的影响，这两支从学术风格到处世态度等方面都迥然不同。《史记·儒林列传》记载："自孔子卒后，七十子之徒散游诸侯，大者为师傅卿相，小者友教士大夫，或隐而不见。故子路居卫，子张居陈，澹台子羽居楚，子夏居西河，子贡终于齐。如田子方、段干木、吴起、禽滑厘之属，皆受业于子夏之伦，为王者师。是时独魏文侯好学。"[②]说明田子方、段干木、吴起、

[①] （战国）荀况撰；（唐）杨倞注；（清）卢文弨校补：《荀子》，清乾隆嘉庆间嘉善谢氏刻抱经堂丛书本。

[②] （汉）司马迁撰：《史记·儒林列传》，北京：中华书局，1959年版，第3116页。

禽滑厘等人，师从子夏，系子夏弟子。但是《吕氏春秋·仲春》中却记载："子贡、子夏、曾子学于孔子，田子方学于子贡，段干木学于子夏，吴起学于曾子；禽滑厘学于墨子，许犯学于禽滑厘，田系学于许犯。"①《吕氏春秋》的时代比《史记》要早，记载应该更为可靠，而《史记》应该是司马迁在采用资料的时候，为图省事，对这段材料做了简单处理，他的原意与《吕氏春秋》是一致的，"之伦"应该是指与子夏同等地位而游学于其他各国的子路、子张、曾子、子贡等人，而不是指田子方、段干木、吴起、禽滑厘等人。清人潘维城在《论语古注集笺》中，遍数子夏门人，其中除了《史记》中记载的田子方、段干木、吴起、禽滑厘等人之外，还有曾子的儿子曾申、齐人公羊高、鲁人谷梁赤以及一国之君魏文侯等人。另外，《卜子年谱》云："文子，子夏之弟子，而问于墨子。"《汉书·艺文志》有："李克，七篇，子夏弟子，为魏文侯相。"②子夏弟子中有名可考的也就是以上所述10人，没名没姓的弟子就相当多了，《后汉书》中云："子夏居西河，教弟子三百人。"③三百虽然是个虚数，形容子夏招收弟子多，但具体数字也不会太少，毕竟子夏后半生都在从事教学。

在河济之间招收的学生有曾申、公羊高、谷梁赤、李克、田子方、段干木、吴起等（这里仅谈有文献记载的有名有姓的，下同）；在西河教授时期招收的学生有魏文侯、魏成子、禽滑厘、文子等。但这里面也有区别，有的是子夏亲自教授的，有的是子夏再传弟子。

1. 温邑办学期间招收的弟子

曾申是曾子的儿子，曾经跟随子夏学习《诗经》。前述三国吴陆玑在《毛诗草木鸟兽虫鱼疏》中叙四家诗源流时说，孔子修订《诗》，授于卜子夏，子夏为之作序，后来，子夏以授于鲁人曾申，申再授于魏人李克，克再授于鲁人孟仲子，仲子再授于根牟子，根牟子再授于赵人荀卿，荀卿再授于鲁国毛亨。《经典释文·序录》叙《毛诗》传播世系时也引用此说。刘向《别录》叙《左氏春秋》的源流时说"左丘明授曾申，申授吴起"④，可见曾申也是经学传承史上的关键人物。而李克系子夏学生

---

① （秦）吕不韦撰；（汉）高诱注；（清）毕沅校：《吕氏春秋·仲春》，上海：上海古籍出版社，2014年版，第40页。
② （汉）班固撰；（唐）颜师古注：《汉书·艺文志》，北京：中华书局，1962年版，第1724页。
③ （刘宋）范晔撰；（唐）李贤等注：《后汉书·邓张徐张胡列传》，北京：中华书局，1973年版，第1501页。
④ （清）刘逢禄撰：《左氏春秋考证》，清道光九年广东学海堂刻咸丰十一年补刻皇清经解本。

曾申的学生，可视李克为子夏再传弟子。但是《史记》中还有一个人叫李悝，这里需要着重强调一下李克与李悝的关系，否则后面有许多问题更加迷惑。

李克与李悝系同一人。目前也有的学者认为李克和李悝不是同一人，我们简要讨论一下。《史记》云："魏文侯时，李克务尽地力。"[①]"魏用李克，尽地力，为强君。"[②]《汉书·食货志》谓李悝"尽地力之教"[③]，《汉书·艺文志》中班固自注为李克为"子夏弟子，为魏文侯相"[④]。如此则李克、李悝均为魏文侯相，都实行"尽地力之教"，分明是一个人。清代崔适在《史记探源》中认为李克即是李悝："悝、克一声之转，古书通用。"[⑤]《汉书·艺文志》中的李克为魏文侯相，可与《淮南子·泰族训》中"李克竭股肱之力，领理百官，辑穆万民"[⑥]互证。又《韩非子》中云：

> 李悝为魏文侯上地之守，而欲人之善射也，乃下令曰："人之有狐疑之讼者，令之射的，中之者胜，不中者负。"令下而人皆疾习射，日夜不休。及与秦人战，大败之，以人之善射也。

> 李悝与秦人战，谓左和曰："速上，右和已上矣。"又驰而至右和曰："左和已上矣。"左右和曰："上矣。"于是皆争上。其明年，与秦人战，秦人袭之，至，几夺其军，此不信之患。[⑦]

以上史料说明，子夏设教也是和孔子一样因材施教，有教无类，是文武兼备的，李克（李悝）学业有成而出仕，由上地守、中山相，直至魏国相。可见李克文武兼备。宋代章如愚在《山堂考索·诸子百家门》中认为李克为子夏弟子，并"著书七篇"[⑧]。但是，书久已亡佚，据传清人马国翰有辑本。

关于公羊高与谷梁赤，典籍中对二人的记载极少。公羊高，齐人，跟随子夏学

---

① （汉）司马迁撰：《史记·货殖列传》，北京：中华书局，1959年版，第3259页。
② （汉）司马迁撰：《史记·平准书》，北京：中华书局，1959年版，第1442页。
③ （汉）班固撰；（唐）颜师古注：《汉书·食货志上》，北京：中华书局，1962年版，第1124页。
④ （汉）班固撰；（唐）颜师古注：《汉书·艺文志》，北京：中华书局，1962年版，第1724页。
⑤ （清）崔适撰：《史记探源》，清宣统二年崔氏觯庐刻本。
⑥ （汉）刘安撰：《淮南子》，明嘉靖九年王蓉刻本。
⑦ （战国）韩非撰：《韩非子》，清嘉庆二十三年影宋乾道元年黄三八郎刻本。
⑧ （宋）章如愚辑：《山堂考索》，明正德三年至十三年刘洪慎独书斋刻本。

习《春秋》，作《公羊传》。谷梁赤，又名谷梁淑（俶），也有称谷梁喜、谷梁寘的，字元始，鲁人，相传作《谷梁传》。这二人应该是子夏在河济期间收的再传弟子，一方面是因为他们都只专注于学术研究，而对入仕不感兴趣；另一方面也是因为从地理位置上看，他们到温邑向子夏学习比较方便，而根本没有必要越过黄河、千里迢迢到魏国西河求学。

田子方，字无择，齐人，《吕氏春秋》中说田子方师从子贡，孔子去世以后，众弟子分裂，子贡"终于齐"，所以田子方早年在子贡门下学习是完全可以解释通的。但是田子方后来投入子夏门下学习也是有可能的。先秦时间学生改换门庭另投他门的事是常见的，这就涉及学生择师的问题。春秋战国时期，办私学的学者非常多，流派也非常多，相互之间不单有学术交流，也有学生放弃原先学业改选自己喜欢的另外学派。田子方从子贡门下到子夏门下不足为奇，子夏也有学生改投墨子门下的，如后面我们要讲到的禽滑厘。

吴起，卫人。历仕鲁、魏、楚等国，《吕氏春秋·当染》《史记·孙子吴起列传》都记载吴起曾学于曾子，习惯上认为曾子即曾参。刘向在《别录》中叙"左丘明授曾申，申授吴起"，那么，吴起所投师者，系曾申而不是曾参。吴起曾在鲁国任职，其离开鲁国之时至少得有二十四五岁。吴起去鲁则在鲁元公二十年，是魏文侯三十八年（公元前408年）（魏文侯元年按公元前446年算，前面有过论述），但此时子夏已经去世，所以，吴起不可能在魏国向子夏学习，他只能算子夏再传弟子。

2. 安邑办学期间招收的弟子

子夏在西河曾招收过魏文侯、魏成子、段干木、禽滑厘、文子等人。魏文侯、魏成子前面多有论述，肯定是子夏在西河时期所收弟子，这里不再讨论。我们从段干木说起。

段干木，姓段干，名木，魏国安邑人，故里今河北邱县郝段寨。大概生于春秋末抑或战国初。卒年当在魏文侯前，不会晚于公元前396年。以贤良闻名，《汉书·古今人表》将其列为上下智人。大约在30岁时，段干木游西河，在此遇到子夏。此后便投身于子夏门下。深受其师友的影响，学识德行大有长进。皇甫谧说段干木"有文有行"，"怀君子之道"，遂"声驰千里"，名重一时，与子夏、田子方共同被后人称为"河东三贤"。《吕氏春秋》中两次谈到段干木是子夏弟子，《察传篇》说："段干木，晋国之大驵也，学于子夏。"《当染篇》也有"段干木学于子夏"之说。皇甫谧在《高士传》中说："段干木，晋人也，守道不仕。魏文侯欲见，造其门，干木逾墙避之。"说明此时段干木在魏国，在当时的魏国享有极高的地位。

禽滑厘，《吕氏春秋·尊师》作禽滑黎，《列子·杨朱》作禽骨鳌，《汉书·古今人表》作禽屈鳌，《汉书·儒林传》作禽滑氂。根据《史记·儒林列传》的记载，"禽子，名滑厘，与田子方、段干木、吴起受业于子夏。"[①]但《吕氏春秋》中又说他"学于墨子"[②]，据此推断，则禽滑厘有可能先师从子夏，后来改到墨子门下。改换师门之情况在先秦时期为常态，不足为奇。

关于文子曾为子夏的弟子，记载太少无法考究。这里仅作介绍。文子学派思想尚朴，有《文子》传世，《通玄真经》即《文子》。唐玄宗于天宝元年（公元742年）诏封文子为通玄真人，尊《文子》一书为《通玄真经》，道教奉为"四子"真经之一。1973年河北省定县八角廊村40号汉墓出土大批竹简，其中就包括《文子》一书。《文子·上德》有明显的《易传》特色。《上德》解易与《彖》《象》为同一思想脉络的发展。这是否与《子夏易传》系同根同源，也许是二者最接近的地方。

从以上子夏弟子从业事迹和子夏本人在孔门学业来看，子夏在河济之间主要以办学授徒和学术研究为主，在西河则以传教和实践为主。

三、西河学派影响

王国维在《论近年之学术界》中认为："外界之势力之影响于学术岂不大哉！自周之衰，文王、周公势力之瓦解也，国民之智力成熟于内，政治之纷乱乘之于外，上无统一之制度，下迫于社会之要求，于是诸子九流，各创其学说，于道德、政治、文学上，灿然放万丈之光焰。此为中国思想之能动时代。"[③]

西河学派与魏国政治相辅相成、互相影响。其实，没有魏文侯也就没有西河学派。子夏在温邑办学时期，虽在文学和学术上负有盛名，但只是子夏到了安邑后，随着魏文侯对子夏及众弟子的重用以及对子夏的大力支持，才有了西河学派的黄金发展期。魏文侯的好贤是务实的，他志在变古，主张经世致用。与后来的齐国稷下学派相比较，则显然不同，如《史记·孟子荀卿列传》中说，稷下学士养尊处优、生活豪华："自如淳于髡以下，皆命曰列大夫，为开第康庄之衢，高门大屋，尊宠

[①] （汉）司马迁撰：《史记·儒林列传》，北京：中华书局，1959年版，第3116页。
[②] （秦）吕不韦撰；（汉）高诱注；（清）毕沅校：《吕氏春秋·仲春·当染》，上海：上海古籍出版社，2014年版，第40页。
[③] 王国维撰：《王国维遗书（五）》，上海：上海古籍书店，1983年，第93页。

之。"①稷下学派的宗旨使士庶有议论发抒的权利,可是没有一个人能去占有政权的一席官位。而魏文侯支持下的西河学派,则志在变革,顺应时潮,甚至为改革变法不惜舍命。魏文侯亲自拜子夏为师,对子夏异常尊重。给国君做老师是儒生的最高荣誉,即所谓的帝王师。子夏是第一个享有这个荣誉的大儒,甚至孔子在生前也没有享受过如此崇高的荣誉。由于子夏做了魏文侯的老师,而且亲自坐镇西河,华夏文化的重点就转到了魏国,转到了西河,形成了著名的西河学派。

也正因为如此,西河学派为魏国输送了大批优秀人才,使得魏国在春秋战国之际成为第一个强盛的诸侯国。魏文侯也说:"自吾友(田)子方也,君臣益亲,百姓益附,吾是以得友士之功。"②《孟子正义》中云:

（段干）木,晋人也,守道不仕。魏文侯欲见,造其门,干木逾墙避之。文侯以客礼待之,出过其闾而轼。其仆曰:"君何轼?"曰:"段干木贤者也,不趣势利,怀君子之道,隐处穷巷,声驰千里,吾安得勿轼……"
又请为相,不肯。后卑己固请见,与语,文侯立倦不敢息。③

由于文侯的真诚相待,段干木遂成为文侯的谋略家。吴起,因母丧不归、杀妻以求将而受到世人的非议,他听说"魏文侯贤,欲事之"。文侯问李克吴起怎么样,李克曰:"起贪而好色,然用兵司马穰苴不能过也。"④于是文侯不计吴起的名声而命他为将。吴起在军事领域进行"武卒制"的改革,使魏国的军事力量大增。李悝更是由于文侯的信任和支持,首开战国变法之先河,以其卓越的治国才能和成功的变法实践,为魏国的繁荣富强做出了巨大的贡献,而他本人也被称为法家的始祖。魏文侯唯才是举,西河学派人才辐辏,因此率先成就富国强兵的改革大业。

得人而兴,失人而衰。魏文侯时期人才济济,成就霸业,而到了魏武侯时期,却频失人才,导致魏国迅速衰败下去。如西河学派著名军事家吴起,能武能战,其仕魏十年,对魏国的富强起了重要作用。如果没有吴起就没有魏国西河郡,但是吴起任郡守十载,未见再有提拔。后公叔畏吴起之才,设计陷害吴起,吴起泪洒西河被迫离魏奔楚。魏武侯有文侯称霸之心,却无文侯用人之明,人才接踵而去,国势

---

① （汉）司马迁撰:《史记·孟子荀卿列传》,北京:中华书局,1959年版,第2202页。
② （汉）刘向撰,向宗鲁校:《说苑校证》,北京:中华书局,1987年版,第194页。
③ （清）焦循撰:《孟子正义》,北京:中华书局,1987年版,第441页。
④ （汉）司马迁撰:《史记·孙子吴起列传》,北京:中华书局,1959年版,第2166页。

严重削弱，霸业很快丧失。这也是子夏生前意想不到的。

礼乐复兴与蜕变。西周继承了夏商以来的教育体制并有所发展，建立了典型的政教合一的官学体系，还形成了居于当时世界先进水平的"六艺"教育，后随着私学兴盛，春秋时期，礼乐文化无论是贵族还是庶民，成为一种普及。礼乐生活进入了较为繁荣的时期。尤其是"私学"的出现顺应了历史发展的潮流，使得礼乐文化逐渐揭去其神秘的面纱，与现实生活更紧密地联系在一起。这与子夏及西河学派的传播有着紧密的联系。但西河学派在礼乐文化传承方面，联系实际，推陈出新，不局限于古板的教条训诫，而是把礼乐与现实生活、治国、治世紧密结合。这也是西河学派"辩证务实"思想的贯彻和实践。

《礼记·乐记》中有一段子夏与魏文侯关于乐的对话，颇有意味：

> 魏文侯问于子夏，曰："吾端冕而听古乐，则唯恐卧；听郑卫之音，则不知倦。敢问古乐之如彼，何也？新乐之如此，何也？"子夏对曰："今夫古乐，进旅而退旅，和正以广；弦匏笙簧，合守拊鼓；始奏以文，止乱以武；治乱以相，讯疾以雅。君子于是语，于是道古，修身及家，平均天下。此古乐之发也。……德音之音也。然后钟、磬、竽、瑟以和之，干、戚、旄、狄以舞之，此所以祭先王之庙也，所以献、酬、酳、酢也，所以官序贵贱各得其宜也，所以示后世有尊卑长幼之序也。钟声铿，铿以立号，号以立横，横以立武。君子听钟声，则思武臣。石声磬，磬以立辨，辨以致死。君子听磬声，则思死封疆之臣。丝声哀，哀以立廉，廉以立志。君子听琴瑟之声，则思志义之臣。竹声滥，滥以立会，会以聚众。君子听竽笙箫管之声，则思畜聚之臣。鼓鼙之声欢，欢以立动，动以进众。君子听鼓鼙之声，则思将帅之臣。君子之听音，非听其铿锵而已也，彼亦有所合之也。"①

这里子夏借与魏文侯讨论"乐""音"问题，提出了礼乐之本在于强调父子君臣之义，以为治国纲纪，强调所谓"事君，能致其身"。表露出以法治国的强烈政治色彩。子夏将音乐与时局的发展变化紧密结合起来，体现了他良苦的政治用心。

西河学派在魏国的变法拉开了战国变法运动的帷幕。李悝，即李克，曾任魏中山守，后得文侯信任居相位而推行变法。《汉书》记载，李悝提出"尽地力之教"的

---

① （汉）司马迁撰：《史记·乐书》，北京：中华书局，1959年版，第1221页。

主张，采用多样化种植、努力耕作、勤除杂草、及时抢收、利用宅边地和空隙地等方法挖掘土壤潜力和提高土地利用率，以提高农业生产力。李悝还实行"平籴法"，由官府按年成好坏以合理价格收购或出卖粮食以平抑粮价，保护农民和城市居民双方的利益。他的改革，有力地促进了农业生产的发展和魏国的富强。为了推进社会政治的改革，他还"撰次诸国法"，编成一部《法经》，分"盗法""贼法""囚法""捕法""杂法""具法"六篇，以严密的刑法维护财产私有制度。李悝著《法经》，其书今已失传，具体内容难以详知，但是其大致内容与历史影响，在《晋书·刑法志》与《唐律疏议》中均有记述。后来商鞅辅佐秦孝公变法，就是带着这部《法经》去的。后来秦国的《秦律》和汉朝的《汉律》，都是在李悝《法经》的基础上逐步扩展补充而成的，李悝被后人尊为法家鼻祖，其原因就在此。《史记·平准书》曰：

> 魏用李克，尽地力，为强君。自是以后，天下争于战国，贵诈力而贱仁义，先富有而后推让。故庶人之富者或累巨万，而贫者或不厌糟糠；有国强者或并群小以臣诸侯，而弱国或绝祀而灭世。[①]

战国时期各国受魏国变法影响，争相效仿，尤其是从魏国出奔秦国的商鞅，深受李悝、吴起的影响，"为秦孝公明法令，禁奸本，尊爵必赏，有罪必罚，平权衡，正度量，调轻重，决裂阡陌，以静生民之业而一其俗，劝民耕农利土，一室无二事，力田稸积，习战陈之事，是以兵动而地广，兵休而国富，故秦无敌于天下，立威诸侯，成秦国之业"[②]。

德法并重，军事为辅。西河学派为儒家真传，而以德治国治世是儒家根本。魏武侯时期，吴起对武侯阐述德治的重要性，认为治国在德不在险。"昔三苗氏左洞庭，右彭蠡，德义不修，禹灭之。夏桀之居，左河、济，右泰、华，伊阙在其南，羊肠在其北，修政不仁，汤放之。殷纣之国，左孟门，右太行，常山在其北，大河经其南，修政不德，武王杀之。由此观之，在德不在险。若君不修德，舟中之人尽为敌国也。"[③] 后吴起逃亡楚国，但在楚国变法不成功，秦国商鞅作为吴起继承者反而得到秦孝公支持，变法成功。这在某种程度上也受西河学派的影响。

---

① （汉）司马迁撰：《史记·平准书》，北京：中华书局，1959年版，第1442页。
② （汉）司马迁撰：《史记·范雎蔡泽列传》，北京：中华书局，1959年版，第2422页。
③ （清）梁玉绳撰：《史记志疑》，北京：中华书局，1981年版，第1195页。

西河学派为中华民族精神文明的传递、中国学术史的发展做出了巨大的贡献。传统文化之所以能够成为影响中华民族几千年的主导思想，主要原因在于西河传播经学和它对儒家思想的发展、创新。在战国初期风云变幻的政治舞台上，西河学派以治国平天下为己任，积极投身于魏国的社会改革之中。经济上，"尽地力之教"，实践了子夏"辩证务实"的思想，从物质上保证了变法的成功。文化上，他们传授、整理上古文献典籍，而且有所发展改变，功不可没。政治上，推行了"食有劳而禄有功，使有能而赏必行罚必当"的政策，否定了世卿世禄制，使士阶层获得了参政的权利，如上卿翟璜、国相李悝、邺令西门豹、酸枣令北门可、西河守吴起、大将乐羊等，皆一时涌现之布衣卿相，使子夏提出的"学而优则仕"化作了改革的实际成果。西河学派培养了一代社会精英，西河学派那种朝气蓬勃、勤奋钻研、崇尚自由、追求真理、勇于创造的精神和风格，必将彪炳史册。

四、西河学派活动范围

在子夏带领下的西河学派，从河济之间到西河之上，浸润近百年，不仅将礼乐文化普及到黄河流域，尤其是与晋南古中国文化相结合，促进了战国时代的百家争鸣，其"辩证务实"之思想融入各行各界，促进了当时社会进步。因而西河学派在发展期的活动区域也成为华夏文明进步的阶梯。

西河学派的影响范围少不了对魏国西河疆域和西河学派成员动向的探索。这里需要说明的是，西河学派早期活动范围一定会比后期要广。前面多次说到，子夏早期在温邑办学，晚期在安邑办学，那么我们就从这两个中心说起。

1. 以温邑为中心的河济之间

子夏自鲁返乡在河济之间办学已是不争事实，而且去安邑前在河济之间办学传教长达20多年。子夏不会闭门造车，除了教学外，还会像孔子一样去游学。在安邑的时候也是一样。从前述卫国西河说、安阳说、邯郸说、菏泽说、获嘉说、馆陶说来看，尽管我们否定了子夏在以上等地办学的推测，但同时也推测到这些地方总是和子夏有千丝万缕的联系，不论是其弟子假借子夏之名办学或传教而建的祠堂，还是卜氏后人为了缅怀先祖子夏而建的衣冠冢，有一个不争的事实：西河学派的思想文化传到了这里。没有无缘无故的恨，也没有无缘无故的爱，这些地方为何单对子夏争讼不断，而不是其他学者？足可见这些地方就是西河学派影响所及。

国土有界而文化无界，不能因为子夏是魏人，也不能因为子夏在西河传教，就把西河学派的活动范围囿于魏国、局限于黄河中游，而要综合判断问题。故而西河学派在早期的活动，我们可以根据以上假说，推断其范围为黄河下游一些地方。

东到鲁国曲阜，子夏有一学生为曾申，曾申是古圣先贤"曾子"曾参之子，《经典释文·序录》中说，曾申从子夏受《毛诗》，曾申为鲁国人。此外，子夏在晚年时有带孙子去祭奠老师孔子的故事，虽不能全信，但不能不信。子夏既然作为孔门高徒，从离开鲁国回乡办学，一次也没去鲁国祭奠孔子，于情于理都说不过去。

南到今菏泽、中牟、洛阳一线。菏泽前有论述这里就不多说。中牟虽一直为赵国所占领，但由于中牟所处位置距离温邑不远，而且中牟地处中原，所受文化熏陶也较浓。《韩非子·外储说左上》载："中牟之人弃其田耕，卖宅圃而随文学，邑之半。"[①]赵襄子时期中牟有志士中章胥已，"其身甚修，其学甚博"[②]。可见中牟在子夏中年时期就是一个文化名邑。又《吕氏春秋·博志》记载，著名士人宁越"亦中牟之鄙人也"。他在中牟经过15年苦学，学成后前往洛邑为"周威公师"，[③]计其在中牟学习的时间，正是子夏办学之时。由此可知，中牟是具备子夏进行学术交流和游学条件的。

洛阳是西周代殷后，为控制东方地区，在此营建的第二国都。周平王元年（公元前770年），西周东迁洛邑，是为东周，一直到公元前249年，秦庄襄王在洛阳置三川郡，洛阳一直作为东周都城。温邑和洛阳只有一河之隔，一步之遥。对于子夏而言，国家的首都就在身边，不会不去。而且在还没有进入战国前，洛阳不但是东周政治中心，还是文化中心。老子在此做过图书管理员，孔子也去洛阳拜过老子，那么，洛阳一定会成为子夏进行学术交流和传播文化的主阵地。

东北到邯郸、安阳、获嘉一线。邯郸是东北极点，因为再过邯郸就是中山国，是戎狄民族所建国家，子夏去中山国的可能性没有。但子夏的后裔或者是子夏学生段干木的后裔极有可能把西河学派所传带到邯郸一带，影响到中山国。近年来在平山中山王陵中出土了"平山三器"，即方壶、大鼎、圆壶三器，它们各有数百字铭文，鼎铭文引用《大戴礼记》中的"（与）其汋（溺）于人施（也），宁汋（溺）于渊"；中山王方壶借鉴《诗经·殷武》中的"不僭不滥，不敢怠遑"而写的"穆穆济济，严敬不敢怠荒"；中山王圆壶引用《诗经·閟宫》中"大启尔宇，为周室辅"而

---

① （战国）韩非撰：《韩非子》，上海：上海古籍出版社，1989年版，第89—90页。
② （明）董说撰：《七国考》，北京：中华书局，1956年版，第56—57页。
③ （秦）吕不韦撰；（汉）高诱注；（清）毕沅校：《吕氏春秋·博志》，上海：上海古籍出版社，2014年版，第579—580页。

写的"大启邦宇，方数百里"等，^①都说明了战国时期中山国的重儒思想。另一个原因是，魏国在魏文侯灭中山国之后所带入的儒家思想主要源于西河学派。

需要说明的是，子夏在前期还有两个弟子，一个是公羊高，一个是谷梁赤。公羊高是齐国人，谷梁赤是鲁国人（菏泽人）。二人均为子夏门人，并在子夏传授《春秋》后二人分别有《公羊春秋传》和《谷梁春秋传》流传于世。那么，这二位门人也会在本土传播子夏思想和学术文化。

这样，西河学派的早期活动及影响范围就会涉及黄河下游全境。只不过在黄河下游因为有洙泗学派在齐鲁一带活动，西河学派会受其抵制，因而，西河学派在黄河下游的影响是微乎其微的。

2. 以安邑为中心的河汾之间

这个影响范围包括子夏在魏国办学传教及政治活动区域，还包括子夏弟子吴起、段干木、田子方、魏文侯等活动的区域。从前述汾阳说、河津说、韩城说、芮城说等，再结合吴起、段干木等弟子的相关记载可得知，西河学派在后期的活动范围和影响也有两个区域。

一个是以汾阳为中心的文水、孝义、介休、灵石等地。这个区域基本是子夏后人或子夏祖辈卜偃后人对西河学派思想学术的继承和传播。嫡系的不一定就比庶支的发展得好。这个区域对西河学派的发扬在时空上反而超过了前期。汾阳旧有"卜山书院"一说，曾是汾州古八景之一。根据国家文物局近年来在汾阳的考察，大相村的卜山书院建成于元代。明万历中，大相村樊公友重修卜山书院。清道光初，大相村人魏荫楷设教卜山书院。书院与崇胜寺相邻。据村人回忆，书院占地约七亩，三进院落，前院有泮池扬波、石径通幽、池上架石拱桥，书房分设于东西两厢，原置有神阁，内奉孔子、子夏等牌位。元代至正十年敕额"卜山书院"，此匾额为横状，宽约三尺余，高约二尺多，新中国成立初期还在。^②足可见子夏及西河学派在此区域的影响。

另一个是以安邑为中心，向北到侯马，折西到河津，过河到韩城、合阳，再东过黄河到芮城。这个区域内也有一个书院，在芮城县南卫乡书院村，称卜子书院，又称西河书院、文学书院。这个书院应该是子夏和段干木经常光顾的地方。当然这个书院肯定不是战国时的那个书院了。子夏在河津、安邑待的时间比较长，在这两

---

① 参见孔德琴：《战国中山三器铭文的文学解读》，《民族文学研究》2008年第2期。
② 参见三晋文化研究会编：《山西古代州县八景·汾阳县》，太原：山西古籍出版社，2007年版，第241页。

地也应该有教学场所，只是目前没有发现其踪迹。而在河津和韩城却有子夏室，或者曰子夏洞，当然其他地方也有，大概是因为《尚书大传·略说》中有这样的记载：

> 子夏读《书》毕。孔子问曰："吾子何为于《书》？"子夏曰："《书》之论事，昭昭若日月焉。所受于夫子者，弗敢忘。退而穷居河济之间，深山之中，壤室蓬户，弹琴瑟以歌先王之风，有人亦乐之，无人亦乐之，上见尧舜之道，下见三王之义，可以忘死生矣。"[①]

那么后人就进行复原，因而有了各地的子夏室（洞）。无论真假，但子夏思想文化却无处不在。

这个中心的安邑、河津、韩城、合阳、芮城等地在前面已多次讨论过，没有涉及的是侯马。侯马在春秋晚期为晋国都城。据《左传·成公六年（公元前585年）》记：

> 晋人谋去故绛，诸大夫皆曰："必居郇瑕氏之地，沃饶而近盐，国利君乐，不可失也。"……韩献子曰："……不如新田，土厚水深，居之不疾，有汾、浍以流其恶，且民从教……"……夏四月丁丑，晋迁于新田。[②]

于是晋景公十六年（公元前585年），晋国由故绛（今之赵康古晋城）迁徙到新田，仍称"绛"。据《水经注》：新田"谓之绛阳，在绛浍之阳，南对绛山，西背二水"[③]。明代《曲沃县志》记："绛邑城在平阳府曲沃县西南晋地新田。"[④]以此地理位置，山西省文物局在侯马多次进行考古发掘，发现了众多东周古城遗址，并且发现了著名的《侯马盟书》，其中有一篇盟书载："十又一月甲寅腊乙丑……"经考证所反映的是公元前495年晋国的大夫赵鞅主持进行的盟誓。据此断定侯马就是晋国后期都城——新田。新田作为晋国的都城，从晋景公时即公元前585年迁都，一直到公元前376年晋静公被废为庶民晋国正式消亡，长达210年。[⑤]而魏文侯系晋国最后一

---

① 傅亚庶撰：《孔丛子校释》，北京：中华书局，2011年版，第18页。
② 杨伯峻编著：《春秋左传注》，北京：中华书局，2008年版，第827—828页。
③ （后魏）郦道元注；杨守敬、熊会贞疏：《水经注疏》，南京：江苏古籍出版社，1989年版，第570页。
④ （明）刘鲁生撰：《（嘉靖）曲沃县志》，明嘉靖刻本。
⑤ 参见中国人民政治协商会议山西省侯马市委员会文史资料研究委员会编：《侯马文史资料》，太原：山西人民出版社，1992年版，第90页。

位正卿，他任晋国正卿中军佐的时间是公元前425年，而子夏去世的时间是公元前420年。这样子夏完全有机会去新田（今侯马），尽管这时晋国国君地位大不如前，但对于子夏来讲他还是晋国的臣民，新田就是他的国家的都城，且在魏文侯执政晋国的情况下，去新田顺理成章。而且，子夏如果从温邑出发走轵关陉进入晋南盆地，新田是必经之路，因为轵关陉的最后一关——铁岭关，就在新田。

3. 两个时期

以上仅仅是从空间上说明了西河学派的活动范围，但没有时间坐标划分，这些范围还是比较模糊的。从时间上，我们可以把西河学派的活动范围划分为两个时期：第一个时期为子夏亲自办学期间教授并影响到的区域；第二个时期为子夏弟子或卜氏后人或子夏弟子及后人活动的区域。

根据前面分析，我们大致推断，在第一个时期，西河学派活动范围从东边开始：曲阜—中牟—洛阳—温邑—济源—侯马—安邑—河津，顺黄河南下到永济—芮城—温邑。

第二个时期，即第一个时期外围区域，系子夏弟子活动范围：东边有中山国；齐国公羊高家乡；鲁国谷梁赤家乡菏泽；还有获嘉、安阳、邯郸、馆陶等地。北边有汾河流域的文水、汾阳、孝义、介休、灵石文化圈。西边有韩城、合阳等地。

陈正祥先生在分析春秋战国时代中国文化的发展时曾表达过这样的思想："当时汉民族的政治和文化活动，以黄河及其最大支流渭河的河谷为轴线，是东西向的。"[1]这一分析即是指西河学派，西河学派从空间上看，就是以汾渭谷地为界，分为先后两个时期。

西河学派的政治、军事、经济、文化等活动，强烈地展现了他们解决当时文化冲突、地缘政治所可能选择的办法。尽管西河学派当时没有确切指明未来发展的趋势，但秦汉大一统局面的形成，无疑要归功于西河学派的有益探索，他们所留下的大量的宝贵的可资借鉴的文史材料，是足以昭示后人的。

---

[1] 陈正祥著：《中国文化地理》，北京：生活·读书·新知三联书店，1983年版，第2页。

第六章　西河后学

这里的西河后学即指西河学派对后世的一些学者所产生的主要影响。西河学派所产生的思想、文化，不仅成为当时百家争鸣的一部分，而且也影响到了以后几千年间思想界的主流意识形态。尤其是西河学派"辩证务实"的思想，越是在社会转型发展时期，就越能体现出其内在的哲理和价值。下面我们仅论及几个代表性的思想家与子夏思想的传承关系。

一、子夏与荀子

如果从周朝一系出发，子夏与荀子同出一国，子夏是魏国人，荀子是赵国人，魏、赵都是从晋国分裂出去的，地理位置接近。如果按师承关系，荀子是子夏西河学派后人。三国陆玑在《毛诗草木鸟兽虫鱼疏》中云："孔子删《诗》，授卜商，商为之《序》，以授鲁人曾申。申授魏人李克，克授鲁人孟仲子，仲子授根牟子，根牟子授赵人荀卿。"[①]荀卿即为荀子，从这个师承关系看，荀子是子夏第五代弟子。清代汪中在《荀卿子通论》一文中认为："知荀卿之学，实出于子夏。"[②]其实，"荀姓族人可能散居在古临汾至新绛、临猗、解县一带。荀况的原籍大约就在这一带"[③]。这一带就是西河学派活动的中心区域，且荀子活动的年代距子夏活动年代为时不远。如果不是西河学派在战国衰落，荀子不会去千里之外的稷下求学。尽管如此，荀子在去齐之前就生活在西河之学的影响圈内，不可能不受其影响。我们从荀子的思想看，很多都与子夏相似。如，子夏说："有始有卒者，其惟圣人乎！"[④]荀子说："学恶乎

---

① 周振甫译注：《诗经译注》，北京：中华书局，2010年版，第7页。
② （清）王先谦撰：《荀子集解》，北京：中华书局，1988年版，第22页。
③ 刘蔚华著：《儒学与未来》，济南：齐鲁书社，2002年版，第153页。
④ （清）刘宝楠撰；高流水点校：《论语正义·子张》，北京：中华书局，1990年版，第742页。

始？恶乎终？曰：其数则始乎诵经，终乎读《礼》；其义则始乎为士，终乎为圣人。真积力久则人，学至乎没而后止也。"[1]子夏主张"利"，而荀子讲"义利"。子夏思想产生了著名法家李悝，而荀子思想产生了著名法家韩非子。子夏主张"先王之义（善）要比个人之欲（恶）重要"，而荀子认为"人性本恶，其善者伪也"。下面我们就子夏人性观对荀子人性观的影响作一简述。

子夏在人性论上没有明确的言语，但有明显的价值取向。曾子问子夏为何吃胖了，子夏回答："我待在家里的时候，认真温习先王之义，就感到十分崇敬，并以之为荣；然而，一走出家门，看见满街荣华富贵之人富贵之事，对他们的寻欢作乐，心里又十分艳羡；这样两种念头一直在我胸中交战不止，难分胜负，你说让人难受不难受？所以长期以来我就瘦了。今天，先王的道义终于在我心中占了上风，所以我就变肥胖了。"先王之义即为善，寻欢作乐即为恶，在这里，子夏虽然没有明确说人有两面性，但从结果看，是子夏内心在善恶取向上主张人要向善，而且善需要"为"，即通过修为而来，通过学习礼乐达到善的境界。后来的荀子继承这一观点，提出了著名的性恶论"人之性恶，其善者伪也"[2]的观点。

荀子认为："生之所以然者，谓之性。"[3]因而，"性者，本始材朴也"[4]。就好比人"饥而欲食，寒而欲暖，劳而欲息"[5]，而且人的这些本性都是天生的，"目辨白黑美丑，耳辨音声清浊，口辨酸咸甘苦，鼻辨芬芳腥臊，骨体肤理辨寒暑疾养，是人之所常生而有也，是无待而然者也，是禹、桀之所同也"[6]。但是，人性总是"薄愿厚，恶愿美，狭愿广，贫愿富，贱愿贵，苟无之中者，必求于外；故富而不愿财，

---

[1] （清）王先谦撰；沈啸寰、王星贤整理：《荀子集解·劝学》，北京：中华书局，2012年版，第11页。

[2] （清）王先谦撰；沈啸寰、王星贤整理：《荀子集解·性恶》，北京：中华书局，2012年版，第420页。

[3] （清）王先谦撰；沈啸寰、王星贤整理：《荀子集解·正名》，北京：中华书局，2012年版，第399页。

[4] （清）王先谦撰；沈啸寰、王星贤整理：《荀子集解·礼论》，北京：中华书局，2012年版，第356页。

[5] （清）王先谦撰；沈啸寰、王星贤整理：《荀子集解·荣辱》，北京：中华书局，2012年版，第63页。

[6] （清）王先谦撰；沈啸寰、王星贤整理：《荀子集解·荣辱》，北京：中华书局，2012年版，第63页。

贵而不愿势，苟有之中者，必不及于外"①。这样一来，在"欲多而物寡""欲壑难填"的社会现实面前："今人之性，生而有好利焉，顺是，故争夺生而辞让亡焉；生而有疾恶焉，顺是，故残贼生而忠信亡焉；生而有耳目之欲，有好声色焉，顺是，故淫乱生而礼义文理亡焉。然则从人之性，顺人之情，必出于争夺，合于犯分乱理而归于暴。"②

但是，面对不讲道德的人怎么办？荀子认为一是要礼法并重，二是要发展经济，三是要以礼节欲。荀子认为"积礼义而为君子"，只有学习礼义才能成为君子，才能成为善人。只有在礼法的保障之下，"天下晓然皆知夫盗窃之人不可以为富也，皆知夫贼害之人不可以为寿也，皆知夫犯上之禁不可以为安也。由其道，则人得其所好焉；不由其道，则必遇其所恶焉"③。这里的道正是子夏心中的先王之道。仅仅是制定一些制度还不行，还必须发展经济，满足人不断增长的物质文化需求，这才是解决问题的根本办法："殷之日，安以静兵息民，慈爱百姓，辟田野，实仓廪，便备用，安谨募选阅材伎之士，然后渐赏庆以先之，严刑罚以防之，择士之知事者使相率贯也。"④在荀子看来，只有发展经济，富国强兵，才能让民有所依，众有所居，天下就和谐了。这和子夏的"小利"观如出一辙。《论语·子路》记，子夏为莒父宰，问政，子曰："无欲速，无见小利；欲速则不达，见小利则大事不成。"孔子为何要指导子夏不能见小利？欲速则不达的原因只有一个：子夏在莒父一定是有了发展商业的动作，但孔子不会责怪子夏，因为孔子也有"足食，足兵，民信之矣"的观点，所以他支持子夏的工作，只是仅做要求而已。

从这个意义上讲，荀子正是继承了子夏"小利是图"的观点，而且要求以义取利，荀子从社会作用的高度审视义和利两个概念，特别指出，在逐利的过程中，一定要处理好义和利的关系。荀子对如何处理好利和义的关系作了明确的界定。他说：

---

① （清）王先谦撰；沈啸寰、王星贤整理：《荀子集解·性恶》，北京：中华书局，2012年版，第425页。

② （清）王先谦撰；沈啸寰、王星贤整理：《荀子集解·性恶》，北京：中华书局，2012年版，第420—421页。

③ （清）王先谦撰；沈啸寰、王星贤整理：《荀子集解·君子》，北京：中华书局，2012年版，第436页。

④ （清）王先谦撰；沈啸寰、王星贤整理：《荀子集解·王制》，北京：中华书局，2012年版，第171页。

"先义而后利者荣,先利而后义者辱。"①他认为,在追求个人利益的过程当中,把义摆在第一位,那是一种光荣的行为。如果把个人利益放在第一位,那是一种耻辱。所以,一个社会,一个国家,并不是要扼杀个人利益,而是要倡导社会正义,让社会正义占主导地位,这样就能够处理好义和利的关系,取得社会的和谐。荀子说:"兴天下同利,除天下同害,天下归之。"②以民为本,用正确的指导思想为民兴利除害,天下就能够和谐统一。实际上,子夏也不是唯利是图的:"子夏贫,衣若县鹑。人曰:'子何不仕?'曰:'诸侯之骄我者,吾不为臣;大夫之骄我者,吾不复见。柳下惠与后门者,同衣而不见疑,非一日之闻也。争利如蚤甲而丧其掌。'"③可见,子夏取利从仕也是有选择的,不是一个无原则的人。

子夏与荀子还有一个最大的共同点就是被人诟病。孔子说子夏为"小人儒"④,谭嗣同在《仁学》中说:"荀学,乡愿也。"一个为小人儒,一个为乡愿之徒,两人之所以让人诟病的原因是以持宠处位、擅宠绝患之术。说的是荀子和子夏一样善于利用权术操作。实际上我们仍然存在对子夏和荀子之"操术"理解不够通透的问题。儒者,其学为格物、致知、诚意、正心、修身、齐家、治国、平天下。对于子夏和荀子来说,所有的"术"都指向一个目的——"道",所有的"术"都基于一个前提——"义"。"道义"是"经","操术"是"权","经"与"权"在子夏、荀子那里泾渭分明。平心而论,子夏与荀子之"操术"本是一切从实际出发的原则。

做人要明白三个要义:一是不做超出能力以外的事;二是不做损人利己的事;三是不做亵渎职守的事。我们从子夏和荀子的经历看,子夏并不是世人眼中的小人,他们是不在其位不谋其政,是什么人就办什么事。战国时期,"君臣无常位,社稷无常奉。高岸为谷,深谷为陵"⑤。面对不断变化的境遇而变化自己的思想和行为,从而做出最为适宜的回应,这样才能永葆和谐安乐。子夏为莒父宰、魏文侯君师;荀

---

① (清)王先谦撰;沈啸寰、王星贤整理:《荀子集解·荣辱》,北京:中华书局,2012年版,第58页。

② (清)王先谦撰;沈啸寰、王星贤整理:《荀子集解·正论》,北京:中华书局,2012年版,第316页。

③ (清)王先谦撰;沈啸寰、王星贤整理:《荀子集解·大略》,北京:中华书局,2012年版,第496页。

④ (清)刘宝楠撰;高流水点校:《论语正义·雍也》,北京:中华书局,1990年版,第228页。

⑤ (周)左丘明撰;(晋)杜预注;(唐)孔颖达疏:《春秋左传正义》,载十三经注疏委员会整理:《十三经注疏》,北京:北京大学出版社,1999年版,第1528页。

子做兰陵令。二人皆从普通儒生从仕，足可见他们是善于变通之人，"穷则变，变则通，通则久"，如果死板、教条，则一生庸腐刁巧，看似满腹经纶，却不能经世而用。

此外，子夏与荀子皆通晓《周易》，荀子说"善为易者不占"[1]，子夏与荀子对于"权变"观念运用自如、炉火纯青，否则子夏不可能在魏国取得成功，荀子不可能成为先秦最后一位儒学大师，子夏与荀子中间有一个孟子，孟子就是"执定说以骋己见"[2]，因而受到梁惠王的指责，《史记》中记载："孟轲……道既通，游事齐宣王，宣王不能用。适梁，梁惠王不果所言，则见以为迂远而阔于事情。"[3]那么，孟学为什么不能见用于世？质言之，孟子的汲汲努力何以未能使儒家仁义之道畅行于天下？在荀子看来，问题其实不在别处，而就在于孟学本身。荀子说："善言古者，必有节于今；善言天者，必有征于人。凡论者，贵其有辨合、有符验。故坐而言之，起而可设，张而可施行。今孟子曰'人之性善'，无辨合符验，坐而言之，起而不可设，张而不可施行，岂不过甚矣哉！"[4]荀子并不像孟子那样，"荀与孟同时，其才俱美，其文更雄杰，其用之更通达而不迂"[5]。"权变之术"就是用权力这个平台实现强国富民之举，而不是为己谋私利，其最终目的是道济天下。所以荀子在《王霸》中说："故用国者，义立而王，信立而霸，权谋立而亡。"[6]"权谋倾覆之人退，则贤良知圣之士案自进矣。"而且，子夏、荀子作为君主臣工，尽职尽责，始终贯彻"主尊贵之，则恭敬而僔；主信爱之，则谨慎而嗛；主专任之，则拘守而详；主安近之，则慎比而不邪；主疏远之，则全一而不倍；主损绌之，则恐惧而不怨。贵而不为夸，信而不处谦，任重而不敢专。财利至，则善而不及也，必将尽辞让之义，然后受。福事至则和而理，祸事至则静而理。富则广施，贫则用节。可贵可贱也，可富可贫也，可杀而不可使为奸也"[7]。现在看来，这些具体要求既有世事洞明的生存智慧，

---

[1] （清）王先谦撰：《荀子集解·大略》，北京：中华书局，2012年版，第507页。

[2] （明）李贽著：《藏书·儒臣传》，北京：中华书局，1959年版，第520页。

[3] （汉）司马迁撰：《史记·孟子荀卿列传》，北京：中华书局，1959年版，第2343页。

[4] （清）王先谦撰；沈啸寰、王星贤整理：《荀子集解·性恶》，北京：中华书局，2012年版，第426页。

[5] （明）李贽撰：《李温陵集》，明刻本。

[6] （清）王先谦撰；沈啸寰、王星贤整理：《荀子集解·王霸》，北京：中华书局，2012年版，第199页。

[7] （清）王先谦撰；沈啸寰、王星贤整理：《荀子集解·仲尼》，北京：中华书局，2012年版，第108—109页。

又不离戒慎恐惧的君子之道。也是一个单位、一个国家和谐发展的必要条件——不非议时政,爱岗敬业,为富有仁,以义取利。如果这也是乡愿,也是小人儒,何为大儒,何为大愿?

子夏在对待民与君的关系方面对荀子也有很大影响。子夏曰:"鱼失水则死,水失鱼犹为水也。"①此思想被荀子阐发为:"水则载舟,水则覆舟。"②"水与鱼""君与民"是常见的两种关系,也是最简单明了的。既然人民就像水一样,无论鱼儿还是舟船,都不可离开水。子夏与荀子这里皆强调了民心对于治国理政的极端重要性。其实,关于这方面的讨论子夏及后世谈论的特别多,如,《春秋谷梁传》说:"民者,君之本也。"③《孟子》说:"民为贵,社稷次之,君为轻。"④"得民心者得天下,失民心者失天下。"民心和顺,民情感奋,舟船就能扬帆远航;民心不振,民怨沸腾,再大的船也可能倾覆在汹涌的浪涛之中。从这个意义上来说,子夏以"鱼水"为喻,可谓形象生动,用心良苦,发人深省。如何避免倾覆的危险,子夏没说,荀子进行了引申:"君人者,欲安,则莫若平政爱民矣;欲荣,则莫若隆礼敬士矣;欲立功名,则莫若尚贤使能矣。是人君之大节也。"⑤执政者要稳定发展,避免政坛风起云涌,使得水能平稳载舟,就应该平政爱民,隆礼敬士,尚贤使能。这些都是关系到国家生死存亡的大事,也是社会长治久安之策。

二、子夏与董仲舒

汉代经学派最重要的代表人物董仲舒,是一位专门研究春秋公羊学的专家。所谓公羊学,即公羊高为《春秋》写的传注——《春秋公羊传》,公羊高即为子夏的亲传弟子。董仲舒以春秋公羊学为骨干,融合阴阳家、黄老、法家思想,建立了"天人感应"的目的论思想体系。汉武帝时得到重用,提出"罢黜百家,独尊儒术"的

---

① (宋)李昉辑:《太平御览》,北京:中华书局,1960年版,第362页。
② 原文为:"君以此思惧,则惧将焉而不至矣。且丘闻之,君者,舟也;庶人者,水也。水则载舟,水则覆舟。"此句话在《荀子》中第一次出现,疑为荀子假借孔子语,故判断为荀子之说。
③ (晋)范宁集解;(唐)杨士勋疏:《春秋谷梁传注疏·宣公》,载十三经注疏委员会整理:《十三经注疏》,北京:北京大学出版社,2000年版,第66页。
④ 金良年译注:《孟子译注·尽心下》,上海:上海古籍出版社,2004年版,第300页。
⑤ (清)王先谦撰;沈啸寰、王星贤整理:《荀子集解·王制》,北京:中华书局,2012年版,第151页。

第六章　西河后学

为政理念，从此，汉儒经学成为汉代官方认可的正宗思想。

儒家的特点之一就是阐发它所尊崇的经典《易》《书》《诗》《礼》《乐》《春秋》。此六经中《乐》已经失传，但如果没有子夏和西河学派，怕是六经都失传。儒家经学，历朝都有，但是在思想活跃的时代如先秦、两宋，它以子学、理学的形态出现，而在思想不活跃的时代则以经学形式出现，如两汉、清朝。西汉建国之初，在连年战乱之后，经济凋敝，人民穷困，社会无力负担众多的非生产人员，这与子夏所处的时代背景非常相似。西汉建国之初，统治者在探索寻找最适宜的意识形态。此时，董仲舒鉴于战国、秦朝种种血的教训，重申重民思想。"且天之生民，非为王也，而天立王以为民也。故其德足以安乐民者，天予之；其恶足以贼害民者，天夺之。"[①] 董仲舒这种王民关系正是出于子夏的鱼水关系、荀子的舟水关系。但董仲舒没有就此结束，而是从鱼水关系，进而联系到"五常"道德与"五行"属性的关系。他形象地把"水"与"智"、"木"与"仁"、"金"与"义"、"火"与"礼"、"土"与"信"联系起来，认为，如果人君的行为是合于儒家伦理道德的，那么阴阳五行的运行就是正常的；如果人君的行为不道德，那么就会民不聊生。人君见到这种情况就应当先从智出发，思考错误所在，然后再想办法去解决，这样"木"就会旺盛，繁荣发展，因为"水"生"木"。董仲舒这种唯心主义虽然不可取，但是，董仲舒生在阴阳五行学说和鬼神迷信十分盛行的时代，能把现实和自己的理想结合起来，这正是子夏"辩证务实"思想的践行。

董仲舒关于人性方面。他认为："善如米，性如禾。禾虽出米，而禾未可谓米也；性虽出善，而性未可谓善也。"[②] 那么如何才能得到善性？在董仲舒看来："善者，王教之化也。无其质，则王教不能化。无其王教，则质朴不能善。"[③] 是天让民有未善之性的，也是天让政府对民施以教化，使之为善的。所以董仲舒不同意孟子的性善论，认为如果肯定民生来具有善性，那就否定了教化的作用。

董仲舒这种人性需要教化的思想其实就是子夏用先王之义战胜私欲、荀子用修为来去恶得善的翻本。最先使用"教化"概念的是荀子。他说"论礼乐，正身行，

[①] （清）苏舆撰；钟哲点校：《春秋繁露义证·尧舜不擅移》，北京：中华书局，1992年版，第220页。

[②] （清）苏舆撰；钟哲点校：《春秋繁露义证·实性》，北京：中华书局，1992年版，第331页。

[③] （清）苏舆撰；钟哲点校：《春秋繁露义证·实性》，北京：中华书局，1992年版，第333页。

广教化，美风俗"①，他以人性论的视角，从理论上提出礼乐道德教化的作用。《说文解字》中解释"教"为"上所施下所效也"，"化"则为"教行也。教行于上，则化成于下"。孟子曰："人之所以异于禽兽者几希，庶民去之，君子存之。舜明于庶物，察于人伦，由仁义行，非行仁义也。"②人和动物最大的区别就是人有道德性，比方说，他不再只是简单直接地找吃的，抢吃的，而是在社会活动中追逐利益。追逐利益、自私自利是动物本性在人身上的另外一种表现。儒家说"义利"之分，就是要给人以教化。只追逐利益的人叫作"小人"，与动物禽兽差不多。人自从生下来那一刻就需要被教化，这样才能成为一名合格的社会人，没有一个人说是天生就会为人处世的，这些知识和道理都需要去学习，正如荀子所说"积礼义而为君子"，"枸木必将待檃栝、烝、矫然后直，钝金必将待砻、厉然后利。今人之性恶，必将待师法然后正，得礼义然后治。今人无师法，则偏险而不正；无礼义，则悖乱而不治。古者圣王以人之性恶，以为偏险而不正，悖乱而不治，是以为之起礼义、制法度，以矫饰人之情性而正之，以扰化人之情性而道之也。使皆出于治，合于道者也。今之人，化师法，积文学，道礼义者为君子；纵性情，安恣睢，而违礼义者为小人。用此观之，人之性恶明矣，其善者伪也"③。

虽然道德教化有虚伪的成分，但是道德虚伪的存在并不是否定道德教化的理由。人如果只按照动物性、天性做事，与动物、禽兽没有区别。古今中外，社会道德教化依然是实现和谐社会最低成本的最有效手段。

三、子夏与朱熹

宋代有一部儒家思想巨著《近思录》。《近思录》是南宋朱熹和吕祖谦编订的理学入门书和概论性著作。为什么称其为"近思录"？这与子夏有很大关系。《论语·子张》中记，子夏曰："博学而笃志，切问而近思，仁在其中矣。"④这个意思就是要

---

① （清）王先谦撰；沈啸寰、王星贤整理：《荀子集解》，北京：中华书局，2012年版，第169页。
② 金良年译注：《孟子译注·离娄下》，上海：上海古籍出版社，2004年版，第177页。
③ （清）王先谦撰；沈啸寰、王星贤整理：《荀子集解》，北京：中华书局，2012年版，第421页。
④ （清）刘宝楠撰；高流水点校：《论语正义·子张》，北京：中华书局，1990年版，第740页。

求我们广博学习，诚笃心志。这叫"博学而笃志"。"切问而近思"，就是要从跟我们有切身关系的问题问起，要从发生在我们身边的事情开始思考。"近思"用今天的话讲就是"以类而推"，叫"类推法"。用现在发生的事来推理在另外一个状况之下，也会发生同样的事。

"《大学》始教，必使学者即凡天下之物，莫不因其已知之理而益穷之，以求至乎其极。至于用力之久，而一旦豁然贯通焉，则众物之表里精粗无不到，而吾心之全体大用无不明矣。"[1]也就是说，我们不论学什么东西，都要凭借着已经知道的道理，"因其已知之理而益穷之"，也就是借着我们已经知道的道理，更进一步去探究，"以求至乎其极"，把它推到极致。关于近思这个问题，朱熹说："盖人心之灵莫不有知，而天下之物莫不有理"[2]，认为人本来有知，天下之物都有一个理，这样说来，人"惟于理有未穷，故其知有不尽也"[3]，如果不是这样，那么就是因为他没有穷尽理，没有达到"近思"的效果。

近思很重要的，没有近思，就没有渐修。"今日格一物，明日格一物"[4]，"积习既多"，正所谓"苟日新，日日新，又日新"[5]。长年累月的渐修，才会有所得。"博学而志不笃，则大而无成；泛问远思，则劳而无功。"[6]从子夏和朱熹的出发点看，就是要求我们在学习的时候要有方法和目标，没有笃志笃行，就是一种"知识焦虑症"，没有近思就没有学习效果，就是伪学。子夏从近思中悟到了先王之义——道，并要求人的私欲要屈从于道。而朱熹从近思中着手，悟出了天理——天命之性，并主张"明天理，灭人欲"[7]，"天理存则人欲亡，人欲胜则天理灭"[8]。"天理"是至善的，应该加以弘扬。后天的观念对应的是人心，人心包括对物质的要求和生理的要求。后天的观念有好的和不好的，有善的和不善的。人心应该摆在适当的位置，不要因为各种原因产生了畸形的心理，如果过分了，就会产生很多不正当和不道德的行为。

---

[1] （宋）蔡沈撰：《至书》，北京：中华书局，1985年版，第16页。
[2] （宋）黎靖德编；王星贤点校：《朱子语类》，北京：中华书局，1986年版，第323页。
[3] （宋）朱熹撰：《四书章句集注》，北京：中华书局，1983年版，第7页。
[4] （宋）黎靖德编；王星贤点校：《朱子语类》，北京：中华书局，1986年版，第207页。
[5] （汉）郑玄注；（唐）孔颖达疏：《礼记正义·大学》，载十三经注疏委员会整理：《十三经注疏》，北京：北京大学出版社，2000年版，第160页。
[6] （宋）朱熹撰：《四书章句集注》，北京：中华书局，1983年版，第189页。
[7] （宋）黎靖德编；王星贤点校：《朱子语类》，北京：中华书局，1986年版，第207页。
[8] （宋）黎靖德编；王星贤点校：《朱子语类》，北京：中华书局，1986年版，第224页。

我们在这里不讨论子夏的先王之义和朱熹的天理的历史局限性，只讨论他们的合理性。人是喜欢懒惰和堕落的动物，需要有些外在的约束来规范自己的行为，在思考一些事物的时候要用正确的思维去思考，人的欲望是永远得不到满足的，因此，灭人欲，世界可以和平发展，人会更加注重外在的修养，强调理性，发奋读书，刻苦学习知识，强调礼节。人在遇到一些问题时，可以积极地思考，从而趋利避害。

这种理论的本质就是人的理性和任性的关系。人性天生"目好色，耳好听，口好味，心好利，骨体肤理好愉佚，是皆生于人之情性者也"①。但是人的欲望总是大于物质的生产，欲壑难填，如果任性发展就会导致"苟无之中者必求于外"②，因为"人之性，生而有好利焉，顺是，故争夺生而辞让亡焉；生而有疾恶焉，顺是，故残贼生而忠信亡焉；生而有耳目之欲，有好声色焉，顺是，故淫乱生而礼义文理亡焉。然则从人之性，顺人之情，必出于争夺，合于犯分乱理而归于暴"③。所以子夏则用先王之义化性去伪，在朱熹则"改过迁善，克己复礼"。天地生人，人人平等，然而由于学与不学，则会有君子小人、邪正善恶之分，想幸福的人并不仅仅是一人，于是人群中无穷尽的竞争便非常激烈，我们在重人道、修道、行道的过程中是自由的，作为个体对道的践履和实现标准上，又有大小和远近的区别。所以我们只求各自在道上励志，在此基础之上，再求大者、远者之道，达到做一个理想人的最高目标。在这整个过程中都不是与人争，而是与自己争。因此，"改过迁善，克己复礼"可以帮助我们达到更高的境界。

四、子夏与王阳明

儒家提倡做人的基本道德准则是"仁义礼智信"。"信"，就是诚信明德，一诺千金。子夏认为在社交中"与朋友交，言而有信"④，在执政上要求"信而后劳其民，

---

① （清）王先谦撰；沈啸寰、王星贤整理：《荀子集解·性恶》，北京：中华书局，2012年版，第423页。

② （清）王先谦撰；沈啸寰、王星贤整理：《荀子集解·王制》，北京：中华书局，2012年版，第425页。

③ （清）王先谦撰；沈啸寰、王星贤整理：《荀子集解·王制》，北京：中华书局，2012年版，第420—421页。

④ （清）刘宝楠撰；高流水点校：《论语正义·学而》，北京：中华书局，1990年版，第19页。

未信则以为厉己也；信而后谏，未信则以为谤己也"①。这里的朋友和我们现代人理解的朋友不一样，古人的朋友之意为同学和志同道合的人。

如果说直立行走从形式上把人与动物分离，而诚信则从本质上改变了人的动物属性。足是行之本，则诚信就是人之本，千里之行始于诚信。春秋以前，"诚"和"信"都是分别应用的，且带有一定的宗教色彩。春秋时，孔子和弟子子夏等，才把"诚"与"信"引用到道德领域；战国时期"诚"与"信"合二为一，成为道德教化中常用的专业名词。人无信而不立，在子夏看来，人与人之间要讲诚信，执政者更要讲诚信，即我们现在说的公信。

在王阳明看来，诚信就是诚意，"诚意"的实质是在实现人的本有善性的实践过程中的意识自觉和意志自律，是意志的一种道德力量，只有通过自觉和真诚的道德努力，才能够成为儒家意义上的具有真实性的人。"良知"就是一个人内心的"真诚""好善"。"无善无恶是心之体，有善有恶是意之动，知善知恶是良知，为善去恶是格物。"②

王阳明的这种诚意观虽然不专指子夏的诚信观，但子夏的诚信观作为先秦儒家思想的重要组成部分，不能说二者之间没有任何"瓜葛"。而王阳明对子夏思想的直接继承则是王阳明的知行合一观。前面说过，子夏注重"辩证务实"精神，他的这种辩证就是综合分析问题，而更难能可贵之处在于子夏不但能分析出问题，还能提出解决问题并行之有效的办法。这正是一种知行合一的完美结合。而王阳明通过近思，在蛮荒的龙场悟出了"圣人之道，吾性自足"③，即人人皆有良知，但能把良知和言行合二为一才是务实精神，这就是"知行合一"④，即遵循内心的良知，便能达到宁静于内、无敌于外的境界。这是一种知行合一的完美体现。

在王阳明眼中，认为"知中有行，行中有知"。他极力反对知行脱节及"知而不行"。从认知论和实践论上看，认知离不开实践行为，实践行为也不能脱离理论指导。二者互为表里，不可分离。知必然要表现为行，不行不能算真知。"知是行的主

---

① （清）刘宝楠撰；高流水点校：《论语正义·子张》，北京：中华书局，1990年版，第737页。

② （明）王阳明著：《王阳明全集（新编本）》，杭州：浙江古籍出版社，2010年版，第129页。

③ （明）王阳明著：《王阳明全集（新编本）》，杭州：浙江古籍出版社，2010年版，第1234页。

④ （明）王阳明著：《王阳明全集（新编本）》，杭州：浙江古籍出版社，2010年版，第1页。

意，行是知的工夫；知是行之始，行是知之成。"[1]虽然我们知道，王阳明的知行合一是反对程朱理学的"知先行后"，但这与子夏的"君子学以致其道"[2]却是一脉相承。

在子夏看来，只有通过"博学"—"认知"，才能"致道"—"行"，才能专心致志做好每一件事。对于子夏来讲，"知"—"博学"—"先王之义"是"体"，"行"—"笃志"—"胜私欲"是"体""用"合一。因而，当子游责怪子夏不读书而去教学生"洒扫应对进退"本末倒置的时候，子夏回答说："君子之道，孰先传焉？孰后倦焉？譬诸草木，区以别矣。君子之道，焉可诬也？"[3]在子夏看来，"洒扫应对进退"之行正是对先王之义的实践体现，只有在实际生活中通过验证的理论才是真正的先王之道。子夏的"百工居肆，以成其事，君子学以致其道"正是对知行合一的理解和阐释。

而王阳明在子夏"君子学以致其道"的基础上深化了道德意识的自觉性和实践性关系，通过学习获得良知，然后把良知变成实际行动。我们都知道，王阳明在贵州偏僻的地方建了一个龙冈书院，还创立了一门学问叫作"心学"。这和子夏的境遇何曾相似，子夏在温邑办学，穷居河济，后形成西河学派。从中国思想史上看，"行"和"知"是很重要的两大命题。从《尚书》开始，到孔子、庄子、子夏、孟子，然后到二程、朱熹，然后到王阳明，再到明末顾炎武、黄宗羲、王夫之，再到孙中山、陶行知，都谈"知"与"行"。但能把知行二者合一的第一位是子夏，第二位就是王阳明。从古到今，围绕着"行先知后"还是"知先行后"，知和行哪个在前，哪个是第一性的问题，哲学上争辩得很厉害。那么，子夏的"君子之道，孰先传焉？孰后倦焉？譬诸草木，区以别矣"的观点就是知与行没有先后，知在行之背，行在知之侧。这种观点发展到王阳明那里就是"知中有行，行中有知"。当年，子夏"穷居河济之间，深山之中，作壤室，编蓬户，常于此弹琴以歌先王之道"，以一己之力开办西河学派，传六经，是为德；为魏国输送人才，为君王师，辅佐魏文侯成就霸业是为功；考究六经、六艺，撰写《子夏易传》是为言。两千年后儒家弟子王阳明在龙场附近的一个小山洞里"（把）玩（周）易"，办学院，著书立说，在沉思

---

[1] （明）黄宗羲著：《明儒学案》，杭州：浙江古籍出版社，2012年版，第207页。
[2] （清）刘宝楠撰；高流水点校：《论语正义·子张》，北京：中华书局，1990年版，第740页。
[3] （清）刘宝楠撰；高流水点校：《论语正义·子张》，北京：中华书局，1990年版，第742页。

中"究天人之际，通古今之变"，作为一介书生又能平定战乱，可谓真正做到了学以致用。

纵观三千年之中，以"立德、立功、立言"，"三不朽"者也就是子夏与王阳明了。

五、子夏与《弟子规》

子夏在《子夏易传》中说："蒙以养正，圣功也。"[①]意思是指从童年开始，就要施以正确的教育，端正儿童的品行。子夏谙熟《易经》，由此思想出发，在办学时注重对弟子的启蒙教育，培养学生"洒扫应对进退"[②]习惯之养成。

子夏的启蒙教育在春秋时虽然并不是最早的，但却是最可行的，也是最接地气的。比子夏早两个多世纪的管仲就撰写过一本《弟子职》，也是针对启蒙教育而写。到孔子时，他在《论语·学而》中有"入则孝，出则悌，谨而信，泛爱众，而亲仁，行有余力，则以学文"[③]的阐发。到了子夏时期，子夏针对弟子的心智和生活细节，脱虚务实，主张在习惯养成处入手，从形式到内容，对弟子进行习惯训练。因而才有了子夏"洒扫应对进退"之说。

子夏的《弟子规》全文我们看不到，但古今人性相同，虽然人类在进化，体质和智力都在增长，但人性的本质是不变的，所以历代皆有《弟子规》，内容都不尽相同。但大多都是采用深奥的道德理论和抽象的道德说教来教育儿童。直至宋代朱熹开始，才沿袭子夏主张，提出从日常行为入手来培养蒙童道德的教育，朱熹在《小学序》中就提出：

> 古者小学，教人以洒扫应对进退之节，爱亲敬长隆师亲友之道，皆所以为修身、齐家、治国、平天下之本。而必使其讲而习之于幼稚之时，欲其习与智长，化与心成，而无扞格不胜之患也。[④]

---

① （春秋战国）卜商撰：《子夏易传》，载《丛书集成初编》，北京：中华书局，1991年版，第12页。
② （清）刘宝楠撰；高流水点校：《论语正义·子张》，北京：中华书局，1990年版，第742页。
③ （清）刘宝楠撰；高流水点校：《论语正义·子张》，北京：中华书局，1990年版，第18页。
④ （明）丘濬撰：《朱子学的》，北京：中华书局，1985年版，第48页。

可惜，宋明两代在启蒙教育方面并没有多大成效，因为在宋明两代，社会上占统治地位的思想仍然是理学，尤其是程朱理学作为庙堂文化控制着朝野的精神领域，启蒙思潮不过是潜滋暗长。启蒙教育到了清朝前期反而得到长足发展，各地普遍设立蒙童教育机构，并对古代童蒙教育经验和方法进行归纳总结。清代塾规之中，凡涉及蒙童习惯礼节的规条，或是直接遵循前人所厘学规，或是将之加以调整增易，其要旨仅是期望通过训练蒙童的行为习惯以培养其道德品性。

在明末清初大变局之下，学者们选择汉儒作为仿效对象，崇汉之风渐起。清代学者阮元认为："两汉经学所以当尊行者，为其去圣贤最近。"[①]但是，说汉学就不得不探根溯源，追溯到子夏那里，因为"没有子夏就没有汉儒之经学"[②]。清代任兆麟在《述记》中就说："汉人说经，所据以为佐证者皆晚周先秦之书。"[③]另一方面，清朝前期，尤其是在康乾盛世，社会的稳定，经济的发展，使得人们生活富裕。然而富裕的生活也带来了一系列社会问题，淫靡贪奢的风气开始在经济发达的江南地区蔓延。针对这一社会现状，清初一些知识分子开始从"礼"入手，希望通过"以礼化俗"来改变社会风俗、重建社会秩序。清代名臣陆陇其认为，风俗的好坏对地方有着十分重要的作用，"世运之盛衰，风俗实为之。而所以维持乎风俗使之淳而不浇，朴而不侈者，则惟视乎上之政教何如耳。三代之时，非无浇漓侈奢之民也，然而道德一而风俗同者，其政教得也"[④]。然而，"治国以教化为先，教化以学校为本"[⑤]。

> 治天下者，莫亟于正人心，厚风俗，其道在尚教化以先之。学校者，教化所从出，将以纳民于轨物者也。……故曰：教隆于上，化成于下；教不明于上，而欲化成于下，犹却行而求前也。教化者为治之本，学校者教化之原。欲敦隆教化而兴起学校者，其道安在？在务其本而不求其末，尚其实而不务其华。以内行为先，不汲汲于声誉；以经术为要，不屑于文辞。

[①] （清）阮元撰：《揅经室集·上》，北京：中华书局，1993年版，第248页。
[②] 参见（清）陈玉澍撰：《卜子年谱》，载北京图书馆：《北京图书馆藏珍本年谱丛刊（第3册）》，北京：北京图书馆出版社，1999年版。
[③] 陈燮君主编：《上海文博论丛》，上海：上海辞书出版社，2012年版，第43页。
[④] 魏源全集编辑委员会编校：《魏源全集·皇朝经世文编》，长沙：岳麓书社，2004年版，第653页。
[⑤] （清）张廷玉等撰：《明史》，北京：中华书局，1974年版，第1686页。

如是则于圣人化民成俗之道，庶乎其有当也夫。①

为此，全国书院、私塾得到一个空前发展的契机，为了更进一步推广文教、化民成俗、开化夷民，清前期还设立有社学、义学、义塾等蒙学组织。据《清史稿·选举制一》载：

> 社学，乡置一区，择文行优者充社师，免其差徭，量给廪饩。凡近乡子弟年十二岁以上令入学。义学，初由京师五城各立一所，后各省府州县多设立，教孤寒生童，或苗、蛮、黎、瑶子弟秀异者。②

地方官学、书院虽然承担了教化民众的任务，但是普及的范围依然有限，广大百姓仍没有条件去接受教育。相对而言，社学、义学的建立弥补了这个缺陷。

启蒙教育注重儿童的实际，"少若成天性，习惯成自然"，"没有规矩，不成方圆"。儿童可塑性强，在这个时候加强行为习惯的养成，对个体的一生都非常有益。这样，从习惯养成入手，洒扫、应对、进退、饮食起居、待人接物、谈吐等方面的具体的规范和要求进入蒙学的视野。无论是官方还是民间，"洒扫应对进退"的蒙学教育理念作为教化之先，深入教育界各个角落。

到了康熙年间，平阳府绛州人李毓秀，自办敦复斋进行讲学，撰写《训蒙文》，后经浮山人贾存仁修订为《弟子规》。清人周保璋在《童蒙记诵编》中说，自《弟子规》出现后，就成为各地私塾和义学的蒙童德育课本，并先于《小学》《孝经》《论语》等蒙书学习，而此时的《三字经》《百家姓》《千字文》等几乎退出蒙学课堂。《弟子规》被世人尊称为"人生第一步和天下第一规"。

从这个意义上讲，子夏"洒扫应对进退"的启蒙教育，在清朝前期才得到弘扬和发展。

六、子夏与晋商

西河学派长期频繁出入于河津至温县之间的西河区域，对当地的文化、教育、

---

① （清）张玉书撰：《圣祖仁皇帝御制文集》，载李国钧主编：《清代前期教育论著选》中册，北京：人民教育出版社，1990年版，第242页。
② （清）赵尔巽撰：《清史稿》，北京：中华书局，1977年版，第3119页。

经济、商业产生了极大影响。尤其是明清时期，在晋南的晋商秉承子夏"小利"之观念，并把子夏"学而优则仕"的观点融入实际生活中，提出了"学而优则商"的主张。

"凡是有麻雀的地方，就有山西人。凡是有鸡鸣狗叫的地方，都有山西人。"这是山西人的一句口头禅，经常被颇为自豪地引用。山西人在有麻雀的地方和鸡鸣狗叫的地方干什么？经商。但是，从历史上看，商人在中国各个社会阶层中所处的地位是比较低的。历代的"士农工商"，商人总是排在最后一位，其根源恰恰是儒家文化的因素。在古代中国，士农工商等级制本质上是儒家道德至上思想在社会秩序中的体现。儒家重视道德，因此在儒家看来，人的社会地位的高低应该取决于道德水平的高低。理想的状态是：道德水平越高，你的社会地位就越高，道德水平高的人领导或管教道德水平低的人。朱子所谓："君子无小人则饥，小人无君子则乱。"[①]商人的道德水平是受到全社会批评的，即所谓无商不奸，唯利是图，当然道德最卑下。这也是子夏被孔子评为"小人儒"的主要原因。

我们再来看，在整个明代，山西是防御蒙古人南侵的战略要地。大同为明朝九边重镇之一，和宣府（今宣化）构成了整个京师北部防御的核心地区。雁门关和内长城则构成了第二道防御阵地。再加上山西的地理条件受限及自然环境逐步恶化，在经济上就积贫积弱。也正因如此，绝大部分山西人才不得不放弃读书科举而走上了从商之路，经商是他们无奈下的"次优"选择。这种情况与子夏在西河教授的时代背景十分相近，春秋战国之际的魏国，处于晋南，其地理位置西有秦、东有韩，战乱频仍，民不聊生，因而，生存成为第一要务。

在这种情况下，晋南人承袭传统理念，即"以商致财，用财守本"，通过经商获得小利，然后置房产买田地，再出租土地和放高利贷。经商获取收入，以其商业收入发展商业和金融业，建立以商业为始点的价值循环和增值过程，从而形成这种与传统伦理观念相伴的人生观。

"（山西）今有鱼盐柿枣之利，所辖四郡，以太原为省会，而平阳为富饶。"[②]富饶的资源使得明清时期的晋南成为人口密集、商业贸易繁荣之地。这些商业条件也导致晋南人养成了"学而优则商"的齐家理念，丈夫生世，岂其槁立哉！吾闻致千金者必就商。[③]因资源便利，稍用即可富家，因而无"苦读三更、金榜题名、光耀

---

① （宋）朱熹撰：《四书章句集注》，北京：中华书局，1983年版，第259页。
② （明）张瀚撰；盛冬铃点校：《松窗梦语》，北京：中华书局，1985年版，第82页。
③ 参见张金科等主编：《三晋石刻大全·临汾市浮山县卷》，太原：三晋出版社，2012年版。

门楣"之累,家道即便有衰落之象,随即就可弃儒从商。如明朝平阳府洪洞人董修业"以父春秋高,家政渐繁,且旧有蓰务在河东",遂弃官从商;临汾人蒋有德,为振兴家业"遂弃儒逐什一之利"[①],成为当时的著名商贾。

晋南商人善于捕捉商机,艰苦创业。明初开中法后,晋南商人利用近盐便利,抢占市场,争得主动,起先发展。晋南的盐池就在子夏曾经无数次光临的安邑。子夏的学生段干木也是经营安邑的盐而起家,明清时这里被称作河东盐池。明代时,晋南商人在经营盐业过程中,发现长城九边日常生活用品非常匮乏,因而又开拓市场,"上自绸缎,下至葱蒜,无所不包"。当时生活必需品包括各种铁器、铜器、陶器、粮食、食用油、盐、茶、丝绸、烟酒、纸张、煤炭、药材等商品,平阳商人全部经营。尤其是尧都的麻纸不仅供民用,还供应官府,曲沃的烟草贸易畅销到了蒙古、俄罗斯。

不能学优为仕就学优为商,子夏的"辩证务实"思想,再一次在西河地区得到贯彻和实践。但晋南商人并没有因为占有市场而巧取豪夺、坑蒙拐骗,而是以诚信为主导,以义取利,并为此成为明清著名儒商。这与子夏的诚信观又是一次结合,诚信是商业贸易中交易成本最小化的机制。晋南商人通过各种形式,使商人能够被动地接受诚信经商理念,使得商业贸易处于一个良好的、稳定的发展环境中。他们以地域为中心,以血脉、乡情为纽带,以诚信经商为宗旨,以各地会馆为联络处,以商帮为组织,既减少了内耗,壮大了力量,又提高了竞争力,获取了最大利润。

晋南商人所采取的这些手段,虽然是为了利润最大化,但更把商业信誉看得高于一切,凡事以道德信义为标准,以商业道德为准绳,摒弃欺诈投机,坚持义中取利。他们认为义利相通,至今晋南地区仍有"买卖不成仁义在"的商业观,并成为一种商业意识贯穿于经济活动中。晋南商人在经营活动中"重廉耻而惜体面",这种商业意识成为其获得商业成功的秘诀。如清代浮山商人齐至盛,"贸易淮扬间,出入均平,公私称便,尤好义推贤"[②];明中期发家的洪洞苏堡刘氏家族的刘镇,一生重义;明代隆庆、万历年间,蒲州(今永济)张四维家族、王崇古家族、马自强家族,均成为大商人家族,王崇古在河东从事盐业,张四维的父亲是长芦大盐商。

---

① 阎爱英总主编,王三星主编;山西省政协《晋商史料全览》编辑委员会;临汾市政协《晋商史料全览·临汾卷》编辑委员会编:《晋商史料全览·临汾卷》,太原:山西人民出版社,2006年版,第437页。

② 浮山县地方志办公室整理:《明清浮山县志》,太原:山西人民出版社,2010年版,第274页。

其实，人如果排斥"利"，根本就没法生存。世界上的事情，有些该形成风气的，总是提倡也难以形成风气，所以得多讲；有些则恰好相反。而在子夏这里，虽然首先关注的是温饱问题，因为子夏贫穷，他不像洙泗学派那样，丰衣足食而无后顾之忧。但是子夏务实，这样，"利"在子夏思维中成为所有问题中的重要一环。然而子夏并不是见利眼开，子夏认为"可者与之，其不可者拒之"[①]，"诸侯之骄我者，吾不为臣；大夫之骄我者，吾不复见"[②]。如果他是一个唯利是图的小人，就不会说这样的话。可见，在子夏那里，"利"是由"义"所决定的。"羞恶之心即为义"，不义之财对子夏而言是羞恶的。而真小人的唯利是图是不存在羞恶心的。"以义取利，诚信于商"是子夏获利的原则，也是晋商发展的法宝。

晋商中的一位重要代表人物王现曾经说过："夫商与士，异术而同心。故善商者，处财货之场，而修高洁之行，是故虽利而不污；善士者，引先王之经，而绝货利之径，是故必名而有成。故利以义制，名以清修，恪守其业，天之鉴也。"[③]这番论述不仅点明了经商的不二法则，也道出了为官与为人的基本守则。这也是晋商成为儒商的根本原因所在。

[①] （魏）何晏集解；（宋）邢昺疏：《论语注疏·子张》，载十三经注疏委员会整理：《十三经注疏》，北京：北京大学出版社，2000年版，第291页。

[②] （清）王先谦撰；沈啸寰、王星贤整理：《荀子集解·大略》，北京：中华书局，2012年版，第496页。

[③] （明）李梦阳撰；郝润华校：《李梦阳集校笺》，北京：中华书局，2020年版，第1562页。

第七章　子夏与民间信仰

子夏与关于子夏的民间信仰其实是子夏在西河地区活动的一个缩影，对关于子夏信仰的研究也是对子夏在西河地区所形成的人文景观的研究。全国各地现存卜子夏祠堂、卜子夏墓地非常多，有一些地方甚至举办"子夏节"。可见子夏的信仰已成为民众生活中不可或缺的组成部分，这些植根于民众生活中的信仰往往伴随着许多传说，增加了子夏在西河地区活动的可信度。

一、从人到神

子夏是人不是神，但是子夏在民众心中就是神。子夏从小离开家乡跟随孔子学习，后又从政，立德、立言、立功，成为"三不朽"之神，"民无能名曰神"[1]，以至于人们无法用恰当的谥号给他。纵观子夏一生，犹如庄子笔下的真人："不知说生，不知恶死；其出不䜣，其入不距；翛然而往，翛然而来而已矣。不忘其所始，不求其所终；受而喜之，忘而复之，是之谓不以心捐道，不以人助天。"[2]子夏死后，在黄河中下游及支流汾河、洛河、济河等流域都有他的祠堂和墓地，人们对子夏盖以神的待遇。《搜神记》中说："卜子夏，死为地下修文郎。"可见子夏在后人心中已经成神。[3]

从人到神必须具备一个条件：德高望重。为国家、为社会、为民众做了许多有益的事情，可称为品德高尚；做一些常人不能做的事情，办事公允、以理服人，并且年龄大，可称为望重。那么，子夏是不是具备这个条件？

其一，子夏西河设教，有教无类。无论是达官贵人如魏文侯、魏成子等，还是黎民百姓如段干木、公羊高、谷梁赤等，只要有心向学，都有受教育的机会。"有教

---

[1]（清）焦循撰：《孟子正义》，北京：中华书局，1987年版，第392页。
[2] 方勇译注：《庄子》，北京：中华书局，2015年版，第12页。
[3] 参见陈明主编：《幼学琼林·增广贤文》，北京：新星出版社，2016年版，第204页。

无类"思想的实施,扩大了教育的社会基础和人才来源,对于全体社会民众素质的提高无疑起到了积极的推动作用。

其二,子夏在魏国时,辅助魏文侯建功立业。子夏的学生段干木、李悝、田子方、吴起等,在魏国可谓成绩卓然,立下了不朽业绩。子夏本人亦为君师,千古流芳。

其三,子夏精通易学。对古代人来说,占卜可以解决人的正常判断力无法解决的问题,所以意义重大。无论是国家的朝政大事、军队出征,还是百姓的祭祀祖先、婚丧嫁娶等都要事先进行占卜。古人认为如果得到了吉兆,就是神灵或祖先在保佑;如果得到了凶兆,就需要反省自身的过失。它在一定程度上起着警示的作用,能够帮助人们分清是非对错,指导人们弃恶扬善。古代虽无确切有关子夏占卜的记载,但我们可以推测,子夏作为卜氏后人,又有专著《子夏易传》,善《易》者不自卜,却可以教人以道,通过给别人占卜而传道、解惑,从而使人不至于犯错而招引灾祸。他没有利用占卜故弄玄虚,装神弄鬼,骗人钱财。

《易》为六经之首,古代科学很不发达,占卜之术十分兴盛,对于今天的人来讲,可能是伪科学,但是在先秦时期却是人们解决日常生活问题的工具。趋利避害是一种连单细胞动物都具有的本能,人类也不例外。这种本能使得人类对预知未来有着极强烈的渴望。这其中,又以农业文明为甚。这根源于人们对于农耕收成不确定性的关注,无论东西方,智慧的人们总是使出浑身解数研究预知未来的方法。于是,占卜学应运而生。

那么,子夏在常人眼中就是通神的觋,尤其是子夏双目失明后,给人占卜,帮助人们答疑解惑,就多依靠《易》学了。日久年深,子夏在民众中的声望就越来越高,那么,子夏成为人们心中的神就不足为奇了。

二、子夏传说

这些传说涉及卜子夏的生平、治国等方面,在民众眼中,卜子夏是一位具有治国、教学、军事等多方面才能的圣人贤才。

1. 死后升天

子夏在西河办学授教,随着年龄越来越大,子夏没有精力四处讲学,于是他定居到今天河津的东辛封村,为民答疑解惑。他设教的南书院位于河津老城南街路西,有各种房间、亭台、楼阁,自明清到民国,几百年来一直是河津讲解经学的场所。

不幸的是，卜子夏年迈花甲时，他最疼爱的长子卜子芹先他而去。这件事使卜子夏的心灵受到极大创伤，加上他常年攻读经书，视力越来越差，最后发展到双目失明的地步。后来，身体越来越虚弱，疾病也越来越多，终因年老体弱，久病不愈，88岁时与世长辞。

卜子夏死后，魏国上下举国皆悲，万众哭泣，吊唁人群络绎不绝。相传，下葬那天，就在人们把他的灵柩抬往墓地的时候，忽然狂风大起，飞沙走石。风停后，人们睁开眼睛一看，棺材不见了，原来狂风卷起了一个大土堆，把卜子夏的棺材埋住了。人们都说，可能是老天爷把子夏收走了，这个地方就是上天指给子夏埋葬的地方，就在今天的东辛封村东南位置，离村约500米。①

2. 登云靴

子夏常年在外，回去一次不容易。有一次去黄河边巡视，看到一双漂亮的丝靴，便走上前去，忽然，这双靴子自己就跑到子夏脚上，子夏穿上后，竟然健步如飞，日行万里，像腾云驾雾的神仙一样，说到哪就到哪。传说，当年卜子夏在河津讲学的时候，经常回家看望母亲。捎回去的包子，还冒热气。

3. 翰林顶

相传在康熙年间，有一天夜里，康熙皇帝做了一个梦，梦见有个白胡子老汉，拄了个龙头拐杖，拐杖上吊着个葫芦。康熙皇帝一觉醒来，不知道是什么意思。第二天，就召集文武大员解梦。有一个大臣说："万岁爷，这是个卜字，是卜子夏老夫子来了，一定是他的后代贫困，请你接济他家哩。"康熙一听，就赠给卜家一个"翰林顶"，他家辈辈"铁翰林"。这件"翰林顶"，说是就像过去老汉戴的毡帽，顶上有一个铁螺丝。过去卜子夏家乡河南温县卜杨门村人和外人打官司时，就去借卜家的"翰林顶"，戴上这东西，县官见了都得赶紧下堂磕头。

4. 下马牌

就是文武官员军民人等至此驻轿下马，俗称"下马牌"。相传也是康熙皇帝所赐，以前就挂在河津东辛封村卜子夏祠堂门前。但是后来有一个县官，因为他每次到西北巡察，路过卜家祠堂时都得磕头作揖，为此他很烦躁，于是就想出了一个主意，说"居官下马牌"旧了，需要修理，就把牌子取下来拿走了。再到后来，卜家族人去索要时，县官却说："哎哟，那得皇上亲手挂才行哩。我小小七品知县，哪敢

---

① 此故事和菏泽故事相似，只是子夏死去的地点不同，应为卜氏后人编撰，流传之地相异。

呢!"从此"下马牌"就再没有出现。①

5. 智灭智氏

公元前450年,智伯强迫魏氏送给他土地,并要求魏氏出兵攻打赵氏。魏氏感到十分棘手,正在忧虑之时,子夏到来了。

魏桓子问:"智伯要土地,该不该给他?"

子夏道:"土地可以给,给出去,还可以要回来!智氏得到土地后,必然更加狂妄自大,就会向韩、赵两家索要土地,他们两家中,赵氏势力比较大,不一定会给,就会产生矛盾,假以时日,智、赵两家就会发动战争,我们再联合韩、赵,从长计议。"

随后,魏氏先送给智氏一块很不起眼的地方。结果,赵氏没给智氏土地,智、赵两家开始打仗。赵氏主动联系魏、韩两家,最后三家瓜分了智氏的土地。②

6. 囤土充仓

春秋后期,秦国一直想占领魏国在黄河西边的部分土地,但又不知魏国在此地的军事力量,就一边屯兵黄河边,一边派暗探侦察魏国粮草底细。

魏国得知后立即招来子夏,寻求应对办法。因为,此时魏国正遇上连年大旱,青黄不接。子夏听说后,就在龙门渡口进行了巡察,看到汾河两岸的芦苇,计上心来。第二天他就让士兵在汾河入黄处,由西北向东南垒起几百个大土堆,土堆内用芦苇草填满,再用苇席包裹,周围插树枝为栅,且在苇席上面撒一层谷物,引来群雀啄食,以假乱真。令守卫将士严把仓门,不许闲杂人员入内。

果然,秦国暗探远望魏国粮仓如山,望不到头,又见群雀纷起纷落,深信仓内粮食充足,乃回咸阳禀报秦王。秦王与群臣误以为魏国粮草充足,遂退兵罢战。这就是囤土充仓、以假乱真的故事。随后,魏国将十里粮仓西北的第一仓称为"仓

---

① 以上登云靴、翰林顶、下马牌三个传说在温县也有,故事情节大致相同,想必是卜氏后人杜撰,口耳相传,以至于多地皆有相同故事。参见张继峰、朱振武主编《温县揽胜》,第72页。

② 此故事系《战国策》中所记,然后附会到子夏身上。《战国策》中记:"知伯索地于魏桓子,魏桓子弗予。任章曰:'何故弗予?'桓子曰:'无故索地,故弗予。'任章曰:'无故索地,邻国必恐;重欲无厌,天下必惧。君予之地,知伯必骄。骄而轻敌,邻国惧而相亲。以相亲之兵,待轻敌之国,知氏之命不长矣!'《周书》曰:'将欲败之,必姑辅之;将欲取之,必姑与之。'君不如与之,以骄知伯。君何释以天下图知氏,而独以吾国为知氏质乎?'君曰:'善。'乃与之万家之邑一。知伯大说。因索蔡、皋梁于赵,赵弗与,因围晋阳。韩、魏反于外,赵氏应之于内,知氏遂亡。"

头"，东南的最后一个粮仓称为"仓底"。①

位于黄河岸边的河津人民，不仅遭受着自然灾害的威胁，还要时刻抵御他国侵袭。"囤土充仓"的妙计使得当时魏文侯统治的魏国能够积蓄力量，抵御战乱，保证了国家和平。渐渐地，人们把卜子夏神化，认为卜子夏是保佑一方平安，人民丰衣足食的神灵。

三、祭祀与信仰

子夏在西河一带成为保护神，子夏死后，民众为了永远纪念他，就在他住过的地方建立了祠堂，在埋葬他的地方建起了墓茔。

1. 墓地和祠堂

目前，关于子夏的墓地和祠堂就全国来看，比较有代表性的遗址分别为：河南省温县林召乡卜杨门村、山西省河津市东辛封村、陕西省韩城市芝川镇西、陕西省合阳县洽川镇子夏陵、山东省菏泽市卜堌都（现菏泽市牡丹区万福办事处丁庄附近卜固里）、河南省获嘉县西关村等六处。

就现在子夏墓地和祠堂的最早记载来看，大都初建于唐及以前。唐初在尊儒重道策略下，于贞观二十一年（公元647年）诏曰："'左丘明、卜子夏、公羊高、谷梁赤……等二十有一人，并用其书，垂于国胄，既行其道，理合褒崇，自今有事于太学，可并配享尼父庙堂。'其尊儒重道如此。"②如是，各地卜子夏的墓地和祠堂应在这次事件后开始扩建修缮，时间大约在唐贞观二十一年，即公元647年。如《河津市志》记载，在河津市阳村街道东辛封村，唐代时墓地约百亩。③之前的墓地和祠堂已无记述。那么，在此之前的子夏墓地和祠堂虽无记载，但一定要早于唐代。

唐宋以来，各时代、各地都有不时对子夏墓地和祠堂进行修缮和复建的记载。这也与儒学在不同时期的发展相关。

知礼节，感荣辱。礼是千百年来人类发展的文明成果，也是社会进化的标志。人的活动不是孤立的，由于人们的思想意识不同，决定他们观察问题和处理问题的方法也就各不相同。如何把这些不同思维的人们的行为纳入合理轨道，就需要礼制

---

① 以上故事据卜氏传人卜汝斌口述资料整理。
② （唐）吴兢撰；谢保成集校：《贞观政要集校》，北京：中华书局，2003年版，第379页。
③ 参见王应立主编，《河津市志》编纂委员会编：《河津市志》，太原：山西人民出版社，2002年版，第1034页。

的帮助，礼也就应运而生。洒扫应对看似简单，却关乎人的一生发展，也关系到整个社会的和谐稳定。大乱必有大治，经过三国两晋南北朝近五百年的动乱，礼乐崩坏，秩序湮没。

> 乱离之后，风俗难移，比观百姓渐知廉耻，官民奉法，盗贼日稀，故知人无常俗，但政有治乱耳。是以为国之道，必须抚之以仁义，示之以威信，因人之心，去其苛刻，不作异端，自然安静。①

以上是贞观二年（628年）唐太宗针对时弊的感言，这里唐太宗所说的行仁义之道，也就是实行礼治。为此，唐太宗于同年"诏停周公为先圣，始立孔子庙堂于国学"②。贞观十四年（640年），大臣魏征上奏章说："礼所以决嫌疑、定犹豫、别同异、明是非者也。非从天下，非从地出，人情而已矣。人道所先，在乎敦睦九族；九族敦睦，由乎亲亲，以近及远。"③可见，礼可以使家庭和睦，社会安定，百姓知廉耻，官吏守法纪。既然说到礼就不能离开儒家，涉及儒家就不能少了孔子和文学高徒子夏，那么，唐太宗对子夏的重视也就不足为奇了。贞观二十一年，唐太宗下诏，敕令在全国子夏配享孔子庙。

宋代由于理学的发展，更加重视"洒扫应对"之举，尤其是朱熹对子夏的推崇："洒扫应对进退之节，爱亲敬长隆师亲友之道，皆所以为修身齐家治国平天下之本。"④淳熙二年（1175年），朱熹与吕祖谦会晤，两人取子夏"博学而笃志，切问而近思，仁在其中矣"之句，随后著《近思录》一书，使得子夏在宋代声望大增。

进入元代，早期儒学受蒙古文化影响，归入寂静。元朝后期，蒙汉文化融合加快，元政府意识到汉儒文化的强大，并希望借其维护元政权，元统二年（1334年），元顺帝"诏内外兴举学校"。由于元政府的重视，各地教育有了恢复和发展，在此大背景下，各地卜子夏祠堂和墓茔得到了修缮。例如，在元至正十九年（1359年）的时候，河津子夏祠堂和墓茔进行重修，有"魏国公卜子夏茔碑"碑刻记载："元至正十九年，奉训大夫晋宁路同知河中府廉均立石。亚中大夫河东廉访佥埜仙书重立。

---

① （唐）吴兢撰；冷月编译：《帝王治国策·盛唐天子的治世之道》，北京：新世界出版社，2016年版，第270页。

② 张岂之主编，刘学智副主编：《中国学术思想史编年·隋唐五代卷》，西安：陕西师范大学出版社，2006年版，第112页。

③ （唐）吴兢撰：《贞观政要》，南京：江苏凤凰科学技术出版社，2018年版，第200页。

④ （清）王懋竑撰；何忠礼点校：《朱熹年谱》，北京：中华书局，1998年版，第163页。

族人辛封卜仲男立。""元至正十九年，乡贡进士河津县在城毋笞撰"，刻于"魏国公卜子夏茔碑"之阴。

明清时期，儒家思想得到发扬和推广。大力提倡尊儒尚学，并通过科举制度招揽人才，加强意识形态建设。明王朝建立以后，朱元璋就将尊崇儒学定为基本国策，下诏招纳读经的知识分子参与国家治理，并亲自订立了六条规范子民日常行为的"圣训"，在社会上做了明确的导向。正如陈鼎在《东林列传》中所说，太祖高皇帝"令学者非五经孔孟之书不读，非濂洛关闽之学不讲"。《明史》中记："行《吕氏乡约》及《文公家礼》，求子夏后，建司马温公祠。四方学者日至。"[1]张廷玉评价朱元璋说："礼致耆儒，考礼定乐，昭揭经义，尊崇正学，加恩胜国，澄清吏治，修人纪，崇风教。"清代统治者对儒学之实用主义思想更是推崇有加，清雍正年间做过扬州知府的张师载，将历代以来著名的启蒙材料，包括家训、家规、信札等编辑成册，题名《课子随笔》，他在《课子随笔·序》中强调："风俗之厚薄，不惟其巨，其端恒起于一身一家。"洒扫应对应该从家教入手，然后才可养成良好习惯，社会风俗才会得到良性发展。清康熙皇帝曾颁布诏书，授卜子夏六十四世孙尊贤。又增授卜氏子夏后为五经博士。《清史稿》中记："十二月甲辰，廷臣再请行六十年庆贺礼。不允。壬子，授先贤子夏后裔五经博士。"[2]

上行下效，儒家实用主义者得到重视，因而在明清时期，子夏祠堂和墓茔又得到多次重修和保护。同时，子夏"洒扫应对进退"之务实作风得到推广和践行。在此背景下，清代绛州人李毓秀结合《论语》与子夏思想，撰写了闻名于世的天下第一规——《弟子规》[3]。

目前，所见子夏墓茔和祠堂，明清为多，先前被破坏的遗址，也已得到恢复或重建。中国人对于墓祠的感情，朴素、淳厚、无可遏制、无法割裂。朱熹在《家礼》中说："君子将营宫室，先立祠堂。"而且，"或有水盗，则先救祠堂，迁神主遗书，次及祭品，后及家财"。无疑，宗祠是传统中国人心中血缘崇拜的圣殿，是灵魂皈依所在。它以血缘为基石，以亲情为纽带，穿越漫长的时空隧道，使后人保持着与祖先心灵的沟通。对子夏祠堂的重视，不仅仅因为卜氏后人有割裂不断的血缘，更是

---

[1] 田启霖、刘秀英编译：《明清会元状元科举文墨今译·第1册》，哈尔滨：黑龙江大学出版社，2017年版，第398页。

[2] 李解民、李零、陈铁民等编译：《白话二十五史精选》，北京：新世界出版社，2009版，第394页。

[3] 先名为《训蒙文》，后被浮山人贾存仁修订为《弟子规》。

由于子夏思想文化代表了一种正能量的，激发后人积极健康向上追求幸福生活的一种乐观精神。这种情感天长日久，就延伸成为一种文化——一种博大精深的中华民族文化。

2. 子夏信仰

没有孔子就没有子夏，但没有子夏就没有"汉之经学"，就没有后世儒家经典之传承。子夏在去世后受到社会各界敬仰，并成为孔庙中的陪祀，一方面由于子夏是传承儒家学说的关键人物，另一方面基于子夏是遵守礼仪、践行道德的楷模，更重要的是子夏也是由寒门出身而后成为君师的成功典范。

《晋书·刘毅传》云："上品无寒门，下品无势族。"科举制没出现以前，世家大族采用九品中正制，在贵族中选拔推荐官员，寒门子弟毫无出头之日。隋唐采取科举制度，开始慢慢取代九品中正制，只要往上三代都是清白人家，士农工商每个阶层都能参加科举，从此寒门子弟皆可通过学习改变命运。因而有"朝为田舍郎，暮登天子堂"的说法。

子夏家贫，衣若悬鹑，通过进入孔门学习，最后成为魏文侯师。非但如此，子夏创建西河学派，传承儒家文化，秉承"礼、义、智、信"，被后世广为传颂。此条路径成为千百年来百姓子弟所效仿的成功之道。

在黄河流域，供奉子夏的祠堂有很多。在各地民众的信仰中，子夏不但保佑人们平安健康，一年四季风调雨顺，也是人们心中子孙光耀门楣的神灵。因为在普通人眼中，能改变身份和命运的最佳途径和子夏一样——求学。"学而优则仕。"子夏去世后在《搜神记》中做了阴间掌管文书的官员，那么，人们对子夏的祭拜，就会为子孙求得功名，因而子夏也成为上自达官贵人下至黎民百姓广泛顶礼膜拜的神圣偶像。

子夏从人到神的蜕变一方面基于历朝历代政府的重视，另一方面是由于在民间子夏地位的逐步提高。

汉代时，在"罢黜百家，独尊儒术"的大背景下，子夏成为汉代的"智人"和"太常"。分等品评人物的传统由来已久，《史记·伯夷列传》云："孔子序列古之仁圣贤人。"[①]《论语》中曰："中人以上，可以语上也；中人以下，不可以语上也。"[②]汉朝时对人物按九品等级进行品评，即上上圣人；上中仁人；上下智人；中上、中

---

① （汉）司马迁撰：《史记·伯夷列传》，北京：中华书局，1959年版，第2121页。
② （清）刘宝楠撰；高流水点校：《论语正义·雍也》，北京：中华书局，1990年版，第335页。

中、中下、下上、下中、下下愚人。其基本分类标准，用班固的话说："可与为善，不可与为恶，是谓上智"，"可与为恶，不可与为善者，是谓下愚。""唯上智与下愚不移。""可与为善，可与为恶，是谓中人。因兹以列九等之序"①。《汉书·古今人表》中把子夏列为"上下智人"②，位居人品中第三等。《古今人表》表露了班固对于太平盛世的期望和对能让百姓安居乐业的圣贤的渴望，更为重要的一点是对传统伦理关系与传统礼法的维护。秦始皇"焚书坑儒"的极端行为，极大地损害了诸子文学的发展，六学从此缺失。陆贾"时时前说称《诗》《书》，高帝骂之曰：'乃公居马上而得之，安事《诗》《书》！'贾曰：'马上得之，宁可以马上治乎？且汤武逆取而以顺守之，文武并用，长久之术也。昔者吴王夫差、智伯极武而亡；秦任刑法不变，卒灭赵氏。向使秦以并天下，行仁义，法先圣，陛下安得而有之？'高帝不怿，有惭色，谓贾曰：'试为我著秦所以失天下，吾所以得之者，及古成败之国。'贾凡著十二篇。每奏一篇，高帝未尝不称善，左右呼万岁，称其书曰《新语》"。③又"命萧何次律令，韩信申军法，张苍定章程，叔孙通制礼仪"。自此之后，西汉开始逐渐重视文学之士，至武、昭、宣之际，文学人才达到鼎盛。而班固尊崇儒家，因此将孔子和其弟子大都列入上等。而在社会上，子夏被汉代人认为是"太常"。

太常掌建邦之天地、神祇、人鬼之礼，吉凶宾军嘉礼以及玉帛钟鼓等，即唐虞的秩宗、周朝的宗伯、秦朝的奉常，位列汉朝九卿之首，地位十分崇高，兼管文化教育、陵县行政，也统辖博士和太学。足可见在汉代时子夏地位已是非常显赫。

而在晋朝时，子夏已为神。子夏在《搜神记》中与孔子一同拟订天命，封汉代刘邦为帝。

> 鲁哀公十四年，孔子夜梦三槐之间，丰、沛之邦，有赤氲气起，乃呼颜回、子夏同往观之。驱车到楚西北范氏街，见刍儿打麟，伤其左前足，束薪而覆之。孔子曰："儿来！汝姓为谁？"儿曰："吾姓为赤松，名时乔，字受纪。"孔子曰："汝岂有所见乎？"儿曰："吾所见一禽，如麇，羊头，头上有角，其末有肉。方以是西走。"孔子曰："天下已有主也。为赤刘，

---

① （汉）班固撰；（唐）颜师古注：《汉书·古今人表》，北京：中华书局，1962年版，第861页。
② （汉）班固撰；（唐）颜师古注：《汉书·古今人表》，北京：中华书局，1962年版，第924页。
③ （汉）班固撰；（唐）颜师古注：《汉书·陆贾传》，北京：中华书局，1962年版，第2723页。

陈、项为辅。五星入井，从岁星。"儿发薪下麟，示孔子，孔子趋而往。麟向孔子，蒙其耳，吐三卷图，广三寸，长八寸，每卷二十四子。其言赤刘当起曰："周亡，赤气起，火耀兴，玄丘制命，帝卯金。"①

汉高祖刘邦的出生非常离奇，《史记》中记，刘母"尝息大泽之陂，梦与神遇。是时雷电晦冥，太公往视，则见蛟龙于其上"②。以上两则神话故事反映了"君权神授"的帝王思想。君权神授是古代帝王为了巩固自己的权力而提出的一种说法，意思是指皇帝自己是天命派遣，于凡间管治世人，它是天神在人间的代表，作为人民只可遵从君主的指示去做，不能反抗。那么，在汉代尊儒的背景下，君权得到儒家圣贤——孔子和子夏的授予，这个汉代的天下理所当然是代表儒家的，而不是某一个人的。

晋代王隐在《晋书》中还记，传说中苏韶死后现形，对他的兄弟说："颜渊、卜商，今见在为修文郎。修文郎凡有八人，鬼之圣者。"③宋代陆游在《赠论命周云秀才》中云："地下不作修文郎，天上亦为京兆尹。"④金代元好问亦在《密公宝章小集》中曰："袖中正有活国手，地下才得修文郎。"⑤"修文郎"系阴曹掌著作之官。

迄今为止，诸如河津、汾阳、孝义、温县等地，在祭祀子夏时都有一个传统节目，即祭拜子夏时，祈求家中子弟日后能"光耀门楣"。因为，如果要想让自己家的孩子日后有出息，最好的途径就是学习。但是，在前途未卜的现实面前，只能求助于神祇。于是，子夏就成为人们心中改变命运的神灵。子夏创办西河学派，是文学博士，又系君师，是人们心目中通过勤学努力而成功的"三不朽"——立德、立言、立功——功成名就的达人，那么，人们就借助祭祀仪式，表达自己对美好生活的愿望。更重要的是，这种心理力量，使人敬仰神灵，获得心理上的愉悦、精神上的放松。

一个人在去世后受到人们的信仰，是由于他在世的时候，地位高、品德高、贡献大、影响广。子夏为魏文侯师，这在先秦儒家中不可多得，虽然君王自出生就有太师相教，但子夏作为一介儒生，后发展到帝王师，这在先秦时期仅一独例。后子夏在西河创办"西河学派"，把儒学传入三晋大地，完成了孔子的夙愿。又继孔子

---

① （晋）干宝撰：《新辑搜神记》，北京：中华书局，2007年版，第78页。
② （汉）司马迁撰：《史记·高祖本纪》，北京：中华书局，1959年版，第341页。
③ （晋）干宝撰：《新辑搜神记》，北京：中华书局，2007年版，第371页。
④ （宋）陆游著：《陆游全集校注》，杭州：浙江古籍出版社，2015年版，第129页。
⑤ 杨镰主编：《金元诗》，北京：中华书局，2013年版，第44页。

"有教无类"的教学方式，使得教育普及到三晋社会各个阶层，可谓先秦第一人。

信仰与民众生活之间互为作用、互为表里。卜子夏信仰对民众生活产生了一定影响，它以各种形态存在于民众生活之中，丰富了民众生活的内容，而且，在一定程度上对其影响的区域社会具有积极作用。同时，民众在生活过程中对卜子夏信仰的传承和发展也发挥作用。随着社会的发展，民众对于子夏信仰有着越来越理性的认识。虽是一种精神寄托，但也是一种人际关系的互动往来，更是一种放松与精神调节。

子夏信仰可以说是中国最有普适基础的民间信仰。子夏信仰，不仅得到民间的大力宣扬，而且得到统治阶层的极力推崇，为子夏信仰在民间广泛流传打下了基础，这里也有互动性的效果在里面。通常，除了国家承认的宗教信仰以外，一般的民间信仰多体现随意性、功利性、秘密性等特点，但民间信仰恰恰是人们日常生活的重要内容，而且易于传播。

信仰是人类的精神家园，是心灵的寄托，是价值的取向，是对真理的追求，是人之所以为人的最根本要素，是人类文明与文化的实质。子夏信仰折射出我们这个民族、这个国家诸多的精神内涵。

一代人有一代人的思想观念，我们不能用今天的人生观和价值观否定过去的局限性。子夏信仰中的"崇古贤，尚勤学"这一传统，是培养人们树立正确的人生观和价值观。所以，在新时代，子夏信仰如何朝着有益于社会民生的方向发展，这才是我们所要建构的重要一环。

参考文献

一、文史类

（周）列御寇撰；（晋）张湛注：《列子》，清嘉庆二十四年萧山陈氏刻光绪八年重刻湖海楼丛书本。

（春秋战国）吴起撰：《吴子》，清嘉庆兰陵孙氏刻平津馆丛书本。

（春秋战国）孙武撰：《孙子》，清嘉庆兰陵孙氏刻平津馆丛书本。

（战国）荀况撰；（唐）杨倞注；（清）卢文弨校补：《荀子》，清乾隆嘉庆间嘉善谢氏刻抱经堂丛书本。

（战国）韩非撰：《韩非子》，清嘉庆二十三年（1818）影宋乾道元年黄三八郎刻本。

（秦）吕不韦撰；（汉）高诱注；（清）毕沅校：《吕氏春秋》，上海古籍出版社，2014年版。

（汉）刘安撰：《淮南子》，明嘉靖九年（1530）王銮刻本。

（汉）刘向撰：《说苑》，明万历二十年（1592）新安程氏刻汉魏丛书本。

（汉）孔安国撰；（唐）孔颖达疏：《尚书正义》，清嘉庆二十年（1815）南昌府学重刊宋本十三经注疏本。

（汉）郑玄注；（唐）孔颖达疏：《礼记注疏》，清嘉庆二十年（1817）南昌府学重刊宋本十三经注疏本。

（汉）司马迁撰：《史记》，中华书局，1959年版。

（汉）班固撰：《汉书》，中华书局，1962年版。

（汉）刘向集录；（南宋）姚宏、鲍彪注：《战国策》，上海古籍出版社，2015年版。

（晋）郭璞注：《山海经传》，清乾隆嘉庆间镇洋毕氏刻经训堂丛书汇印本。

（北齐）魏收撰：《魏书》，清乾隆四年（1739）武英殿校刻本。

（唐）魏征撰：《隋书》，清乾隆四年（1739）武英殿校刻本。

（唐）房玄龄撰：《晋书》，清乾隆武英殿刻本。

（唐）吴兢撰：《贞观政要》，四部丛刊续编影明成化刻本。

（五代）刘昫撰：《旧唐书》，清乾隆四年（1739）武英殿刻本。

（宋）欧阳修撰：《新唐书》，清乾隆四年（1739）武英殿刻本。

（元）吴澄撰：《礼记纂言》，清康熙至乾隆刻光绪二十三年（1897）朱衡重印朱文端公藏书本。

（刘宋）范晔撰；（唐）李贤等注：《后汉书》，中华书局，1973年版。

（宋）郑樵撰：《通志》，中华书局，1987年版。

（明）王三聘撰：《古今事物考》，明嘉靖四十二年（1563）刻本。

（清）顾祖禹撰：《读史方舆纪要》，清嘉庆十七年（1812）敷文阁刻本。

（清）焦循撰：《孟子正义》，清道光九年广东学海堂刻咸丰十一年（1861）补刻皇清经解本。

（清）王先谦撰：《正续东华录》，清光绪十年（1884）长沙王氏刻本。

（清）王聘珍撰：《大戴礼记解诂》，中华书局，1983年版。

（清）孙诒让撰；王文锦、陈玉霞点校：《周礼正义》，中华书局，1987年版。

（清）孙希旦撰；沈啸寰、王星贤点校：《礼记集解》，中华书局，1989年版。

（清）孙星衍辑：《孔子集语》，上海古籍出版社，1989年版。

（清）刘宝楠撰；高流水点校：《论语正义》，中华书局，1990年版。

（清）苏舆撰；钟哲点校：《春秋繁露义证》，中华书局，1992年版。

（清）顾炎武撰：《日知录》，岳麓书社，1994年版。

（清）陈立撰：《白虎通疏证》，中华书局，1994年版。

（清）王先谦撰：《荀子集解》，中华书局，2012年版。

梁启超撰：《梁启超论中国文化史》，商务印书馆，2012年版。

二、金石、志记类

（明）崔铣纂修：《彰德府志》，明嘉靖元年（1522）刻本。

（明）刘鲁生撰：《曲沃县志》，明嘉靖刻本。

（清）孙和相修；（清）戴震纂：《汾州府志》，清乾隆三十六年（1771）刻本。

温县志编纂委员会编：《温县志》，光明日报出版社，1991年版。

山西省史志研究院编：《山西通志》，中华书局，1996年版。

王应立主编：《河津市志》，山西人民出版社，2002年版。

中国社会科学院考古研究所：《殷周金文集成》，中华书局，2007年版。

浮山县地方志办公室整理：《明清浮山县志》，山西人民出版社，2010年版。

刘泽民总主编：《三晋石刻大全》，三晋出版社，2017年版。

三、论著类

顾颉刚：《古史辨》，上海古籍出版社，1982年版。

陈正祥：《中国文化地理》，生活·读书·新知三联书店，1983年版。

钱穆：《先秦诸子系年》，中华书局，1985年版。

吴龙辉：《原始儒家考述》，中国社会科学出版社，1996年版。

杨宽：《战国史》，上海人民出版社，1998年版。

杨宽：《西周史》，上海人民出版社，1999年版。

路遇、滕泽之：《中国人口通史》，山东人民出版社，2000年版。

李泽厚：《中国古代思想史论》，天津社会科学院出版社，2004年版。

岑仲勉：《黄河变迁史》，中华书局，2004年版。

杨天宇：《周礼译注》，上海古籍出版社，2004年版。

金良年：《孟子译注》，上海古籍出版社，2004年版。

马保春：《晋国历史地理研究》，文物出版社，2007年版。

杨伯峻：《春秋左传注》，中华书局，2008年版。

畅海桦：《文明的见证》，科学出版社，2010年版。

高培华：《卜子夏考论》，社会科学文献出版社，2012年版。

畅海桦：《考古文物历史文化》，合肥工业大学出版社，2013年版。

李尚师：《晋国通史》，山西人民出版社，2014年版。

谭其骧：《谭其骧全集》，人民出版社，2015年版。

陈鼓应译注：《黄帝四经今注今译》，商务印书馆，2016年版。

后 记

关于子夏的研究近年来论文、论著日益增多，原因归于当今社会思想开放，国学得到推广，更由于子夏在历史上的地位和作用越来越引起学者们的关注。

没有子夏就没有汉儒经学，子夏对传承儒家经典功在当时，利在千秋。更重要的是子夏晚年开创的"西河学派"，成为先秦法家的源头，因而，子夏又是从儒家向法家转变的重要人物。本书在吸取前人研究硕果的基础上，详细梳理了子夏的生平行迹、出生地、办学地点、西河学派的形成及影响、全国各地有关子夏传说的真伪等一系列问题，而且对其中涉及的若干问题也都提出了自己的见解。但由于本人学识浅薄，学术水平较低，对子夏的研究仍有许多领域心有余而力不足，比如，子夏思想文化、子夏传经的种类和内容、子夏对西河地区的民俗、政治、军事的影响等。

本书中涉及许多前人的研究成果，对于书中有一些引用的观点和论据，由于精力有限没有与作者本人及时取得联系，在这里一并感谢，并希望得到批评与斧正。

在书稿撰写过程中，由于涉及许多先秦礼学方面的知识，囿于知识短缺，常常觉得无所适从，不知如何取舍，甚至有时误入歧途，幸得张有智教授、学长张焕君多次指点迷津，使得我在爬梳礼学的道路上保持清醒的审视态度。

在资料收集、遴选和前期准备工作方面，得到了河津市原市委书记鞠振，河津市文化和旅游局局长张育龙，河津市辛封村卜氏后人卜汝斌，山西师范大学范晓东、王亲虎、董斌、赵振峰、谢耀亭、雷鹄宇、上官定一、段旭杰、阎海燕等领导、专家和学者的大力支持。

在出版印刷之际，得到山西传媒学院赵娅军教授大力支持。

在书稿撰写过程中，得到山西考古研究所田建文研究员、吉琨璋研究员、山西师范大学硕士生李琦，以及学友范伟东、张前疆，同仁宋卫平等专家和学者的大力支持。

书中子夏像由山西师范大学美术学院副教授张一平指导，硕士生孙翮绘画。

向以上关心和帮助我的领导、专家、学者们致以最诚挚的谢意！

最后感谢我的大舅张培桐，他毕业于原山西工业学校，毕业后分配于山西省工业厅，随后在临汾行署、运城行署两部门工作。由于频繁往来于晋南这块黄土地上，大舅对晋南的风土人情、历史沿革了如指掌,尤其是他对于晋南名人名事,如数家珍,更由于他本人多次担任领导秘书,因而在政治、经济、文化、民俗等方面多有独到见解,使我撰写这本书时受益匪浅。

汾河渔翁　畅海桦